我国近海海洋综合调查与评价专项成果
“十二五”国家重点图书出版规划项目

浙江省海域使用调查与研究

黄晓琛　主编

海洋出版社
2012年·北京

图书在版编目（CIP）数据

浙江省海域使用调查与研究/黄晓琛主编．—北京：海洋出版社，2012.4
ISBN 978－7－5027－8238－2

Ⅰ.①浙…　Ⅱ.①黄…　Ⅲ.①海域－管理－调查研究－浙江省　Ⅳ.①D993.5

中国版本图书馆 CIP 数据核字（2012）第 059240 号

责任编辑：白　燕　朱　瑾
责任印制：赵麟苏
海洋出版社　出版发行
http://www.oceanpress.com.cn
北京市海淀区大慧寺路 8 号　邮编：100081
北京画中画印刷有限公司印刷　新华书店北京发行所经销
2012 年 9 月第 1 版　2012 年 9 月第 1 次印刷
开本：887mm×1194mm　1/16　印张：12
字数：307 千字　定价：65.00 元
发行部：62132549　邮购部：68038093　总编室：62114335

《浙江省海域使用调查与研究》

编委会

主　　　编： 黄晓琛

副　主　编： 郭伟其

编写组成员：

黄晓琛　郭伟其　陈　华　王锦明　祁少俊

陈新玺　吴晓文　陈海芳　金永福　顾君晖

冯　涛　莫笑丽

前 言
Foreword

2003 年 9 月经国务院批准立项的“我国近海海洋综合调查与评价”专项（简称“908 专项”）是迄今为止我国最大的海洋调查专项。“908 专项”的总体目标是摸清我国 21 世纪初期的海洋家底，掌握海洋为国民经济和社会发展可提供的支撑和承载能力，了解海洋资源的可持续利用潜力，规划和优化海洋生产力布局，为全面建设小康社会、保障海洋经济和沿海地区的可持续发展、维护国家海洋安全和可持续的海洋利益提供基础依据。“908 专项”包括我国近海海洋综合调查、我国近海海洋综合评价、构建我国近海“数字海洋”信息基础框架等内容。

“海域使用现状调查”是“908 专项”的重要组成部分，专项内容包括用海项目的海籍基础调查、海域使用与海洋功能区划的一致性调查以及海域使用金征收情况调查。浙江省“908 专项”海域使用现状调查项目于 2005 年底启动，经过浙江省及沿海市县海洋行政主管部门和任务承担单位国家海洋局东海信息中心的共同努力和密切协作，于 2009 年年底全面、翔实地完成了全省沿海 5 市 25 个县（市、区）海域范围内的海域使用现状调查任务（资料及现状调查截止日期为 2008 年 12 月 31 日），2011 年 3 月通过了国家海洋局验收。

浙江省海域面积为 44 387.522 8 km^2，海岸线长 6 714.663 km，全省大于（含）500 m^2 海岛数量为 3 453 个，港口、岸线、滩涂、渔业、旅游几大主要海洋资源得天独厚、组合优势显著。近年来，浙江海洋经济综合开发取得了长足进展，已经形成较为完备的海洋产业体系；海洋经济发展迅速，海洋生产总值从 2006 年的 1 846 亿元增加到 2010 年的 3 500 亿元，约占全国海洋经济总量的 1/10，并在港航物流服务业、船舶工业、海水利用业等领域处于全国前列。

2011 年 2 月，国务院正式批复了《浙江海洋经济发展示范区规划》，浙江海洋经济发展示范区建设已上升为国家战略。为更好的满足浙江省海洋开发、保护与管理的需求，有效解决浙江省海洋经济可持续发展进程中的关键问题，为浙江海洋经济发展示范区建设这一国家战略服务，编写组在“浙江省‘908 专项’海域使用现状调查”数据、资料及成果的基础上，进一步挖掘、统计和分析，并结合浙江省“908 专项”中有关水体环境、海岛、海岸带、沿海地区社会经济基本情况等调查成果，经综合研究，编写完成了《浙江省海域使用调查与研究》。

本书从自然环境、海洋资源、海洋经济、海域管理等多个方面描述了浙江省海域使用背景，重点阐述了浙江省海域使用管理的现状、发展、特点及存在问题；专题研究了浙江省海域使用结构与布局、海域开发强度、用海类型多样性、海域使用协调性、海域利用可持续性等海域使用特点；分析评价了浙江省海域9个典型功能区的自然禀赋、海域使用现状及开发利用特点。本书的研究成果旨在为浙江省海洋管理部门制定海洋经济发展规划、海洋资源开发与保护、海洋生态环境保护等宏观政策方面提供科学合理的参考依据，为海域使用管理技术支撑工作提供丰富的数据资源、现状趋势分析和研究方法经验。

本书是所有参与工作的人员集体智慧的结晶，感谢国家海洋局、浙江省“908专项”办公室的指导和支持！鉴于编写时间以及编者水平有限，难免出现纰漏和错误，不足之处，敬请批评指正。

编　者

2012年7月19日于上海

目 录

第 1 章　概述 …………………………………………………… (1)

1.1　研究目的及意义 ………………………………………… (1)

1.2　调查与研究的内容及方法 ……………………………… (2)

1.2.1　调查与研究范围 …………………………………… (2)

1.2.2　调查内容与方法 …………………………………… (2)

1.2.3　研究内容与方法 …………………………………… (3)

第 2 章　海域使用背景 ……………………………………… (5)

2.1　自然环境 ………………………………………………… (5)

2.1.1　地质地貌 …………………………………………… (5)

2.1.2　水文气象 …………………………………………… (5)

2.1.3　海洋生物 …………………………………………… (6)

2.1.4　海域环境质量 ……………………………………… (8)

2.2　海洋资源 ………………………………………………… (8)

2.2.1　港口资源 …………………………………………… (9)

2.2.2　岸线资源 …………………………………………… (9)

2.2.3　滩涂资源 …………………………………………… (10)

2.2.4　渔业资源 …………………………………………… (11)

2.2.5　旅游资源 …………………………………………… (11)

2.3　海洋经济 ………………………………………………… (12)

2.3.1　沿海社会经济背景 ………………………………… (12)

2.3.2　海洋经济发展现状 ………………………………… (12)

2.4　海域管理 ………………………………………………… (15)

2.4.1　海域使用管理 ……………………………………… (15)

2.4.2　海域使用金管理 …………………………………… (16)

第 3 章　浙江省海域使用现状 …………………………………………… (20)
3.1　海域使用分类 ………………………………………………………… (20)
3.1.1　海域使用分类体系的沿革 ……………………………………… (20)
3.1.2　本书采用的海域使用分类 ……………………………………… (20)
3.2　海域使用状况 ………………………………………………………… (22)
3.2.1　海域使用概况 ……………………………………………………… (22)
3.2.2　各市用海状况 ……………………………………………………… (29)
3.3　海域空间使用情况 …………………………………………………… (41)
3.3.1　不同等深线区域使用状况 ……………………………………… (42)
3.3.2　离岸不同距离区域的使用类型与状况 ………………………… (45)
3.4　海岸线利用情况 ……………………………………………………… (49)
3.4.1　海岸线利用概况 …………………………………………………… (49)
3.4.2　各市岸线利用状况 ………………………………………………… (50)
3.4.3　不同用海类型岸线利用状况 …………………………………… (51)
第 4 章　浙江省海域使用现状评价 ………………………………………… (53)
4.1　海域使用布局特征分析 ……………………………………………… (53)
4.1.1　渔业用海 …………………………………………………………… (53)
4.1.2　交通运输用海 ……………………………………………………… (57)
4.1.3　工业用海 …………………………………………………………… (61)
4.1.4　旅游娱乐用海 ……………………………………………………… (65)
4.1.5　海底工程用海 ……………………………………………………… (68)
4.1.6　排污倾倒用海 ……………………………………………………… (68)
4.1.7　造地工程用海 ……………………………………………………… (69)
4.1.8　特殊用海 …………………………………………………………… (72)
4.2　海域使用协调性分析 ………………………………………………… (74)
4.2.1　海域使用结构变化与类型多样性分析 ………………………… (74)
4.2.2　与海洋功能区划符合性分析 …………………………………… (77)
4.2.3　海域使用发展规律分析 ………………………………………… (84)
4.2.4　海域使用与海洋经济发展现状符合性分析 …………………… (87)
4.3　海域利用可持续性分析 ……………………………………………… (88)
4.3.1　海域空间资源可持续利用情况分析 …………………………… (88)
4.3.2　海域岸线资源可持续利用情况分析 …………………………… (90)
4.3.3　海洋资源可持续利用情况分析 ………………………………… (91)
4.4　海域使用存在的问题 ………………………………………………… (95)
4.4.1　海域使用结构与经济发展现状尚不协调 ……………………… (95)

4.4.2 部分海洋资源可持续利用尚不合理 …………………… (95)
4.4.3 海域开发利用统筹协调性不足 …………………… (95)
4.4.4 海洋环境形势不容乐观 …………………… (95)
第 5 章 典型功能区海域使用现状分析 …………………… (96)
5.1 杭州湾海域使用现状分析 …………………… (96)
5.1.1 海域特点及功能定位 …………………… (96)
5.1.2 海域使用现状 …………………… (96)
5.1.3 主要用海类型布局 …………………… (97)
5.1.4 海域使用特点 …………………… (102)
5.2 宁波—舟山海域使用现状分析 …………………… (102)
5.2.1 海域特点及功能定位 …………………… (102)
5.2.2 海域使用现状 …………………… (102)
5.2.3 主要用海类型布局 …………………… (104)
5.2.4 海域使用特点 …………………… (110)
5.3 岱山—嵊泗海域使用现状分析 …………………… (111)
5.3.1 海域特点及功能定位 …………………… (111)
5.3.2 海域使用现状 …………………… (112)
5.3.3 主要用海类型布局 …………………… (113)
5.3.4 海域使用特点 …………………… (115)
5.4 象山港海域使用现状分析 …………………… (116)
5.4.1 海域特点及功能定位 …………………… (116)
5.4.2 海域使用现状 …………………… (117)
5.4.3 主要用海类型布局 …………………… (118)
5.4.4 海域使用特点 …………………… (122)
5.5 三门湾海域使用现状分析 …………………… (122)
5.5.1 海域特点及功能定位 …………………… (122)
5.5.2 海域使用现状 …………………… (123)
5.5.3 主要用海类型布局 …………………… (124)
5.5.4 海域使用特点 …………………… (127)
5.6 台州湾海域使用现状分析 …………………… (128)
5.6.1 海域简介及海域使用现状 …………………… (128)
5.6.2 海域使用现状 …………………… (129)
5.6.3 主要用海类型布局 …………………… (129)
5.6.4 海域使用特点 …………………… (132)
5.7 乐清湾海域使用现状分析 …………………… (132)

5.7.1 海域特点及功能定位 …………………………………………… (132)
5.7.2 海域使用现状 …………………………………………………… (133)
5.7.3 主要用海类型布局 ……………………………………………… (134)
5.7.4 海域使用特点 …………………………………………………… (137)
5.8 瓯江口及洞头列岛海域使用现状分析 …………………………… (137)
5.8.1 海域特点及功能定位 …………………………………………… (137)
5.8.2 海域使用现状 …………………………………………………… (138)
5.8.3 主要用海类型布局 ……………………………………………… (139)
5.8.4 海域使用特点 …………………………………………………… (143)
5.9 南麂、北麂列岛海域使用现状分析 ……………………………… (143)
5.9.1 海域特点及功能定位 …………………………………………… (143)
5.9.2 海域使用现状 …………………………………………………… (144)
5.9.3 主要用海类型布局 ……………………………………………… (145)
5.9.4 海域使用特点 …………………………………………………… (146)
5.10 典型功能区用海特点分析 ……………………………………… (146)
5.10.1 功能区海洋开发强度 ………………………………………… (146)
5.10.2 功能区海域使用特点分析 …………………………………… (148)
第6章 结论与建议 ………………………………………………… (151)
6.1 结论 ………………………………………………………………… (151)
6.1.1 海域使用背景评价 ……………………………………………… (151)
6.1.2 海域使用现状评价 ……………………………………………… (152)
6.1.3 海域使用区域特点评价 ………………………………………… (152)
6.2 建议 ………………………………………………………………… (153)
6.2.1 科学规划近岸海域，优化海岸带功能布局 …………………… (153)
6.2.2 合理配置海域资源，提高资源调控能力 ……………………… (154)
6.2.3 提升深远海开发能力，拓展海洋资源利用空间 ……………… (154)
6.2.4 开展海岛、海岸带生态修复，加强海洋环境保护 …………… (155)
6.2.5 优化重点海域功能布局，维护区域生态系统 ………………… (155)
6.2.6 加强海域管理能力，保障海洋经济健康发展 ………………… (155)
参考文献 …………………………………………………………… (156)
附图 ………………………………………………………………… (157)

第1章 概 述

1.1 研究目的及意义

海洋是浙江省实现海洋经济发展示范区建设的重要自然资源基础、战略性资源基地，合理开发利用海洋资源，有效保护海洋生态环境，对于浙江省经济社会发展具有重要意义。因此，浙江省的海洋开发利用必须坚持“五个用海”原则，即坚持规划用海、集约用海、生态用海、科技用海和依法用海。

《中华人民共和国海域使用管理法》颁布实施10年来，浙江省海域使用管理始终坚持以科学发展观为指导，紧紧围绕“促进海洋经济又好又快发展”，积极开展以围填海为重点的海域使用综合管理。全省海域使用管理的集约、节约、合理利用理念不断深化，海域要素参与经济的调控作用不断提升，海域资源市场化配置稳步推进，有效拓展了沿海地区经济和社会发展空间，确保了国家、省重点工程和关系民生的公共（益）基础设施用海，全面推进了海洋经济健康、快速发展。

为进一步强化海域管理，保障海洋资源的可持续利用，在“908专项”的大背景下，浙江省海洋与渔业局组织开展了“浙江省‘908专项’海域使用现状调查”（项目编号为ZJ908-01-04，以下简称“海域使用现状调查”）工作。该项目于2005年底启动实施，历时4年，经过浙江省及沿海市县海洋行政主管部门和任务承担单位国家海洋局东海信息中心的共同努力和密切协作，于2009年底圆满完成了全省沿海5市25个县（市、区）海域范围内的海域使用现状调查任务（资料及现状调查截止日期为2008年12月31日），2011年3月通过了国家海洋局验收。

“海域使用现状调查”全面、翔实地掌握了浙江省海域范围内用海项目的海籍基础信息、海域使用与海洋功能区划的一致性以及海域使用金征收情况。本书对“海域使用现状调查”所获取的数据和资料进行了规范、汇总、梳理和分析，并结合“908专项”有关水体环境、海岛、海岸带、沿海地区社会经济基本情况等调查成果，深入研究了浙江省海域使用现状及存在问题，研究成果为浙江省海洋管理部门制定海洋功能区划、海洋经济发展规划、海洋资源开发与保护、海洋生态环境保护、科技兴海规划等宏观政策方面提供了有效的参考依据，为海域使用管理技术支撑工作提供了丰富的数据资源、现状趋势分析和研究方法经验，更好地满足了浙江省海洋开发、保护与管理的要求，对于有效解决海洋经济可持续发展进程中的关键问题具有重要意义。

1.2 调查与研究的内容及方法

1.2.1 调查与研究范围

调查与研究的范围为浙江省下属的嘉兴市（平湖市、海盐县）、舟山市（嵊泗县、岱山县、定海区、普陀区）、宁波市（慈溪市、镇海区、北仑区、鄞州区、奉化市、宁海县、象山县）、台州市（三门县、临海市、椒江区、路桥区、温岭市、玉环县）、温州市（乐清市、洞头县、龙湾区、瑞安市、平阳县、苍南县）5市25个县（市、区）所属海域，对以上范围内2008年12月31日以前的用海项目进行海籍基础调查、海域使用与海洋功能区划的一致性调查及海域使用金调查。

1.2.2 调查内容与方法

浙江省海域使用现状调查工作分为资料收集、外业调查、内业处理3个流程进行，调查原则如下：

第一，调查依照“点面结合、详略结合、突出重点、兼顾一般”的原则，充分利用已有资料，特别是10余年来海域使用管理工作所积累的资料。

第二，采用资料收集与现场调查相结合、大面与重点区域相结合，利用先进的仪器设备与技术手段，获取全面、详细、综合的数据。

第三，建立严密的组织管理体系与质量管理体系，保证调查资料与成果的翔实、可靠、准确。

1.2.2.1 资料收集

资料收集的内容包括用海项目台账、用海项目资料、海岸线资料、公共用海资料、基础地理信息资料。

其中用海项目台账及用海项目资料来自浙江省及其下属的5个沿海市及25个县（市、区）海洋管理部门，海岸线资料、基础地理信息资料由浙江省“908专项”办公室统一提供，公共用海资料由浙江省海洋与渔业局以及海军司令部航海保证部提供。

1.2.2.2 外业调查

外业调查工作前后历时4年，主要包括前期调访、试点县调查、宗海资料现场收集、界址点测量等内容。

通过前期的资料收集，将浙江省各地的用海项目经过内业处理整理成图，并结合最新的遥感影像，初步形成外业调查的工作底图，将每个能成图的用海项目界址范围标示清楚，形成外业调查具体意见和路线，重点对未经确权、界址不清楚的用海项目进行实地测量，也针对确权项目进行了部分抽测，作为后期用海项目位置和范围调整的依据。

1.2.2.3 内业处理

分为资料内业处理和现场测量数据内业处理两大部分。

资料内业处理工作是将收集到的纸质、照片以及电子版的用海项目界址范围统一绘制到CGCS2000坐标系下的底图上。由于历史沿革问题，浙江省多数海域使用项目界址点坐标采用的均为北京54坐标系（各地的独立坐标系也是基于北京54坐标系而来），因此资料内业处理的主要工作是将不同坐标系的点位坐标翻算至CGCS2000坐标系下的平面直角坐标，再统一展绘至前期已形成的浙江省海域使用现状底图。

现场测量直接采用的是CGCS2000坐标系，统一换算至高斯投影，中央子午线123°的平面直角坐标，再根据现场绘制的测量草图进行内业处理，形成完整的测量项目实体。

1.2.3 研究内容与方法

本书从海域使用背景、海域使用现状、海域使用现状评价、功能区海域使用现状等几个方面对浙江省海域使用情况及特点进行了较深入的分析，具体研究内容及方法如下：

1.2.3.1 海域使用背景分析

从自然环境、海洋资源、海洋经济及海域使用管理等几个方面对浙江省海域使用背景进行了阐述及简要的分析。其中自然环境现状包括地质地貌、水文气象、海洋生物、海域环境质量和自然灾害等，所用资料均引用“908专项”最新调查成果；在海洋资源方面，主要介绍了港口资源、岸线资源、滩涂资源、渔业资源及旅游资源等几类与海域使用密切相关的海洋资源，着重分析了各类资源的分布情况及利用概况；在海洋经济方面，概述了浙江省沿海社会经济背景，从海洋经济综合实力、海洋主要产业优势、海洋产业体系、海洋主要产业及相关产业发展状况等方面对海洋经济发展现状进行了分析；在海域使用管理方面，主要分析了浙江省海域使用管理的历史沿革及发展现状，总结了海域使用金的征收现状及征收效果，并分析了浙江省海域使用管理中存在的问题。

1.2.3.2 海域使用现状研究

利用“海域使用现状调查”的成果，对浙江省海域使用现状进行了较系统的统计分析。统计的内容涉及海域使用分类、海域使用现状、海域空间使用情况、海岸线利用情况。为与浙江省海域使用管理工作衔接，本书采用了《海域使用分类》（HY/T 123－2009）对调查数据重新进行了分类、处理和统计。在海域使用现状方面，对浙江省海域使用的总面积、项目数量，各用海类型的面积、用海项目数进行了统计分析，并进一步分析了5个沿海市的用海面积、用海项目数及各类型用海的情况；在海域空间使用情况方面，将浙江省海域按照不同等深线（海岸线到0 m等深线、0 m等深线～10 m等深线、10 m等深线～20 m等深线）、不同离岸距离（离岸500 m 、离岸500 m～1 km、离岸1～km 、离岸2～3 km、离岸3～5 km）进行了区域划分，分析了各区域内海域使用总量及用海类型分布情况，从海域离岸距离差异所带来的海洋开发程度的变化进一步剖析了浙江省海域使用的特点；在海岸线利用情况方面，分别对浙江省海岸线的分类情况、整体海岸线利用情况、各类型用海项目对海岸线的利用情况、不同类型海岸线的利用情况进行了分析。

1.2.3.3 海域使用现状评价

从海域使用布局、海域使用协调性、海域利用可持续性等方面对浙江省的海域使用现状进行了评价。海域使用布局对各用海类型在浙江省海域的分布情况进行了分析；通过 GIS 空间查询与叠置分析，分析各用海项目与海洋功能区划符合性及兼容性；根据浙江省海洋经济发展的基本特征，探索浙江省主要海洋产业发展与海域使用现状的内在联系；以海域空间利用、海岸线利用及海洋资源利用的现状分析结果为基础，客观分析了浙江省海域使用的可持续利用性；通过对浙江省海域使用现状的评价，提出海域使用中存在的问题。

1.2.3.4 典型功能区海域使用现状评价

根据浙江省沿岸海域地理状况、自然资源、自然环境特点以及海域开发利用与保护的实际情况，划分出杭州湾海域、宁波—舟山海域、岱山—嵊泗海域、象山港海域、三门湾海域、台州湾海域、乐清湾海域、瓯江口及洞头列岛海域、南北麂列岛海域 9 个典型海域使用功能区，根据区域自然条件及资源特征对以上 9 个功能区的海域使用特点进行了分析。

第 2 章　海域使用背景

2.1　自然环境

2.1.1　地质地貌

浙江省海域在地质构造上属于东海构造单元，是大陆边缘拗陷和环西太平洋新生代沟、弧、盆构造体系的组成部分。东海构造单元总体上又可以进一步划分为浙闽隆起区、东海陆架盆地、钓鱼岛隆褶带、冲绳海槽盆地和琉球岛弧隆起带等构造单元，呈现西隆东坳的构造特征。东海陆架是中国大陆的自然延伸，约距今 15 000 年前，海面在现代海面以下约 130 ~ 150 m，当时东海陆架与我国东部平原连成一体。东海陆架地貌以滨岸地貌类型为主，内陆架为全新世以来形成的现代滨岸地貌及沙波地貌，外陆架则为晚更新世的滨岸地貌及古河谷、湖沼地貌的遗迹。主要地貌类型有现代水下岸坡、陆架平原等。浙闽沿海及 40 米等深线以西的近岸海域属浙闽隆起区，广泛覆盖着晚侏罗世——早白垩世的火山岩系，上面发育了晚白垩世陆相红色沉积盆地及小型的新生代盆地。

大陆海岸线北起嘉兴市平湖县金丝娘桥，南至温州市苍南县虎头鼻，以淤泥质和人工海岸为主，其次为基岩海岸，有众多河口、港湾伸入内陆，岸线曲折。受地质构造的控制，浙江沿海广泛发育着 NNE、NW、EW 向三组断裂，继而形成众多海湾，自北而南，面积大于 30 km^2 的海湾有：杭州湾、象山港、三门湾、台州湾、隘顽湾、漩门湾、乐清湾、温州湾、大渔湾和沿浦湾。这些海湾及附近海域有丰富的滩涂资源，也是水产增养殖的基地。

浙江省沿海岛屿众多，据“908 专项”调查统计数据，全省大于（含）500 m^2 海岛数量为 3 453 个，小于 500 m^2 海岛数量为 367 个。以舟山市海岛数量最多，大于（含）500 m^2 海岛数量为 1 622 个，小于 500 m^2 海岛数量为 192 个。最北为嵊泗县灯城礁，最东为嵊泗县海礁（童岛），最南面为苍南县七星（星仔）岛。

2.1.2　水文气象

2.1.2.1　气候

浙江省海域处于亚热带季风气候区，具有四季分明、年温适中、雨量充沛、空气湿润、热量充裕的气候特点，全年灾害性天气时发，以夏季受袭最为频繁且程度最重。

沿海年平均气温在 15 ~ 18℃之间，极端最低温度，北部为 −7 ~ −15℃，其余为 −4 ~ −7℃。全年气温适中，冬暖夏凉，秋温高于春温，海洋性气候特征明显。

年平均日照时数为 1 700 ~ 2 300 h，温州地区大多在 1 900 h。年平均大于或等于 10℃以上的积温，浙北为5 000 ~5 300℃，浙南为5 300 ~5 700℃。

年平均相对湿度约为80%，一年中以3—9月湿度较大。蒸发量一年中以7月和8月最高，1月和2月最低。

季风区气流的不稳定性常造成一些自然灾害，如台风、强冷空气、干旱、冰雹等。

2.1.2.2 海洋水文

海域海流分为外海流系和沿岸流系两大类，外海流系由黑潮及其分支构成，具有高温、高盐性质；沿岸流是由江河入海径流和盛行季风所产生的风海流组成，具有低盐性质。

黑潮分支自台湾东北部流入东海，平均流轴走向与200 m和1 000 m等深线一致，流量为3×10^7 km^3/s，影响浙江省海域最东部。其分支台湾暖流，沿浙闽外海北上，可直达长江口外（31°N，123°E附近）。台湾暖流有明显的季节变化，夏季强，冬季弱。

向南流动的江浙沿岸流，范围仅限于30 ~70 m等深线以内海域，冬季可越过台湾海峡。

浙江省近岸均为强潮区，除浙北穿山、镇海和舟山群岛外，大部分地区潮差大于4 m，河口、海湾区潮差更大。最大潮差出现在杭州湾，以澉浦最大，达8.93 m。受地形制约，在一些水道、湾口潮流流速很强，如舟山群岛诸水道流速达3 m/s，成为闻名的潮流湍急区。

台风是形成沿岸大浪的主要因素，但波浪对海岸的作用各处不一，在迎风面和开敞岸段，波浪作用强；在港湾、河口内及隐蔽岸段，波浪作用较弱。冬季受冷空气影响，海面风浪也较大。

2.1.2.3 泥沙

东海陆架沉积物按成因可分为陆源碎屑物质、生源物质、火山物质和自生矿物4类。其中，陆源碎屑物质是组成沉积物的主体。

根据沉积物的粒度结构特征、成因和目前所处的水深、水动力状况，可将浙江省海域划分为3个沉积环境区：陆架浅海现代沉积环境区、陆架古滨岸残留沉积环境区和陆坡—海槽次深海现代沉积环境区。

长江等入海河流带来的陆源物质是浙江省海域沉积物质的主要来源之一。浙江入海河流主要有钱塘江、椒江、瓯江、飞云江、鳌江等，河流挟带入海的泥沙以粗颗粒物质为主，绝大部分沉积在河口区，只有少部分进入浅海。浙江省北邻我国第一大河长江，其输运物质的50%沉积在长江河口区，20% ~30%扩散到东海陆架，20% ~30%沿浙江近海南下，可抵达瓯江口附近，为浙江省沿岸和港湾提供了大量的细颗粒物质。

泥沙分布特点是：越近大陆含沙量越高，大潮含沙量大于小潮，底层含沙量高于表层，冬季高于夏季（河口区除外，夏季为最高值），岛屿周围的含沙量高于其邻近海域。

根据海岸带和海涂资源综合调查资料，浙江省沿岸的年淤积量约为0.2×10^8 t，其中长江水携带的和浙江入海河流的输沙约占淤积量的一半，还有0.1×10^8 t泥沙来自内陆架海底的掀沙。随着长江口整治工程和三峡工程建设，长江入海泥沙总体上会有所减少。

2.1.3 海洋生物

浙江省海域营养盐的分布具有河口港湾高、远岸低、冬秋高、春夏低的特征。沿岸的浮游生物种类丰富，浮游植物以硅藻类居多，个体密度在春季最高，秋季最低；浮游动物以水母类、桡足类居多，高值区一般出现在高低盐水交汇区及港湾河口，夏季含量最高，冬季最低。丰富的浮游生物为海洋经济鱼类提供了充足的饵料基础。

2.1.3.1 叶绿素a和初级生产力

近海海域叶绿素a的分布在时间上基本呈现夏季高于其他季节的特点，在空间上呈现中部近海（象山港、三门湾、椒江口）高于南北两侧及外侧海域（杭州湾、宁波—舟山海域、乐清湾、浙中南）的分布态势。初级生产力四季均呈现近岸海域低于远岸海域的总体分布趋势。

2.1.3.2 浮游植物

近海水体4季调查共鉴定出浮游植物9门483种。其中，硅藻304种，甲藻122种，绿藻14种，蓝藻12种，金藻5种，定鞭藻6种，隐藻12种，裸藻6种，黄藻2种。夏季种类最多，为344种；其次冬季281种；秋季232种；春季最少，为214种。4季总种类数分布由高至低顺序为：宁波—舟山海域（341种）、浙中南沿海（325种）、象山港（122种）、杭州湾（120种）、三门湾（103种）、乐清湾（90种）、椒江口（66种）。

浮游植物水采样品细胞丰度四季平均值为214.66×10^3 ind./dm^3。春、夏、秋、冬浮游植物水样细胞丰度分别为52.51×10^3 ind./dm^3、784.69×10^3 ind./dm^3、15.50×10^3 ind./dm^3、5.94×10^3 ind./dm^3。浮游植物网采样品细胞丰度夏季最高，春季次之，秋季再次，冬季最低，四季平均值为11.05×10^6 ind./m^3。春、夏、秋、冬季浮游植物网样细胞丰度分别为6.32×10^6 ind./m^3、33.14×10^6 ind./m^3、4.29×10^6 ind./m^3、0.46×10^6 ind./m^3。

2.1.3.3 浮游动物

在调查海区浮游动物群落中，桡足类占优势地位，水母类位列第二优势类。春、夏、秋3季，桡足类、水母类、十足类、毛颚动物和翼足类为优势类群，占总种类数75%以上。冬季，桡足类、毛颚动物和十足类为优势类群，占总种类数70%以上。枝角类在春、夏季较丰富，秋、冬季则消失。四季总种类数分布由高至低顺序为宁波—舟山海域（290种）、浙中南沿海（248种）、杭州湾（165种）、椒江口（106种）、乐清湾（99种）、三门湾（98种）、象山港（70种）。

沿海浮游动物生物量按春、夏、秋、冬四季逐季递减，平均值依次为501 mg/m^3、201 mg/m^3、126 mg/m^3、64 mg/m^3。在空间分布上，四季浮游动物生物量累计高值位于宁波—舟山海域、三门湾、浙中南海域，其次为杭州湾，再次为乐清湾、椒江口和象山港。

沿海浮游动物总丰度也按春、夏、秋、冬四季逐季递减，平均值依次为664.18 ind./m^3、300.93 ind./m^3、103.73 ind./m^3、18.78 ind./m^3。在空间分布上，4季浮游动物生物丰度累计高值位于宁波—舟山海域和浙中南海域，其次为三门湾、杭州湾，再次为象山港和椒江口。

2.1.3.4 底栖生物

大型底栖生物共鉴定出583种。其中，多毛类193种，软体动物148种，甲壳动物114种，棘皮动物39种，其他类动物89种。多毛类、软体动物作为主要类群占总种数的58.5%。

栖息密度呈现类群和季节差异。年平均栖息密度为129 ind./m^2，整体表现由高至低顺序为：多毛类、软体动物、甲壳动物、棘皮动物、其他类动物。各类群的季节差异表现由高至低顺序为：春季、冬季、夏季、秋季。

生物量也呈现类群和季节差异。年平均生物量为21.94 g/m^2，整体表现由高至低顺序为：棘皮动物、软体动物、其他类动物、多毛类、甲壳动物。各类群的季节差异表现由高至低顺序为：秋季、春季、冬季、夏季。

2.1.3.5 潮间带生物

2006年秋季、2007年春季两季浙江省海岛、海岸带调查共鉴定出潮间带生物653种。其中，软体类种类数最多（231种）；其次是甲壳类（143种），藻类（101）和多毛类（99），棘皮类种类数最少（19种）。种类呈现浙北大于浙南，浙南大于浙中的趋势，分别为浙北282种、浙南236种、浙中178种。

春、秋季种类数差别不大，但主要类群有所差异，春季的藻类、多毛类和棘皮类多于秋季，秋季则软体类、甲壳类和其他类多于春季。潮间带生物种类的垂直分布与潮汐密切相关，种类垂直分布由高至低顺序为中潮区、低潮区、高潮区。

潮间带生物平均生物量为1 287.86 g/m^2，平均生物密度为741 ind./m^2。生物量和生物密度都是软体类所占比重最高，分别为50.3%和59.6%；生物量和生物密度的最高类群分别为甲壳类（28.3%）和多毛类（20.1%）。

潮间带底栖生物生物量、栖息密度均由北向南逐渐增加。春、秋季平均生物量由高至低顺序为浙南海域（2 009.08 g/m^2）、浙中海域（664.73 g/m^2）、浙北海域（177.77 g/m^2）；平均栖息密度由高至低顺序则为浙南区域（1 192 ind./m^2）、浙中区域（203 ind./m^2）、浙北区域（175 ind./m^2）。

2.1.4 海域环境质量

根据《浙江省海洋环境公报》，2008年浙江省近岸清洁、较清洁、轻度污染、中度污染和严重污染海域面积分别为930 km^2、10 040 km^2、5 460 km^2、4 390 km^2和10 080 km^2，中度污染和严重污染海域面积占浙江全省近岸海域面积的47%。

严重污染海域主要分布在杭州湾、甬江口、象山港、椒江口、瓯江口和鳌江口等港湾和河口海域，海水中主要污染物均为无机氮和活性磷酸盐。杭州湾局部区域水体重金属铜含量超一类海水水质标准，椒江口水体重金属铅含量普遍超一类海水水质标准、局部海域重金属汞含量超一类海水水质标准，瓯江口大部分海域水质重金属铅含量超一类海水水质标准、局部海域水质重金属铜和汞的含量超一类海水水质标准。

三门湾、乐清湾是全省重点港湾、河口海域水环境中营养盐污染程度相对较轻的海域，主要污染物是无机氮和活性磷酸盐。此外，乐清湾大部分海域水体重金属铜含量超一类海水水质标准。

2.2 海洋资源

浙江省海洋资源十分丰富，港口、岸线、滩涂、渔业、旅游等主要资源得天独厚，组合优势显著，为加快海洋经济发展提供了优越的区位条件、丰富的资源保障和良好的产业基础。

2.2.1 港口资源

浙江省海岸曲折，呈现海岛、岬角、海湾、河口相间，岛与岛之间、岛与岸之间常形成潮汐通道的冲刷槽，从而形成数量可观、具有深水条件和深水航道的天然港口、锚地和航道。

沿海具有建港潜力、且前沿水深 10 m 以上深水岸线资源有 100 多处、总长近 482 km，其中前沿水深大于 10 m 小于 15 m 的深水岸线为 212 km，占 44.1%，前沿水深大于 20 m 的深水岸线为 250 km，占 51.9%。

沿海主要航道有 100 条左右，主要是南北方向的外航路、东航路、中航路和西航路，以及进出各大港口的东西向航路。除个别港区外，绝大多数航道的水深条件较好，能够满足万吨以上海轮前往深水泊位靠泊作业的需求。

"十一五"期间，浙江省沿海港口新建成万吨级以上深水泊位 78 个，约为前 10 个五年计划建成万吨级泊位数的总和。至 2010 年年底，全省沿海港口拥有万吨级以上深水泊位 159 个。2010 年，全省沿海港口累计完成货物吞吐量 7.85×10^8 t，累计完成旅客吞吐量 1 066.3 万人。

2009 年，《宁波—舟山港总体规划》获得交通运输部和浙江省政府的批复，明确了宁波—舟山港作为我国沿海主要港口和国家综合运输体系重要枢纽的地位。从 2005 年到 2009 年，宁波港货物吞吐量由 2.68×10^8 t 增长到 3.84×10^8 t，年均增幅达 9.4%；集装箱吞吐量由 520×10^4 TEU 增加到 $1\ 042.3\times10^4$ TEU，年均增幅 19% 以上，显示了强劲的发展活力。2010 年宁波—舟山港货物吞吐量 6.3×10^8 t，跃居全球海港第一位，集装箱吞吐量达到 $1\ 314\times10^4$ TEU，已跻身全球第六大集装箱港。

从深水港口承载力来看，宁波—舟山港承载力潜力巨大，但温州、台州、嘉兴等港区的进出港航道等级较低，影响港口的运输效率和效益。浙江省港口航运资源的开发过程中，仍然存在岸线利用和组合布局不合理、占用深水岸线和航道锚地、公用码头和货主码头的发展不平衡、深水泊位比例偏低、现有深水泊位超负荷运行、专用码头布局有待优化等问题。

2.2.2 岸线资源

浙江沿海拥有丰富的岸线资源。根据"908 专项"调查统计，浙江省海岸线总长 6 714.663 km，其中，大陆岸线北起杭州湾北岸与上海市交界的金丝娘桥，南至温州苍南与福建省交界的虎头鼻，大陆岸线长 2 217.957 km，海岛岸线长 4 496.706 km。沿海常规条件下适宜开发的岸线资源为 761 km，可建万吨级以上泊位的深水岸线 506 km，占全国 1/3 以上，其中可建 10 万吨级以上泊位的深水岸线 106 km，在全国乃至世界都属罕见。

深水岸线资源主要集中在乍浦、北仑、舟山、大麦屿和温州七里、洞头等地，其中，舟山海域是浙江省深水岸线资源数量最大、分布最集中的区域，水深大于 20 m 的岸线更是占到全省岸线的 70% 左右（表 2.1）。

表 2.1　浙江省沿海 5 市深水岸线资源量　　单位：km

地区	深水岸线长度			
	10 m ~ 15 m		>20 m	
	长度/km	占当地比例/（%）	长度/km	占当地比例/（%）
嘉兴	26.3	83.5	5.2	16.5
宁波	57.4	55.9	45.3	44.1
舟山	95	33.2	171.9	60.1
台州	17	52.1	15.6	47.9
温州	16.7	57.8	12.2	42.2

2.2.3　滩涂资源

浙江省沿海潮间带多属开敞式岸滩，泥沙来源丰富，主要为淤涨型滩涂。滩涂资源重点分布于杭州湾南岸、三门湾口附近、椒江口外两侧和瓯江口至琵琶门之间，具有多宜性的特点。作为一种重要的土地后备资源，滩涂对于陆域面积较小的浙江省来讲尤为重要。

自新中国建立以来，浙江省滩涂围垦一直呈现蓬勃发展之势，滩涂围垦不仅解决了浙江省土地利用的供求矛盾，也为经济社会可持续发展预留了空间。自 1950 年至 2004 年间，浙江省围垦滩涂面积达 1 889 km^2。在 2004 年以前，浙江省的滩涂资源并未随着围垦面积的增加呈现相应减少的态势，而是稳定在 2 600 km^2 左右，说明这段时期滩涂围垦的力度和滩涂自然增长的速度基本一致。但由于近年来开发规模过大、速度过快，低涂围垦、过度超前围垦现象较为突出，导致滩涂资源开发利用与自然淤涨之间已出现不平衡态势。

表 2.2　浙江省沿海 5 市滩涂资源分布区域面积统计

分布地区	滩涂面积/km^2	占总面积/（%）
嘉兴市	141	6.5
宁波市	744	34.0
舟山市	184	8.4
台州市	460	21.0
温州市	656	30.0

根据浙江省“908 专项”海岸带和海岛调查的结果（表 2.2），全省滩涂资源分布面积为 2 285 km^2。其中分布于大陆沿岸的约为 1 853 km^2，分布于海岛四周的约为 432 km^2。从滩涂资源类型分布上来看，主要是粉砂淤泥质滩，面积达 2 160 km^2，占到了总面积的 94.5%；其次是砂砾滩和岩石滩，两者面积相差不大，分别是 65 km^2 和 61 km^2，占总面积的 2.8% 和 2.7%。

潮间带滩涂的分布，大致可分为 3 种环境类型，即河口平原外缘的开敞岸段、由半封闭港湾组成的隐蔽岸段及岛屿岸段。这 3 种类型的潮间带滩涂，在形状、单片土地面积和集中分布的程度方面，存在较大的差异。由于浙江省的潮间带滩涂资源主要分布于河口等开敞岸段，资源的完整性尚好。

“908 专项”调查统计表明，浙江省潮间带面积较 20 世纪 80 年代调查结果减少了 435 km^2，其中，仅杭州湾等主要港湾的潮间带面积就减少 319 km^2。显然，过度滩涂围垦是潮间带面积减少的最直接原因。

2.2.4 渔业资源

浙江省海域位于亚热带季风气候带，温暖湿润，热量丰富，雨量充沛，生物生产量大。多支水流交汇，带来大量的饵料；沿岸海流与台湾暖流交汇，使得近海盐度低而季节变化大，营养盐丰富，众多岛屿及难以计数的岩礁周围浅海海域和潮间带为海洋生物栖息提供了良好的场所，使浙江省海域成为我国海洋渔业资源蕴藏量最为丰富、渔业生产力最高的渔场，素有“中国鱼仓”的称号。在近海渔场中，渔业资源又较为集中于舟山渔场、渔山渔场、大陈渔场、洞庬渔场等，其中，岛屿分布密集的舟山渔场是我国主要经济鱼类的集中产区。

沿海渔业资源主要具有生物种类多、单生殖周期和短生殖周期的种类多、经济鱼类的饵料生物较为丰富等特点，但是，由于过度捕捞、海洋环境污染和海洋生态系统被破坏等影响，主要经济鱼种资源衰退严重，传统的四大经济鱼类已基本形不成渔汛，经济鱼类趋向低质化和低龄化，海洋渔业资源量呈现减少的趋势。

传统的海洋渔业包括海洋捕捞业和海水增养殖业，随着海洋渔业资源的衰退和减少，海水增养殖业发展较为迅速。10 年来通过产业结构调整，海洋捕捞范围从以沿岸近海为主，初步实现了向外海发展的转变，远洋捕捞作业已发展到大西洋、太平洋和印度洋，极大地促进了海洋渔业的发展。

浙江省滩涂、浅海和海岛资源丰富，养殖条件优越，养殖品种众多，逐渐形成了近海、外海、滩涂、海面、海底、陆地立体化多品种养殖的基地化、规模化生产格局。水体透明度低、岸线漫长和泥质滩涂广阔、饵料生物丰富等生态环境的特点，奠定了浙江省海洋渔业发展海水养殖以滩涂贝类为主导地位的产业格局，滩涂贝类养殖产量一直占全省海水养殖总产量的 70% 以上。

2.2.5 旅游资源

浙江省沿海地区气候温和湿润，自然环境独特，人类活动历史悠久，文化积累深厚，历代劳动人民留下了丰富的历史文化遗产。自然禀赋与人类活动的叠加，使得浙江省沿海旅游资源兼具自然和人文、海域和陆域、古代和现代、观赏和品尝等多种类型。

目前，沿海地区分布有普陀山、嵊泗列岛共 2 个国家级风景名胜区，又有舟山桃花岛、岱山、洞头列岛等多个省级风景名胜区，更有南麂列岛国家级海洋自然保护区。此外，主要海岛共有可供旅游开发的景区 450 余处。

浙江省海洋旅游资源具有数量大、类型多的特点，且资源空间分布呈大分散、小集中的格局，各地均有丰富的旅游资源，区域特色明显，组成了宁波人文自然综合旅游资源带、浙南沿海旅游资源区和舟山海岛旅游资源区。按照旅游资源拥有量的高低，宁波—舟山沿海拥有的基本类型数最多为 129 个，其次为温台沿海 125 个，杭州湾沿海 108 个；从旅游资源平均品质上看，杭州湾沿海的平均品质最高，其次为温台沿海，宁波—舟山沿海相对稍低。

2.3 海洋经济

2.3.1 沿海社会经济背景

经过改革开放30多年的发展，浙江省经济发展取得了举世瞩目的成就，特别是党的“十六大”以来，浙江省按照“四位一体”的总布局和“干在实处、走在前列”的总要求，深入实施“八八战略”，扎实推进创业富民、创新强省，经济持续平稳较快增长，综合实力提升较快，城乡面貌变化较大，人民群众得益较多，全面建设小康社会，提前基本实现现代化取得重大进展。

从1978年到2006年，浙江省地区生产总值从123.72亿元增加到15 742.51亿元，由全国第12位上升到第4位；人均生产总值从331元增加到31 874元，由第16位上升到第4位；城镇居民人均可支配收入从332元增加到18 265元，由第9位上升到第3位；农村居民人均纯收入从165元增加到7 335元，由第8位上升到第3位。2006年全省财政总收入和地方财政收入达到2 568亿元和1 298亿元，财政总收入占生产总值的比重达16.3%。

浙江省三次产业对GDP贡献的构成由1978年的38.1∶43.2∶18.7调整为2006年的5.9∶54.0∶40.1。2006年与1978年相比，第一产业增加值年均增长4.1%，占GDP比重下降32.2%；第二产业增加值年均增长16.3%，占GDP比重提高10.8%；第三产业增加值年均增长13.8%，占GDP比重提高21.4%。

从三次产业结构来看，经过30多年的发展，浙江省的产业结构发生了深刻变化，从典型的农业社会到第二产业占据绝对主导地位，再到第三产业比重逐步提高，第二、第三产业已成为拉动全省经济增长的主要动力。全省第三产业增加值占GDP的比重从20世纪80年代占20%以上，到90年代占30%以上，再到2001年以来基本占40%以上。第三产业对经济增长的贡献率明显上升。1978—2006年，第一产业对GDP增长的贡献率为5.6%，第二产业贡献率为54.1%，第三产业贡献率为40.3%。第三产业对全省经济的拉动作月越来越强。

从总体来看，虽然浙江省的产业结构得到一定的调整优化，但产业结构还不尽合理，仍存在服务业和高新技术产业比重偏低等问题。第二产业增长率为18.7%，第三产业增长率为17.3%，第三产业增长率仍低于第二产业。在7个沿海城市当中，第三产业比重大都在40%左右，且均低于第二产业比重。浙江省经济增长在相当程度上还是依赖于第二产业的增长，第二产业对GDP的增长贡献率达到58.3%，其中工业增长对GDP的增长贡献率达到53.9%。而浙江省服务业的发展仍显滞后，服务业比重不仅低于世界平均64%的水平，也低于低收入国家平均45%的水平。与发达国家相比，浙江省高技术产业发展差距很大。从第三产业内部构成来看，结构水平较低，金融、保险、咨询、技术服务等生产型服务业水平不高，主要还是以生活型服务业为主导。

2.3.2 海洋经济发展现状

浙江省是一个海洋大省，在发展海洋经济上具有多方面的条件与优势。浙江省委、省政府始终高度重视发展海洋经济，通过规划的引领和调控，浙江省海洋产业集群优势逐步形成，海洋产业结构和布局逐步优化。同时沿海基础设施建设得到大力推进，“十一五”期间安排沿海及海岛重大基础设施3 000多亿元，相继开工和建成了一批重大海洋基础设施和重点工程，海洋经济基础保障能力得到较大提高。2011年2月25日，国务院批准了《浙江海洋经济发展示范区规划》；2011年6月30日，国务院正式批准设立浙江舟山群岛新区，是继上海浦东新区、天津滨海新区和重庆两江新区后，党中央、国务院决定设立的又一个国家级新区，也是国务院批准的我国首个以海洋经济为主题的国家战略层面新区。

浙江省海洋经济发展有着独特的优势，具体包括海洋资源丰富、区位条件优越、特色产业优势突出、体制机制灵活高效以及科教支撑能力较强等，在全国海洋经济发展中具有重要地位。通过认真贯彻落实科学发展观和中央关于发展海洋经济的一系列决策部署，全省海洋经济呈现出快速发展的良好态势，取得了明显的成效。

2.3.2.1 海洋经济综合实力明显增强

浙江省发展海洋经济具有得天独厚的资源组合优势与经济区位优势，采取海陆互动战略，以沿海港口城市为中心，以海岸带为主要依托，大力发展海洋捕捞业和海洋运输业，海洋经济取得了快速发展，海洋产业总量规模不断扩大。

据统计，2002年浙江省海洋经济增加值仅占GDP的7.5%，2009年海洋经济增加值已占全省GDP的14.8%，比重增幅近一倍，可见海洋经济在国民经济发展中占据了重要地位，发挥着重要作用。按照《浙江海洋经济发展示范区规划》，到2015年，海洋经济生产总值将接近7 000亿元，占全国海洋经济比重提高到15%，基本实现成为海洋经济强省的目标。

2.3.2.2 海洋产业体系比较完备

2007年，浙江省海洋经济第一、第二、第三产业增加值分别为209亿元、985亿元和1 150亿元，三次产业结构为8.9∶42.0∶49.1。与2004年海洋经济三次产业结构对比，海洋经济第一产业和第二产业增加值所占比重均有所下降，而第三产业增加值所占比重上升3.8个百分点。海洋经济第二、第三产业增加值所占比重2007年达91.1%，第二、第三产业在全省整个海洋经济产业中的重要性日趋突出，尤其是第三产业增加值比重上升较快。

据统计，2009年，浙江省实现海洋生产总值3002亿元，至2010年，全省海洋生产总值达到3 500亿元。“十一五”期间，海洋经济三次产业结构从13.8∶38∶48.2调整为7.9∶41.4∶50.7。目前，浙江省海洋产业体系比较完备，海洋经济第二、第三产业地位比较突出，第三产业增加值比重上升较快，海洋产业结构正逐步优化。

2.3.2.3 海洋主要产业发展稳定

近几年浙江省海洋主要产业发展比较稳定，增加值占GDP比重基本稳定在5.5%~5.6%之间，但各行业之间发展尚不平衡。2005—2007年，浙江省海洋电力业发展最快，增加值年均增长82.4%；其次是海洋船舶工业，增加值年均增长61.8%；海洋生物医药业和海洋交通运输业发展也较快，增加值年均分别增长25.9%和25.2%。较快的发展速度使得这4个行业增加值占海洋经济的比重2007年比2004年上升了4%。

浙江省海洋可再生能源发展加快，大陈岛、天台山、苍南霞关等5×10^4 kW风电装机已建成投产，全省风电装机总量达 2.3×10^5 kW，苍南皇帝坪、舟山岑港、定海小沙等约 9×10^4 kW 风电场已核准并开工建设。

在海洋主要产业中，浙江省的海洋船舶工业是发展最快的行业之一，2005—2007 年浙江省海洋船舶工业现价增加值年均增长 61.8%，增加值绝对量在海洋主要产业中的排位由 2004 年的第 8 位上升到 2007 年的第 5 位，总产出由第 8 位上升到第 4 位。据中国海洋统计年鉴资料，2009 年实现船舶工业总产值 738 亿元，居全国第三位，同比增长 43%；船舶工业完成出口交货值超过 400 亿元，同比增长近 90%，海洋船舶工业的竞争力正在逐步增强。

海洋生物医药业总产值约占全国的 40%，居各省市首位，其中，依托浙江大学、省甲壳素研究与开发联合实验室及相关企业，海产甲壳动物废弃物综合利用技术开发逐渐成熟，年产值达 3 亿多元。

海洋渔业结构调整逐渐向纵深发展，所占比重有所下降。2007 年浙江省海洋渔业总产出 268.7 亿元，增加值 154 亿元，占海洋主要产业增加值的比重为 15%，比 2004 年下降 6.4 个百分点。这是浙江省根据渔业资源及环境变化，及时调整政策，加大渔业结构调整和渔民转产转业力度，海洋渔业呈现出由捕捞向养殖转变、由近海向深海远洋转变、数量型向效益型转变的良性发展趋势。与此同时，浙江省努力拓展渔业发展空间，转变渔业增长方式，延长渔业产业链，依托渔港、渔乡渔村、养殖园区、人工鱼礁，大力发展休闲观赏渔业，使海洋渔业在结构调整中实现纵深发展。

2.3.2.4 海洋科研教育管理服务业发展相对较快

至 2009 年年底，浙江省已有涉海专业学科院校、科研院所 28 家，国家级海洋研发中心（重点实验室）4 家，国家科技兴海示范基地 7 家，省海洋科技园区 3 家，省级海洋高新技术企业 18 家，涉海科技企业 3 100 余家，从事海洋科研人员 8 300 余人。浙江省财政每年对纯涉海院校和研究机构直接投入近 3 亿元，加快了海洋科研教育管理服务业的发展步伐。

随着经济的快速发展，浙江省各类海洋服务意识增强，投入加大。如海洋信息服务业、海洋环境监测预报服务、海洋保险与社会保障业、海洋科学研究与技术服务业、海洋环境保护业、海洋教育，以及政府部门对海洋经济开发的支持力度不断加大等，都使浙江省的海洋科研教育管理服务业得到了进一步的发展。2007 年海洋科研教育管理服务业总产出和增加值分别为 413 亿元和 195 亿元，比上年增长 20.5% 和 20.4%，其增加值占海洋经济的比重为 8.3%。

2.3.2.5 海洋相关产业发展稳定

海洋相关产业主要包括：海洋农林业、海洋设备制造业、涉海产品及材料制造业、涉海建筑与安装业、海洋批发与零售业、涉海服务业等。自 2005 年以来，浙江省海洋相关产业发展比较稳定，2005—2007 年海洋相关产业增加值年均增长 16.4%，占 GDP 的比重基本稳定为 6% ~6.1%，在浙江省整个海洋经济中已占据重要地位。2007 年浙江省海洋相关产业总产出为 3 791 亿元，增加值为 1 119 亿元，分别比上年增长 18.2% 和 19.4%，海洋相关产业占 GDP 的比重为 6%，占海洋经济的比重为 47.8%。

2.4 海域管理

2.4.1 海域使用管理

浙江省海域使用管理工作从20世纪90年代末起步，1998年4月1日浙江省人民政府发布了《浙江省海域使用管理办法》（省政府令第98号），并于当年5月1日起施行，为规范海域使用提供了依据。“十五”时期，海域使用管理工作经历了艰难的发展阶段。

2003年和2004年为纳入管理阶段。这一阶段的目标和任务主要是实现已建用海项目全部完成登记确权，新用海项目按申请审批管理程序全部纳入管理；按规定征缴海域使用金，全面实行海域使用金减、免缴审批制度；完善海底电缆管道管理规定；全面启动海域行政区域勘界工作，营造良好的海域使用管理环境。

2005年和2006年为规范提高阶段。这一阶段的目标和任务主要是完成《浙江省海域使用管理条例》的起草工作，争取浙江省人大出台与《中华人民共和国海域使用管理法》相配套的地方性法规，健全海域管理法律制度，修改和完善确权审批等配套制度；修改《浙江省海域使用金征收管理办法》，进一步明确《中华人民共和国海域使用管理法》规定的所有有偿使用项目海域使用金征收标准、使用范围和管理办法；2006年，根据新形势下海洋管理的需要，浙江省人民政府重新修订并发布了《浙江省海域使用管理办法》（省政府令第221号）；根据海洋开发的需要，适时组织修编各级海洋功能区划，进一步健全用海区划审核制度；建立行政审批与执法监察有机结合、紧密配合的工作机制；全面完成省内海域行政区域勘界工作，基本解决界线争议纠纷。

2007年和2008年为规范管理阶段。这一阶段主要制定了《浙江省海域使用权申请审批管理办法》、《海域使用权登记备案管理办法》、《浙江省海域使用论证管理办法》等配套文件，规范了海域使用申请审批各个环节的操作程序，海域使用管理配套制度日趋完善；加大了围填海项目和养殖用海的管理力度，海域使用论证制度、公示公告制度、现场踏勘制度、权属核查制度等海域使用管理程序中的主要环节都得到了较好的落实，海域使用金足额征收，海域使用竣工验收工作也已起步，海域使用管理逐步规范；海域使用动态监视监测系统正逐步成为管理的重要技术支撑，已完成系统建设方案、实施方案的编制与上报，海域使用监控与指挥平台建设，动态监管中心部分仪器设备的配置及省市两级基础数据库建设等工作，海域使用动态监测管理系统建设全面展开。

2009年和2010年是海域使用管理工作得到快速发展的两年，海域使用论证制度、公示公告制度、现场踏勘制度、权属核查制度等海域使用管理程序中的主要环节都得到了较好的落实；通过审核审批程序的完善，进一步规范了海域使用管理工作，保证了海域使用审核审批中的集体决策、民主决策；海域使用管理工作在完善海洋功能区划、海域权属管理、海域有偿使用三项基本制度的基础上，逐步建立了项目用海管理、区域建设用海规划管理、区域农业围垦用海规划管理3种基本管理方式，同时建立了围填海计划管理制度；海域使用权的取得从过去行政审批的单一模式向市场化运作拓展，海域使用权市场运作有了较大进展，建设填海招拍挂试点取得成功，海域使用权抵押已经成为用海企业的重要融资渠道之一，海域使用权作为物权的价值得到了有效体现。

综上所述，经过近 10 年的努力，浙江省的海域使用管理工作取得了长足的发展，海域使用权在经济社会发展中的作用和地位日益增强，当前的海域使用管理工作，管理制度日趋完善，呈现出管理方式多样化、管理内容较为丰富的特点。在海域使用管理工作形势逐步好转的同时，还存在一些矛盾和问题。沿海经济的快速发展使建设用海需求大增，大量区位条件较好的近岸海域被开发利用，局部地区海域资源紧缺，海域使用纠纷和矛盾逐渐增多。沿海经济快速发展使海域资源科学配置的困难加大，对管理工作提出了更高的要求。海域使用管理作为一个新兴的管理领域，相应的配套制度还有待于进一步完善、与《物权法》的相关内容需进行细化衔接，与海域使用权抵押、补偿密切相关的海域价值评估体系亟须建立。

2.4.2 海域使用金管理

2.4.2.1 征收历史

浙江省海域使用金征收的历史是一个不断完善的过程，1998 年，在《中华人民共和国海域使用管理法》出台前，为加强海域使用管理，促进海域的合理开发和持续利用，提高海域使用的社会、经济和生态环境效益，浙江省人民政府发布了《浙江省海域使用管理办法》（浙江省人民政府令 1998 年第 98 号，2006 年 9 月 1 日废止），提出了对在省内某一固定海域从事 3 个月以上排他性的开发利用活动，实行有偿使用海域制度。该办法规定，省海洋行政主管部门负责全省海域使用的监督管理工作，沿海市、县（市、区）海洋行政主管部门负责本辖区内海域使用的监督管理工作。

2001 年，浙江省人民政府进一步出台了《浙江省海域使用金征收管理暂行办法》（浙政发〔2001〕31 号）。该办法明确规定：海域的所有权属于国家，依法取得海域使用权的单位和个人，必须向国家缴纳海域使用金。海域使用金由获得海域使用权的申请人按《国家海域使用证》核定的海域使用面积缴纳。该办法规定海域使用金由财政部门委托海洋行政主管部门代征，其他部门和单位一律不得征收。使用省级财政部门统一负责印制的海域使用金专用票据，设立“海域使用金财政专户”，按月清算，纳入预算管理。该办法的出台大力推进了浙江省海域使用管理的两项制度建设。

2002 年，为实施《浙江省海域使用金征收管理暂行办法》，浙江省人民政府制定了《浙江省海域使用金征收管理暂行办法实施细则》（浙海渔管〔2002〕9 号），对海域使用金的征收标准，征收办法和管理办法，作了进一步的规定。

2006 年，为贯彻实施海域有偿使用制度，规范全省海域使用金的征收、使用和管理，根据《中华人民共和国海域使用管理法》和《浙江省海域使用管理办法》，浙江省政府制定了《浙江省海域使用金征收管理办法》（浙政发〔2006〕71 号），该办法对 2001 年的暂行办法进行了较大的修改。

2009 年，浙江省人民政府再次印发了《浙江省海域使用金征收管理办法》（浙政发〔2009〕8 号），同时废止了《浙江省海域使用金征收管理办法》（浙政发〔2006〕71 号）。该办法根据《中华人民共和国海域使用管理法》、《浙江省海域使用管理办法》（省政府令第 221 号）和财政部、国家海洋局《关于加强海域使用金征收管理的通知》（财综〔2007〕10 号）、《关于海域使用金减免管理等有关事项的通知》（财综〔2008〕71 号）等有关规定制定，进一步对免缴海域使用金及减免海域使用金的范围及管理办法做了明确的规定。

2.4.2.2　管理现状

财政部门是海域使用金的征收管理机关，海洋行政主管部门是海域使用金的征收机关。海域使用金由批准用海的地方人民政府海洋行政主管部门负责征收。浙江省人民政府管理的海域内，跨海域行政区域或海域行政界线有争议的用海项目，其海域使用金由上一级海洋行政主管部门负责征收。

浙江省人民政府管理海域以外以及跨省管理海域的项目用海缴纳的海域使用金，由国家海洋局负责征收，就地全额缴入中央国库。

养殖用海缴纳的海域使用金，由审批项目用海的地方人民政府海洋行政主管部门负责征收，就地全额缴入同级地方国库，中央和省不再参与分成。其中，国家、省级、县级人民政府审批的养殖用海项目海域使用金，全额缴入项目所在地的县级地方国库；市级人民政府审批的养殖用海项目海域使用金，按市级 10%、县级 90% 的比例就地缴入地方国库。

高涂围垦养殖用海缴纳的海域使用金由省海洋行政主管部门负责征收，并按照省级 40%、市级 10%、县级 50% 的比例就地缴入国库。

除上述以外的其他项目用海缴纳的海域使用金，按项目用海批准权限由同级地方人民政府海洋行政主管部门负责征收，并按照中央 30%、省级 10%、市级 10%、县级 50% 的比例就地缴入国库。

2.4.2.3　征收标准

海域使用金的征收标准经历了两个阶段：第一阶段为 2006 年 12 月 31 日之前，第二阶段为 2007 年 1 月 1 日至今。两个阶段征收标准的差别主要体现在以下几个方面：

1）征收范围有所增加。新的标准增加了渔业用海、交通运输用海、海底工程用海、围海造地用海，并根据管理要求对临时用海、转让海域、出租海域的征收标准作了相关规定。

2）征收标准更加细化。相比较之前的征收标准，2007 年之后制定的标准不仅仅考虑了项目的用海类型，对项目的不同用海方式、用途的征收标准也都进行了详细的规定。新的标准更加贴合海域管理的实际，更具可操作性。

3）征收价格适当调整。2006 年 12 月 31 日之前工业项目为 100 元/（亩·年）[①]，旅游项目为 10～30 元/（亩·年），排污、倾废项目使用海域临时性储灰、储渣的 200 元/（亩·年），海底管线登陆点用海项目为 100 元/（亩·年），海洋自然保护区内开发用海项目为 150～200 元/（亩·年），其他经营性项目为 100～150 元/（亩·年）。

2007 年至今执行的海域使用金征收标准见表 2.3。

① 亩为非法定计量单位，1 亩≈0.066 7 公顷。

表 2.3 浙江省海域使用金征收标准 单位：元/（亩·年）

类型	序号	征收项目	标准
渔业	1	渔业基础设施用海	100
	2	池塘养殖用海	20～80
	3	海上网箱养殖用海	50～150
	4	浅海底播养殖用海	20～50
	5	滩涂海水养殖和浅海筏式养殖用海	20～50
	6	海水增养殖用海	20～50
	7	海底投石、建造人工鱼礁及其他改变海底自然环境的增养殖用海	200～300
交通运输	8	港口用海	150～300
	9	专用航道、锚地用海	100
	10	路桥用海	50～200
工矿	11	盐业用海	3
	12	修造船用海	200～300
	13	拆船用海	300～500
	14	油气、海砂等矿产资源勘探开采用海	500～1 000
旅游娱乐	15	旅游基础设施用海	150～300
	16	海水浴场、海上娱乐用海	100～150
海底工程	17	海底电缆（光缆）、管道用海	150～200
	18	海底隧道、仓储用海	200～300
排污倾废	19	改变海域属性的储灰、储渣场等围海倾废用海	200～300
	20	排污口、排水口用海	100～200
围海造地	21	改变海域自然属性的城镇及临港工业建设填海工程用海	15 000～20 000
	22	改变海域自然属性的农业填海用海	1 000～3 000
特殊	23	海洋自然保护区内开发项目用海	200～300
其他	24	其他用海	150～200
临时	25	临时用海，参照同类型项目用海海域使用金征收标准的25%计征	
转让	26	按转让人所得增值价款的40%缴纳海域转让金	
出租	27	按出租人所得租金收入的20%缴纳海域租金	

注：围海造地项目一次性征收，其他用海项目可按年度征收。

2.4.2.4 征收现状

2008年确权用海面积与2007年相比增加了20.73%。增幅最大是工业用海，增加约155.5%，其中：船舶工业用海减少了6.4%，其他工业用海增加了161.9%；用海量最大是渔业用海，面积63.529 9 km^2，占总确权用海面积61.2%。其中：高涂围垦养殖用海31.602 7 km^2，占总确权用海面积27.6%；海域确权面积最多的台州市，确权面积为47.691 9 km^2，占全省新增确权面积的41.60%。其中，高涂围垦养殖用海20.879 5 km^2；工业用海新增确权最多的舟山市，确权面积为23.564 5 km^2，占全省新增确权面积的20.6%，主要为船舶工业用海和港口用海，见表2.4。

表 2.4　2007 年与 2008 年确权用海对比明细

用海类型	2007 年面积/km^2	2008 年面积/km^2	与上年相比增减面积/km^2	增减/（%）
渔业用海	63.529 9	70.157 4	6.627 5	10.4
工业用海	15.801 5	40.376 8	24.575 3	155.5
交通运输用海	5.253 5	3.149 4	-2.104 1	- 40.1
旅游娱乐用海	0.066	0.219 4	0.153 4	232.4
海底工程用海	0.054 3	0.116 8	0.062 5	115.1
造地工程用海	0.140 5	0.164 5	0.024	17.1
排污倾倒用海	0.009 1		-0.009 1	
特殊用海	10.065 4	0.244 5	-9.820 9	-97.6
其他用海	0.037 5	0.219 9	0.182 4	486.4
合计	94.957 7	114.648 7	19.691	20.7

以下就围填海项目用海、工业用海、交通运输用海等重点用海的征收现状加以分析。

1）围填海项目用海

2008 年围填海项目确权登记用海 67.574 4 km^2，占全年确权用海总面积的 58.9%，与 2007 年围填海项目 37.118 5 km^2 和 39.1% 相比，确权用海面积增加了 30.455 9 km^2，增幅 19.9%。产生这种现象的原因主要是：①温台沿海产业带项目用海，导致工业用海中建设填海造地增加；②“依法管海、用海”的理念已得到沿海各级政府重视和理解，政府投资实施的用海项目纳入了海域使用管理；③浙江省很好地运用了国家海洋局《关于淤涨型高涂围垦养殖用海管理试点工作》的优惠政策。

2）船舶工业用海

2008 年船舶工业用海项目 46 个，用海面积 15.598 km^2，与 2007 年相比面积减少了 6.4%；从统计时间得出，船舶工业用海数据统计主要在 2008 年上半年，下半年审批的 6 个项目，因海域使用金未缴纳，没有登记确权。产生这种现象的原因主要是：①受国际金融海啸影响，修造船业务减少；②修造船能力过剩；③适应建造船舶工业的海域十分紧缺。

3）交通运输用海

2008 年交通运输用海确权用海面积 3.149 4 km^2，与 2007 年的 5.253 5 km^2 相比减少了 66.8%。产生这种现象的原因主要是：通过前几年的开发建设，海上交通运输基础设施和能力基本适应当前的需求。

从各重点用海所占比例来看，2008 年围海养殖用海面积 36.997 9 km^2，占全年确权用海总面积的 32.3%；工业用海面积 40.376 8 km^2，占全年确权用海总面积的 35.2%；交通运输用海面积 3.149 4 km^2，占全年确权用海总面积的 2.8%。三类用海面积之比分别为 45.91∶50.14∶3.91，表现出全省海洋开发利用存在不平衡的现象。

第3章　浙江省海域使用现状

3.1　海域使用分类

3.1.1　海域使用分类体系的沿革

海域使用分类体系是海域使用管理领域的基础性规范，是界定用海类型和用海方式的统一依据，对于规范海域使用管理和相关技术工作，统一各环节海域使用数据口径，促进海域使用信息共享等具有重要的现实意义。

2002 年，国家海洋局发布的《海籍调查规程》对海域使用分类做了专门规定，但其作用主要体现在海籍测量、海域使用调查与统计工作中。除此以外，在海洋功能区划、海域使用金征收管理等领域均采用各自的分类体系，各分类体系存在差异，造成相互衔接困难。

2005 年，国家海洋局"908 专项"办公室为更好地开展海域使用调查工作，编制了《我国近海海洋综合调查与评价专项——海域使用现状调查技术规程》（以下简称"908 技术规程"），其中的海域使用分类体系主要参考了《海籍调查规程》中的相应内容，并依据调查的需要做出了相应的调整和修改。

2008 年，为加强海域使用管理，进一步完善海籍管理制度，国家海洋局发布了《海域使用分类》和《海籍调查规范》，并于 2009 年上升为海洋行业标准（标准号分别为 HY/T 123－2009、HY/T 124－2009），原《海籍调查规程》同时废止。《海域使用分类》规定了海域使用的分类原则、类型和用海方式，适用于海域使用权取得、登记、发证、海域使用金征缴、海域使用执法监察以及海籍调查、统计分析、海域使用论证、海域评估、海域管理信息系统建设等工作对海域使用类型和用海方式的界定。

3.1.2　本书采用的海域使用分类

由于"海域使用现状调查"工作采用的是"908 技术规程"的分类体系，而目前浙江省海域管理分类体系已更新为《海域使用分类》（表 3.1），为保证各部门间海域使用数据的可比性，实现海域信息资源共享，提高海洋信息产品质量，满足海洋公共管理的需要，本书按照《海域使用分类》对调查所取得的成果重新进行了分类、统计。

《海域使用分类》主要在以下几个方面与"908 技术规程"存在差异。

3.1.2.1　用海类型的新增

随着海洋渔业产业的不断发展，人工鱼礁、生态型渔业等现代渔业已成为海洋渔业资源开发利用新的发展方向，为适应新形势，《海域使用分类》的二级类中新增了人工鱼礁用海。

表 3.1　海域使用类型名称和编码

一级类		二级类	
编码	名　称	编码	名　称
1	渔业用海	11	渔业基础设施用海
		12	围海养殖用海
		13	开放式养殖用海
		14	人工鱼礁用海
2	工业用海	21	盐业用海
		22	固体矿产开采用海
		23	油气开采用海
		24	船舶工业用海
		25	电力工业用海
		26	海水综合利用用海
		27	其他工业用海
3	交通运输用海	31	港口用海
		32	航道用海
		33	锚地用海
		34	路桥用海
4	旅游娱乐用海	41	旅游基础设施用海
		42	浴场用海
		43	游乐场用海
5	海底工程用海	51	电缆管道用海
		52	海底隧道用海
		53	海底场馆用海
6	排污倾倒用海	61	污水达标排放用海
		62	倾倒区用海
7	造地工程用海	71	城镇建设填海造地用海
		72	农业填海造地用海
		73	废弃物处置填海造地用海
8	特殊用海	81	科研教学用海
		82	军事用海
		83	海洋保护区用海
		84	海岸防护工程用海
9	其他用海		

近年来我国临海工业发展迅速，形成了多种用海类型的复合型用海方式。“908 技术规程”分类体系中的临海工业用海涵盖面较窄，且对各种临港用海未做详细分类。而《海域使用分类》对临海工业用海进行了细化，形成了多个二级类用海类型，包括船舶工业用海、电力工业用海以及其他工业用海。

在用海造地工程方面，新增了废弃物处置填海造地用海。

3.1.2.2 用海类型的统一合并

《海域使用分类》对养殖用海类型进行了合理归并，底播养殖、设施养殖等一系列养殖用海统一为开放式养殖用海。“908 技术规程”中的围海造地用海主要分为港口、城镇及农业围垦用海，而《海域使用分类》把港口建设用海并入了交通运输用海的港口用海，形成了类型的统一性和整体性。

3.1.2.3 用海类型的名称变更

根据用海类型分类的变化，一级类和二级类的用海类型名称进行了适当变更。工矿用海变为工业用海，围海造地工程用海变为造地工程用海，围垦用海变为农业填海造地用海，废物倾倒用海变为倾倒区用海等。

《海域使用分类》充分反映了海域使用的主要类型特征，进一步优化了一级类用海类型的范围及定义，深层次地细化了二级类用海类型，使用海类型的涵盖面更广、用海类型的判定更明确。同时，该分类体系与海洋管理工作相衔接，满足了分类管理的需求，充分考虑了与海洋功能区划、海洋及相关产业等分类相协调问题，并且与海洋功能区划以及海域使用金征收等标准的分类体系是协调一致的。

3.2 海域使用状况

3.2.1 海域使用概况

根据“海域使用现状调查”结果，至 2008 年底全省海域使用项目共计 5 996 宗（个），海域使用总面积达 4 004.919 1 km^2（附图 1）。其中，确权项目（取得海域使用权证的用海项目，以宗为单位）共 2 973 宗，用海面积为 934.895 7 km^2；未确权项目（因各种原因暂未取得海域使用权证的用海项目，以个为单位）共 2 553 个，用海面积为 464.884 1 km^2；公共用海项目（主要为航道、锚地、海底管线、倾倒区）共 470 个，用海面积为 2 605.139 2 km^2。

因公共用海具有占用海域面积大、用海类型单一的特点（为全省用海总面积的 65.1%），其统计结果不能很好地反映浙江省海域使用的特点。为避免以偏概全，以下各市和各用海类型均未将公共用海纳入统计范围。

3.2.1.1 各市海域使用概况

按照海域使用面积统计，宁波市居 5 市前列，用海面积为 457.982 9 km^2，占全省用海总面积的 11.4%；其次为温州市和舟山市，用海面积分别为 372.866 2 km^2 和 333.138 2 km^2，占全省用海总面积的 9.3% 和 8.3%；台州市用海面积相对较小，为 219.102 3 km^2，占全省用海总面积的 5.5%；嘉兴市用海面积最小，仅为 16.690 4 km^2，占全省用海总面积的 0.4%（表 3.2）。

按照海域使用项目个数统计，5 市中宁波市、舟山市、台州市和温州市数量相当，依次为 1 459 宗（个）、1 469 宗（个）、1 141 宗（个）和 1 432 宗（个），分别占全省海域使用项目总数的 24.3%、24.5%、19.0% 和 23.9%；嘉兴市用海项目个数较少，仅为 25 宗（个），仅占项目总数的 0.4%。

从确权情况来看，舟山市确权率较高，确权项目数占舟山市总项目数的 77.1%；其次为宁波市，确权项目数占宁波市总项目数的 68.7%；台州市和嘉兴市确权率分别为 41.0% 和 36.0%，温州市确权率最低，仅为 25.2%。

表 3.2 浙江省各市用海统计

地区	确权项目		未确权项目		合计	
	用海项目数/宗	用海面积/km^2	用海项目数/个	用海面积/km^2	用海项目数/宗（个）	用海面积/km^2
嘉兴市	9	2.540 7	16	14.149 6	25	16.690 4
宁波市	1 002	364.906 9	457	93.076 0	1 459	457.982 9
舟山市	1 133	322.412 8	336	10.725 4	1 469	333.138 2
台州市	468	132.866 2	673	86.236 0	1 141	219.102 3
温州市	361	112.169 1	1071	260.697 1	1 432	372.866 2

3.2.1.2 各类型用海概况

用海类型上，全省海域使用项目一级类涵盖了 9 大类中的 8 类，无其他用海。二级类涵盖了 30 类中的 27 个二级类，无油气开采、海底隧道和海底场馆用海，用海类型较齐全。

按照海域使用面积统计，渔业用海面积最大，为 743.418 3 km^2，占海域使用总面积（除公共用海外）的 53.1%；其次为造地工程用海、交通运输用海和工业用海，用海面积依次为 285.790 8 km^2、213.973 8 km^2 和 96.270 3 km^2，所占比例分别为 20.4%、15.3% 和 6.9%；旅游娱乐用海、海底工程用海、特殊用海以及排污倾倒用海的海域使用面积相对较小，分别为 7.206 9 km^2、21.399 1 km^2、30.648 8 km^2 和 1.071 9 km^2，所占比例为 0.5%、1.5%、2.2% 和 0.1%（表 3.3 和图 3.1）。

表 3.3 浙江省一级类用海类型统计

用海类型	确权项目		未确权项目		合计	
	用海项目数/宗	用海面积/km^2	用海项目数/个	用海面积/km^2	用海项目数/宗（个）	用海面积/km^2
渔业用海	929	462.999 2	1 742	280.419 1	2 671	743.418 3
交通运输用海	380	211.988 6	326	1.985 2	706	213.973 8
工业用海	1 214	88.874 2	241	7.396 1	1 455	96.270 3
旅游娱乐用海	43	5.493 9	15	1.713 0	58	7.206 9
海底工程用海	116	18.256 8	9	3.142 3	125	21.399 1
排污倾倒用海	3	0.031 2	3	1.040 7	6	1.071 9
造地工程用海	77	117.382 4	63	168.408 4	140	285.790 8
特殊用海	211	29.869 4	154	0.779 4	365	30.648 8

按照海域使用项目个数统计，渔业用海的数量最多，为 2 671 宗（个），占除公共用海外总项目数的 48.3%。其次为工业用海和交通运输用海，分别为 1 455 宗（个）和 706 宗

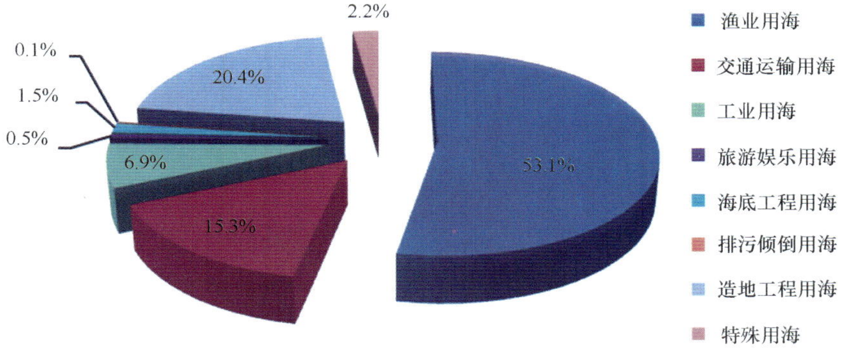

图 3.1　浙江省用海类型一级类用海面积比例

（个），所占比例为 26.3% 和 12.8%。特殊用海、造地工程用海和海底工程用海的用海个数不多，分别为 365 宗（个）、140 宗（个）和 125 宗（个），所占比例分别为 6.6%、2.5% 和 2.3%。旅游娱乐用海和排污倾倒用海的数量相对较少，所占比例在 1% 左右。

从确权情况来看，海底工程用海确权率较高，确权项目数为 116 宗，占海底工程用海项目总数的 92.8%；其次为工业用海，确权项目数为 1 214 宗，占工业用海项目总数的 83.4%；旅游娱乐用海用海个数为 43 宗，确权率为 74.1%；交通运输用海、排污倾倒用海、造地工程用海及特殊用海的确权率相近，分别为 53.8%、50.0%、50.0% 和 57.8%；渔业用海的确权率最低，为 34.8%。

3.2.1.3　二级类用海类型概况

1）渔业用海

按照海域使用面积统计，开放式养殖用海面积最大，为 412.971 7 km^2，占渔业用海总面积的 55.6%；其次为围海养殖用海，用海面积为 295.433 1 km^2，所占比例为 39.7%；渔业基础设施用海和人工鱼礁用海次之，用海面积分别为 15.999 6 km^2 和 19.014 0 km^2，所占比例分别为 2.1% 和 2.6%。

按照海域使用项目个数统计，围海养殖用海项目数量最多，为 1 319 宗（个），占渔业用海总项目数的 49.4%；其次为开放式养殖用海项目数量，共有 918 宗（个），所占比例为 34.4%；渔业基础设施用海项目数量次之，共有 419 宗（个），所占比例为 15.7%；人工鱼礁用海项目数相对较少，仅有 15 宗，所占比例为 0.5%。

从确权情况来看，渔业用海中人工鱼礁用海项目共有 15 宗，均为确权项目，确权率为 100%；其次为渔业基础设施用海，确权项目数为 240 宗，确权率为 57.3%，未确权项目主要为群众渔港码头，由于建造时间较早，在海域法施行前已是既成事实，无法确定所有人，至今无法纳入海域管理，属历史遗留问题；开放式养殖用海的确权率居第三，所占比例为 44.7%；围海养殖用海确权项目数相对较少，仅为 49 宗，确权率为 3.7%。养殖用海未纳入海域管理的原因主要有以下几个方面：其一，由于历史原因，大部分养殖用海仍以农业部颁发的养殖证进行管理，宁海县、三门湾和乐清湾内此类情况较多；其二，因河海界线存在争议，造成河口海域的养殖用海未能纳入海域管理，主要分布在杭州湾海域；其三，海水养殖多数以村集体的形式统一管理，无法确权到户。

表 3.4 浙江省渔业用海统计

用海类型		确权项目		未确权项目		合计	
一级类	二级类	用海项目数/宗	用海面积/km^2	用海项目数/个	用海面积/km^2	用海项目数/宗（个）	用海面积/km^2
渔业用海	开放式养殖用海	625	308.176 7	293	111.977 5	918	412.971 7
	围海养殖用海	49	124.069 8	1 270	164.180 8	1 319	295.433 1
	渔业基础设施用海	240	11.738 8	179	4.260 8	419	15.999 6
	人工鱼礁用海	15	19.014 0			15	19.014 0

2）交通运输用海

按照海域使用面积统计，港口用海面积最大，为 150.445 9 km^2，占交通运输用海总面积的 70.3%。其次为路桥用海，用海面积为 42.894 3 km^2，所占比例为 20.1%。

按照海域使用项目个数统计，港口用海项目数量最多，为 631 宗（个），占交通运输用海总项目数的 89.5%。其次为路桥用海，共有 70 宗（个），所占比例为 9.9%。航道用海和锚地用海相对较少，皆为 2 宗。

从确权情况来看，航道、锚地因其公共用海性质，确权数仅为 5 宗。港口用海确权项目数为 349 宗，占港口用海项目数的 55.3%，除河海界线存在争议的原因外，港口用海未确权的项目主要是一些公用码头、群众性码头及海域法施行前就已运营的码头；路桥用海的确权率较低，为 38.6%，除河海界线问题、历史遗留问题造成的原因外，还有一些未确权项目为单拱跨海桥。未确权跨海大桥包括温州市的洞头大桥、窄门大桥、灵昆大桥，台州市的健跳大桥、松门镇大桥，宁波市的铜瓦门大桥等。

表 3.5 浙江省交通运输用海统计

用海类型		确权项目		未确权项目		合计	
一级类	二级类	用海项目数/宗	用海面积/km^2	用海项目数/个	用海面积/km^2	用海项目数/宗（个）	用海面积/km^2
交通运输用海	港口用海	349	148.776 3	282	1.669 5	631	150.445 9
	路桥用海	27	42.579 0	43	0.315 3	70	42.894 3
	航道用海	3	0.126 8			3	0.126 8
	锚地用海	2	20.507			2	20.507 0

3）工业用海

按照海域使用面积统计，其他工业用海的面积最大，为 41.863 6 km^2，占工业用海总面积的 43.5%。其次为船舶工业用海，用海面积为 35.842 3 km^2，所占比例为 37.2%。电力工业用海次之，用海面积为 11.938 1 km^2，所占比例为 12.4%。海水综合利用用海和固体矿产开采用海的用海面积相对较小，用海面积所占比例均低于 5%。盐业用海的用海面积最小，仅 0.487 5 km^2，占 0.5%。

按照海域使用项目个数统计，其他工业用海项目数量最多，为 821 宗（个），占工业用海总项目数的 56.4%。其次为船舶工业用海，共有 492 宗（个），所占比例为 33.8%。固体矿产开采用海和电力工业用海相对较少，分别为 85 宗（个）和 42 宗（个），所占比例分别为 5.8% 和 2.9%。盐业用海和海水综合利用用海的用海个数较少，占工业用海总项目数的比例均在 1% 以内。

从确权情况来看，电力工业用海和其他工业用海确权项目较多，确权项目数分别为 36 宗和 712 宗，确权率达 85.7% 和 86.7%，未确权项目主要为历史遗留问题造成的既成事实。固体矿产开采用海和船舶工业用海次之，确权率分别为 81.2% 和 79.1%，固体矿产开采用海项目具有一定的集体用海性质，大多无法确权到户，而船舶工业用海除历史遗留的原因外，部分项目海域使用权证过期，处于无人使用的废弃状态，虽然管理部门将其注销，但用海实际仍然存在；盐业用海和海水综合利用用海的确权率相对较低，为 53.9% 和 50.0%，未确权原因主要是集体使用。

表 3.6　浙江省工业用海统计

用海类型		确权项目		未确权项目		合计	
一级类	二级类	用海项目数/宗	用海面积/km^2	用海项目数/个	用海面积/km^2	用海项目数/宗（个）	用海面积/km^2
工业用海	电力工业用海	36	11.765 7	6	0.172 4	42	11.938 1
	其他工业用海	712	40.810 0	109	1.053 6	821	41.863 6
	船舶工业用海	389	30.138 2	103	5.704 1	492	35.842 3
	盐业用海	7	0.034 1	6	0.453 4	13	0.487 5
	固体矿产开采用海	69	1.285 6	16	0.008 0	85	1.293 6
	海水综合利用用海	1	4.840 6	1	0.004 6	2	4.845 2

4）旅游娱乐用海

按照海域使用面积统计，旅游基础设施用海的面积最大，为 5.566 4 km^2，占旅游娱乐用海总面积的 77.2%。其次为浴场用海，用海面积为 1.593 6 km^2，所占比例为 22.1%。游乐场用海的用海面积相对较小，用海面积为 0.046 9 km^2，所占比例仅为 0.7%。

按照海域使用项目个数统计，旅游基础设施用海项目数量最多，为 40 宗（个），占旅游娱乐用海总项目数的 69%。其次为浴场用海，共有 15 宗（个），所占比例为 25.9%。游乐场用海仅有 3 宗（个）用海，所占比例为 5.2%。

从确权情况来看，旅游娱乐用海中浴场用海的确权率最高，确权项目数为 14 宗，占浴场用海项目总数的 93.3%。其次为旅游基础设施用海，确权项目数为 27 宗，确权率为 67.5%。游乐场用海居第三，确权率 66.7%。未确权项目主要为大面积的沙滩和旅游用海配套的小码头。

表3.7　浙江省旅游娱乐用海统计

用海类型		确权项目		未确权项目		合计	
一级类	二级类	用海项目数/宗	用海面积/km²	用海项目数/个	用海面积/km²	用海项目数/宗（个）	用海面积/km²
旅游娱乐用海	浴场用海	14	1.589 5	1	0.004 1	15	1.593 6
	旅游基础设施用海	27	3.866 2	13	1.700 2	40	5.566 4
	游乐场用海	2	0.038 2	1	0.008 7	3	0.046 9

5）海底工程用海

海底工程用海仅涉及1个二级类用海类型，为电缆管道用海。从确权情况来看，确权项目数为116宗，确权率为92.8%。未确权项目主要为海底污水管道、电缆登陆点等用海。

表3.8　浙江省海底工程用海统计

用海类型		确权项目		未确权项目		合计	
一级类	二级类	用海项目数/宗	用海面积/km²	用海项目数/个	用海面积/km²	用海项目数/宗（个）	用海面积/km²
海底工程用海	电缆管道用海	116	18.256 8	9	3.142 3	125	21.399 1

6）排污倾倒用海

按照海域使用面积统计，倾倒区用海的面积较大，用海面积为1.039 4 km²；污水达标排放用海面积较小，用海面积为0.032 5 km²。

按照海域使用项目个数统计，污水达标排放用海为4宗（个）；倾倒区用海项目仅为2个。排污倾倒用海项目较少的原因主要为，多数污水排放用海企业未办理海域使用权证，用海数据难以收集汇总，无法确定项目总数和相应的用海面积；大部分倾倒区用海因其公共用海性质，未办理海域使用权证。

表3.9　浙江省排污倾倒用海统计

用海类型		确权项目		未确权项目		合计	
一级类	二级类	用海项目数/宗	用海面积/km²	用海项目数/个	用海面积/km²	用海项目数/宗（个）	用海面积/km²
排污倾倒用海	污水达标排放用海	3	0.031 2	1	0.001 3	4	0.032 5
	倾倒区用海			2	1.039 4	2	1.039 4

7）造地工程用海

按照海域使用面积统计，农业填海造地用海的面积最大，为192.856 9 km²，占造地工程用海总面积的67.5%。其次为城镇建设填海造地用海，用海面积为92.858 2 km²，所占比例为32.5%。废弃物处置填海造地用海面积相对较小，为0.075 6 km²，所占比例仅为0.03%。

按照海域使用项目个数统计，城镇建设填海造地用海项目数量较多，为73宗（个），占造地工程用海总项目数的52.1%。其次为农业填海造地用海，共有66宗（个），所占比例为47.1%。废弃物处置填海造地用海仅有1个，所占比例为0.7%。

从确权情况来看，造地工程用海中城镇建设填海造地用海的确权率较高，确权项目数为60宗，确权率为82.2%；农业填海造地用海项目确权率较低，确权项目数为17宗，确权率为25.8%。造地工程用海项目未确权的原因主要为河海界限有争议、海域法与地方相关法规对滩涂管理范围的规定不一致，从而造成部分海域滩涂管理存在矛盾。此类用海项目主要分布在宁波市的慈溪市、台州市的玉环县和温州市的龙湾区。用海面积较大的项目为慈溪市陆中湾闸西侧和四灶浦闸西侧围垦用海，玉环县漩门二期、三期围垦用海，龙湾区滨海、永兴等围垦用海。

表3.10　浙江省造地工程用海统计

用海类型		确权项目		未确权项目		合计	
一级类	二级类	用海项目数/宗	用海面积/km²	用海项目数/个	用海面积/km²	用海项目数/宗（个）	用海面积/km²
造地工程用海	城镇建设填海造地用海	60	73.700 2	13	19.158 0	73	92.858 2
	农业填海造地用海	17	43.682 1	49	149.174 82	66	192.856 9
	废弃物处置填海造地用海			1	0.075 6	1	0.075 6

8）特殊用海

按照海域使用面积统计，海岸防护工程用海的面积最大，为19.871 1 km²，占特殊用海总面积的64.8%。其次为海洋保护区用海，用海面积为7.806 3 km²，所占比例为25.5%。科研教学用海和军事用海面积相对较小，分别为2.270 8 km²和0.700 6 km²，所占比例为7.4%和2.3%。

按照海域使用项目个数统计，海岸防护工程用海项目数量较多，为256宗（个），占特殊用海总项目数的70.1%，主要为排涝区、一线海塘迎潮面管理范围、水闸等用海项目。其次为军事用海，共有89宗（个），所占比例为24.4%。科研教学用海和海洋保护区用海的用海项目个数较少，分别为13宗（个）和7宗，所占比例为3.6%和1.9%。

表3.11　浙江省特殊用海统计

用海类型		确权项目		未确权项目		合计	
一级类	二级类	用海项目数/宗	用海面积/km²	用海项目数/个	用海面积/km²	用海项目数/宗（个）	用海面积/km²
特殊用海	军事用海	1	0.300 0	88	0.400 6	89	0.700 6
	海岸防护工程用海	192	19.492 7	64	0.378 4	256	19.871 1
	海洋保护区用海	7	7.806 3			7	7.806 3
	科研教学用海	11	2.270 4	2	0.000 4	13	2.270 8

从确权情况来看，特殊用海中海洋保护区用海均为确权用海；科研教学用海的确权率较高，为84.6%，确权项目数为11宗；其次为海岸防护工程用海，确权项目数为192宗，除已

调查到的未确权项目，海岸防护工程项目还有很多未获得用海资料，主要为海堤及防洪水闸；军事用海的确权率较低，仅为 1.1%，确权项目数为 1 宗，因军事管理的特殊性，大部分军事用海未划入海域管理范围。

3.2.2　各市用海状况

3.2.2.1　嘉兴市海域使用现状

嘉兴市用海项目相对较少，用海类型仅涵盖 5 个一级类和 9 个二级类。

1）一级类用海类型现状

嘉兴市一级类的用海类型涉及交通运输用海、工业用海、旅游娱乐用海、海底工程用海和造地工程用海（表 3.12，附图 2）。

表 3.12　嘉兴市一级类用海类型海域使用现状统计

用海类型	确权项目		未确权项目		合计	
	用海项目数/宗	用海面积/km^2	用海项目数/个	用海面积/km^2	用海项目数/宗（个）	用海面积/km^2
交通运输用海	3	0.325 2	6	0.412 5	9	0.737 7
工业用海	3	1.842 2	6	0.481 0	9	2.323 2
旅游娱乐用海	1	0.092 0	2	1.099 1	3	1.191 1
海底工程用海	2	0.281 3			2	0.281 3
造地工程用海			2	12.157 1	2	12.157 1
总计	9	2.540 7	16	14.149 6	25	16.690 4

按照海域使用面积统计，造地工程用海面积最大，为 12.157 1 km^2，占嘉兴市用海总面积的 72.8%；其次为工业用海，用海面积为 2.323 2 km^2，占嘉兴市用海总面积的 13.9%；旅游娱乐用海和交通运输用海次之，用海面积分别为 1.191 1 km^2 和 0.737 7 km^2，所占比例分别为 7.1% 和 4.4%；海底工程用海的用海面积最小，为 0.281 3 km^2，仅占全市用海总面积的 1.7%。

按照海域使用项目个数统计，交通运输用海和工业用海的用海项目数量最多，均为 9 宗（个），均占嘉兴市总项目数的 36%；其次为旅游娱乐用海，用海个数为 3 宗（个），占全市总项目数的 12%；海底工程用海和造地工程用海次之，项目个数同为 2 宗（个），所占比例同为 8%。

2）二级类用海类型现状

（1）交通运输用海

按照海域使用面积统计，港口用海的面积较大，为 0.729 5 km^2，占交通运输用海总面积的 98.9%。路桥用海面积仅为 0.008 2 km^2，仅占 1.1%。

按照海域使用项目个数统计，港口用海的用海项目个数较多，为 8 宗（个），占交通运输用海总项目数的 88.9%。路桥用海的用海个数仅有 1 个，占 11.1%。

大型用海项目主要有嘉兴港独山港区 A 区 2 号泊位及配套项目、嘉兴港乍浦港区 D 区 6

号泊位、嘉兴港乍浦港区D区9号泊位等。

（2）工业用海

按照海域使用面积统计，其他工业用海的用海面积最大，为1.507 0 km^2，占工业用海总面积的64.9%。其次为船舶工业用海，用海面积为0.439 9 km^2，所占比例为18.9%。电力工业用海次之，用海面积为0.376 3 km^2，占16.2%。

按照海域使用项目个数统计，其他工业用海的用海个数最多，为6宗（个），占工业用海总项目数的66.7%。其次为电力工业用海，用海个数为2宗（个），所占比例为22.2%。船舶工业用海相对较少，仅有1个用海项目，占11.1%。

主要项目有上海石化陈山原油码头、浙江平湖玻璃散杂货码头、海盐县东风船厂填海、嘉兴发电厂二期煤码头工程等。

（3）旅游娱乐用海

按照海域使用面积统计，旅游基础设施用海的面积较大，为1.099 1 km^2，占旅游娱乐用海总面积的92.3%。浴场用海的面积仅为0.092 km^2，占7.7%。

按照海域使用项目个数统计，旅游基础设施用海的用海个数为2个，占旅游娱乐用海总项目数的66.7%。浴场用海的用海个数仅有1宗，占33.3%。

用海项目为九龙山海滨浴场、九龙山西沙湾景观配套工程填海和九龙山东沙滩保滩工程填海。

表3.13　嘉兴市二级类用海类型海域使用现状统计

用海类型		用海项目数/宗（个）	用海面积/km^2
一级类	二级类		
交通运输用海	港口用海	8	0.729 4
	路桥用海	1	0.008 2
工业用海	电力工业用海	2	0.376 3
	其他工业用海	6	1.507 0
	船舶工业用海	1	0.439 9
旅游娱乐用海	浴场用海	1	0.092 0
	旅游基础设施用海	2	1.099 1
海底工程用海	电缆管道用海	2	0.281 3
造地工程用海	城镇建设填海造地用海	2	12.157 1

3.2.2.2　宁波市海域使用现状

宁波市海域使用项目的用海类型较为丰富，共有8个一级类，21个二级类用海类型（表3.14，表3.15，附图3）。

1）一级类用海类型现状

按照海域使用面积统计，渔业用海面积最大，为234.982 5 km^2，占全市用海总面积的51.3%。其次为造地工程用海，用海面积为140.389 0 km^2，占全市用海总面积的30.7%。交通运输用海、工业用海和特殊用海次之，用海面积分别为29.976 2 km^2、28.976 2 km^2 和

19.827 6 km^2，所占比例分别为 6.6%、6.3% 和 4.3%。旅游娱乐用海、海底工程用海和排污倾倒用海的用海面积相对较小，占全市用海总面积的比例均低于 1%。

表 3.14 宁波市一级类用海类型海域使用现状统计

用海类型	确权项目		未确权项目		合计	
	用海项目数/宗	用海面积/km^2	用海项目数/个	用海面积/km^2	用海项目数/宗（个）	用海面积/km^2
渔业用海	454	226.706 5	201	8.276 0	655	234.982 5
交通运输用海	87	29.519 3	75	0.456 9	162	29.976 2
工业用海	231	27.343 0	80	1.494 6	311	28.837 5
旅游娱乐用海	9	0.469 6	10	0.407 1	19	0.876 7
海底工程用海	12	3.054 3	4	0.006 6	16	3.060 9
排污倾倒用海	3	0.031 2	1	0.001 3	4	0.032 5
造地工程用海	27	58.384 0	13	82.004 9	40	140.389 0
特殊用海	179	19.399 0	73	0.428 5	252	19.827 6
总计	1002	364.906 9	457	93.076 0	1 459	457.982 9

表 3.15 宁波市二级类用海类型海域使用现状统计

用海类型		用海项目数/宗（个）	用海面积/km^2
一级类	二级类		
渔业用海	开放式养殖用海	470	196.070 5
	围海养殖用海	88	35.215 9
	渔业基础设施用海	97	3.696 2
交通运输用海	港口用海	150	9.540 6
	路桥用海	11	20.320 3
	航道用海	1	0.115 4
工业用海	电力工业用海	16	5.778 3
	其他工业用海	215	19.062 1
	船舶工业用海	77	3.990 0
	盐业用海	3	0.007 2
旅游娱乐用海	浴场用海	1	0.004 1
	旅游基础设施用海	17	0.863 9
	游乐场用海	1	0.008 7
海底工程用海	电缆管道用海	16	3.060 9
排污倾倒用海	污水达标排放用海	4	0.032 5
造地工程用海	城镇建设填海造地用海	18	21.591 9
	农业填海造地用海	22	118.797 1
特殊用海	军事用海	30	0.554 9
	海岸防护工程用海	218	18.568 0
	海洋保护区用海	1	0.133 1
	科研教学用海	3	0.571 7

按照海域使用项目个数统计，渔业用海的用海项目数量最多，为655宗（个），占全市总项目数的44.9%。其次为工业用海和特殊用海，用海个数分别为311宗（个）和252宗（个），占全市总项目数的21.3%和17.3%。交通运输用海次之，项目个数为162宗（个），所占比例为11.1%。造地工程用海、旅游娱乐用海和海底工程用海相对较少，用海个数分别为40宗（个）、19宗（个）和16宗（个），占全市总项目数的2.7%、1.3%和1.1%。排污倾倒用海的项目个数最少，仅为4宗（个），所占比例为0.3%。

2）二级类用海类型现状

（1）渔业用海

按照海域使用面积统计，开放式养殖用海的用海面积最大，为196.070 4 km^2，占渔业用海总面积的83.4%。其次为围海养殖用海，用海面积为35.215 9 km^2，所占比例为15.0%。渔业基础设施用海次之，用海面积为3.696 2 km^2，占1.6%。

按照海域使用项目个数统计，开放式养殖用海的用海项目数量最多，为470宗（个），占渔业用海总项目数的71.8%。其次为渔业基础设施用海，用海个数为97宗（个），所占比例为14.8%。围海养殖用海相对较少，有88宗（个）用海项目，占13.4%。

（2）交通运输用海

按照海域使用面积统计，路桥用海的面积最大，为20.320 3 km^2，占交通运输用海总面积的67.8%。其中，舟山大陆连岛工程金塘大桥工程用海面积最大，为16.169 5 km^2。其次为港口用海，面积为9.540 6 km^2，所占比例为31.8%。航道用海的用海面积仅为0.115 4 km^2，占0.4%。

按照海域使用项目个数统计，港口用海的用海项目数量最多，为150宗（个），占交通运输用海总项目数的92.6%。其次为路桥用海，用海个数为11宗（个），占6.8%。航道用海仅有1宗，所占比例仅为0.6%。

大型用海项目为杭州湾跨海大桥、宁波港北仑港区四期集装箱码头工程和宁波大榭招商国际集装箱码头工程等。

（3）工业用海

按照海域使用面积统计，其他工业用海的用海面积最大，为19.062 1 km^2，占工业用海总面积的66.1%。其次为电力工业用海和船舶工业用海，用海面积分别为5.778 3 km^2和3.990 0 km^2，所占比例为20.0%和13.8%。盐业用海的用海面积相对较小，为0.007 2 km^2，仅占0.02%。

按照海域使用项目个数统计，其他工业用海的用海项目数量最多，为215宗（个），主要为企业专用码头，占工业用海总项目数的69.1%。其次为船舶工业用海，用海个数为77宗（个），所占比例为24.8%。电力工业用海和盐业用海相对较少，分别为16宗（个）和3宗用海项目，分别占5.1%和1.0%。

用海面积较大的项目有宁波港北仑矿石码头、北仑台塑二线及三线码头工程和浙江国华宁海电厂等。

（4）旅游娱乐用海

按照海域使用面积统计，旅游基础设施用海的面积较大，为0.863 9 km^2，占旅游娱乐用海总面积的98.5%。浴场用海和游乐场用海的面积相对较小，分别为0.004 1 km^2和

0.008 7 km^2，仅占0.5%和1.0%。

按照海域使用项目个数统计，旅游基础设施用海的用海项目数量较多，为17宗（个），占旅游娱乐用海总项目数的89.5%。浴场用海和游乐场用海的用海项目各为1个，合计占10.5%。

主要用海项目为松兰山海滨浴场、象山石浦珍珠岛海上乐园、奉化峰景湾海涂开发利用、宁海湾游艇码头及俱乐部工程。

（5）造地工程用海

按照海域使用面积统计，农业填海造地用海的面积较大，为118.797 1 km^2，占造地工程用海总面积的84.6%。城镇建设填海造地用海的面积相对较小，为21.591 9 km^2，占15.4%。

按照海域使用项目个数统计，农业填海造地用海的用海项目数量较多，为22宗（个），占造地工程用海总项目数的55.0%。城镇建设填海造地用海的用海项目为18宗（个），占45.0%。

大型用海项目有象山县大目涂围垦二期工程、象山县东海明珠岛围海工程、北仑区洋沙山围海造地工程和慈溪市陆中湾闸围垦工程等。

（6）特殊用海

按照海域使用面积统计，海岸防护工程用海的面积最大（宁波市海岸防护工程资料较齐全），为18.567 9 km^2，占特殊用海总面积的93.7%。其次为军事用海和科研教学用海，用海面积分别为0.554 9 km^2 和0.571 7 km^2，所占比例分别为2.8%和2.9%。海洋保护区用海的面积相对较小，为0.133 1 km^2，仅占0.7%。

按照海域使用项目个数统计，海岸防护工程用海的用海项目数量最多，为218宗（个），占特殊用海总项目数的86.5%。其次为军事用海，用海项目数为30宗（个），所占比例为11.9%。科研教学用海和海洋保护区用海的用海项目较少，分别为3宗和1宗，占特殊用海总项目数的1.2%和0.4%。

3.2.2.3 舟山市海域使用现状

舟山市海域使用项目的用海类型较为丰富，共有7个一级类、23个二级类用海类型（表3.16，表3.17，附图4）。

表3.16 舟山市一级类用海类型海域使用现状统计

	确权项目		未确权项目		合计	
	用海项目数/宗	用海面积/km^2	用海项目数/个	用海面积/km^2	用海项目数/宗（个）	用海面积/km^2
渔业用海	281	76.342 0	99	7.444 3	380	83.786 3
交通运输用海	150	171.850 1	98	0.243 9	248	172.094 1
工业用海	568	40.054 9	76	1.136 0	644	41.190 9
旅游娱乐用海	20	1.693 8	2	0.019 2	22	1.713 0
海底工程用海	83	14.714 5	2	1.662 8	85	16.377 3
造地工程用海	27	16.410 1	2	0.081 1	29	16.491 2
特殊用海	4	1.347 4	57	0.138 2	61	1.485 6
总计	1 133	322.412 8	336	10.725 4	1 469	333.138 2

表 3.17 舟山市二级类用海类型海域使用现状统计

用海类型		用海项目数/宗（个）	用海面积/km^2
一级类	二级类		
渔业用海	开放式养殖用海	93	44.245 4
	围海养殖用海	23	22.943 6
	渔业基础设施用海	262	9.949 7
	人工鱼礁用海	2	6.647 6
交通运输用海	港口用海	222	131.216 1
	路桥用海	22	20.359 5
	航道用海	2	0.011 3
	锚地用海	2	20.507
工业用海	电力工业用海	3	0.028 3
	其他工业用海	294	16.892 2
	船舶工业用海	255	22.942 3
	盐业用海	6	0.029 8
	固体矿产开采用海	85	1.293 6
	海水综合利用用海	1	0.004 6
旅游娱乐用海	浴场用海	8	0.474 1
	旅游基础设施用海	14	1.238 8
海底工程用海	电缆管道用海	85	16.377 3
造地工程用海	城镇建设填海造地用海	28	16.415 6
	废弃物处置填海造地用海	1	0.075 6
特殊用海	军事用海	55	0.137 8
	海岸防护工程用海	2	0.010 3
	科研教学用海	4	1.337 5

1）一级类用海类型现状

按照海域使用面积统计，交通运输用海面积最大，为 172.094 1 km^2，占全市用海总面积的 51.7%。其次为渔业用海和工业用海，用海面积分别为 83.786 3 km^2 和 41.190 9 km^2，占全市用海总面积的 25.2% 和 12.4%。海底工程用海和造地工程用海次之，用海面积分别为 16.377 3 km^2 和 16.491 2 km^2，所占比例较为相近，分别为 4.9% 和 5%。旅游娱乐用海和特殊用海的用海面积相对较小，为 1.713 0 km^2 和 1.485 6 km^2，占全市用海总面积的 0.5%。

按照海域使用项目个数统计，工业用海的用海项目数量最多，为 644 宗（个），占全市总项目数的 43.8%。其次为渔业用海和交通运输用海，用海个数分别为 380 宗（个）和 248 宗（个），占全市总项目数的 25.9% 和 16.9%。海底工程用海和特殊用海次之，项目个数为 85 宗（个）和 61 宗（个），所占比例分别为 5.8% 和 4.2%。旅游娱乐用海和造地工程用海相对较少，用海个数分别为 22 宗（个）和 29 宗（个），占全市总项目数的 1.5% 和 2%。

2）二级类用海类型现状

（1）渔业用海

按照海域使用面积统计，开放式养殖用海的用海面积最大，为44.245 4 km^2，占渔业用海总面积的52.8%。其次为围海养殖用海，用海面积为22.943 6 km^2，所占比例为27.4%。渔业基础设施用海和人工鱼礁用海次之，用海面积分别为9.949 7 km^2 和6.647 6 km^2，占11.9%和7.9%。

按照海域使用项目个数统计，渔业基础设施用海的用海项目数量最多，为262宗（个），占渔业用海总项目数的69.0%。其次为开放式养殖用海，用海个数为93宗（个），所占比例为24.5%。围海养殖用海相对较少，有23宗（个）用海项目，占6.1%。人工鱼礁用海最少，仅有2宗，所占比例仅为0.5%。

用海面积较大的项目主要有岱山县衢山岛南扫其围涂养殖、双剑涂围涂养殖和舟山市梁横山西侧养殖。

（2）交通运输用海

按照海域使用面积统计，港口用海的面积最大，为131.216 1 km^2，占交通运输用海总面积的76.3%。其次为锚地用海和路桥用海，用海面积分别为20.507 0 km^2 和20.359 6 km^2，所占比例为11.9%和11.8%。确权的航道用海的用海面积仅为0.011 4 km^2，占0.007%。

按照海域使用项目个数统计，港口用海的用海项目数量最多，为222宗（个），占交通运输用海总项目数的89.5%。其次为路桥用海，用海个数为22宗（个），占8.9%。确权的锚地用海和航道用海都仅有2宗（个），所占比例都为0.8%。

典型项目有上海国际航运中心洋山深水港区工程、舟山大陆连岛工程金塘大桥工程用海和金塘大浦口集装箱码头工程。

（3）工业用海

按照海域使用面积统计，船舶工业用海的用海面积最大，为22.942 2 km^2，占工业用海总面积的55.7%。其次为其他工业用海，用海面积为16.892 2 km^2，所占比例为41.0%。固体矿产开采用海面积为1.293 7 km^2，所占比例为3.1%。电力工业用海、盐业用海和海水综合利用用海的用海面积相对较小，所占用海面积比例均低于0.1%。

按照海域使用项目个数统计，其他工业用海的用海项目数量最多，为294宗（个），占工业用海总项目数的45.7%。其次为船舶工业用海，用海个数为255宗（个），所占比例为39.6%。固体矿产开采用海的项目数居第三位，为85个，所占比例为13.2%。电力工业用海、盐业用海和海水综合利用用海的用海个数相对较少，占工业用海总项目数的比例均在1%左右。

典型用海项目为中远船务工程集团有限公司舟山修船基地二期工程、舟山煤炭中转码头和中基船业有限公司船舶修造用海。

（4）旅游娱乐用海

按照海域使用面积统计，旅游基础设施用海的面积较大，为1.238 8 km^2，占旅游娱乐用海总面积的72.3%。浴场用海的面积相对较小，为0.474 1 km^2，占27.7%。

按照海域使用项目个数统计，旅游基础设施用海的用海项目数量较多，为14宗（个），占旅游娱乐用海总项目数的63.6%。浴场用海的用海项目有8宗，所占比例为36.4%。

大型用海项目主要有普陀碧海金沙旅游娱乐有限公司旅游平台、朱家尖商贸旅游开发项目填海工程和九子沙滩、海滨浴场。

（5）造地工程用海

按照海域使用面积统计，城镇建设填海造地用海的面积较大，为16.415 6 km^2，占造地工程用海总面积的99.5%。废弃物处置填海造地用海的面积较小，为0.075 6 km^2，所占比例仅为0.5%。

按照海域使用项目个数统计，城镇建设填海造地用海的用海项目数量较多，为28宗（个），占造地工程用海总项目数的96.6%。废弃物处置填海造地用海仅有1个用海项目，所占比例为3.4%。

主要用海项目有将军帽至大咀头围海造陆工程、六横小郭巨围垦促淤工程和大垃塌至将军帽围海造陆工程。

（6）特殊用海

按照海域使用面积统计，科研教学用海的面积最大，为1.337 5 km^2，占特殊用海总面积的90.0%。其次为军事用海，用海面积为0.137 8 km^2，所占比例为9.3%。

按照海域使用项目个数统计，军事用海的用海项目数量最多，为55个，占特殊用海总项目数的90.2%。其次为科研教学用海，用海项目数为4宗（个），所占比例为6.6%。

用海面积最大的项目为岱山县环境监测站验潮井的科研教学用海。

3.2.2.4　台州市海域使用现状

台州市海域使用项目的用海类型共有7个一级类，15个二级类（表3.18，表3.19，附图5）。

表3.18　台州市一级类用海类型海域使用现状统计

	确权项目		未确权项目		合计	
	用海项目数/宗	用海面积/km^2	用海项目数/个	用海面积/km^2	用海项目数/宗（个）	用海面积/km^2
渔业用海	141	119.867 7	572	39.102 3	713	158.969 9
交通运输用海	88	2.664 7	67	0.314 8	155	2.979 4
工业用海	197	7.685 8	25	2.449 8	222	10.135 6
旅游娱乐用海	3	0.069 4			3	0.069 4
海底工程用海	18	0.186 8			18	0.186 8
造地工程用海	5	1.303 8	1	44.178 8	6	45.482 6
特殊用海	16	1.088 1	8	0.190 4	24	1.278 5
总计	468	132.866 2	673	86.236 0	1 141	219.102 3

表3.19　台州市二级类用海类型海域使用现状统计

用海类型		用海项目数/宗（个）	用海面积/km^2
一级类	二级类		
渔业用海	开放式养殖用海	197	77.053 9
	围海养殖用海	495	79.611 7
	渔业基础设施用海	20	1.252 2
	人工鱼礁用海	1	1.052 0

续表 3.19

用海类型		用海项目数/宗（个）	用海面积/km^2
一级类	二级类		
交通运输用海	港口用海	148	2.361 0
	路桥用海	7	0.618 4
工业用海	电力工业用海	12	2.830 4
	其他工业用海	123	1.020 8
	船舶工业用海	87	6.284 4
旅游娱乐用海	浴场用海	3	0.069 4
海底工程用海	电缆管道用海	18	0.186 8
造地工程用海	城镇建设填海造地用海	4	0.488 1
	农业填海造地用海	2	44.994 5
特殊用海	军事用海	3	0.0075
	海岸防护工程用海	21	1.271 0

1）一级类用海类型现状

按照海域使用面积统计，渔业用海的面积最大，为 158.969 9 km^2，占全市用海总面积的 72.6%。其次为造地工程用海，用海面积为 45.482 6 km^2，占全市用海总面积的 20.8%。工业用海和交通运输用海次之，用海面积分别为 10.135 6 km^2 和 2.979 4 km^2，所占比例分别为 4.6% 和 1.4%。旅游娱乐用海、海底工程用海和特殊用海的用海面积相对较小，分别为 0.069 4 km^2、0.186 8 km^2 和 1.278 5 km^2，占全市用海总面积的比例均低于 1%。

按照海域使用项目个数统计，渔业用海的用海项目数量最多，为 713 宗（个），占台州市总项目数的 62.5%。其次为工业用海和交通运输用海，用海个数分别为 222 宗（个）和 155 宗（个），占全市总项目数的 19.5% 和 13.6%。特殊用海次之，项目个数为 24 宗（个），所占比例为 2.1%。海底工程用海个数为 18 宗，占全市总项目数的 1.6%。造地工程用海和旅游娱乐用海的用海个数相对较少，为 6 宗（个）和 3 宗，占全市总项目数的 0.5% 和 0.3%。

2）二级类用海类型现状

（1）渔业用海

按照海域使用面积统计，围海养殖用海的用海面积最大，用海面积为 79.611 7 km^2，占渔业用海面积的 50.1%，其次为开放式养殖用海，为 77.053 9 km^2，占渔业用海总面积的 48.5%。渔业基础设施用海和人工鱼礁用海次之，用海面积分别为 1.252 2 km^2 和 1.052 0 km^2，占 0.8% 和 0.7%。

按照海域使用项目个数统计，围海养殖用海项目数量最多，为 495 宗（个），占渔业用海总项目数的 69.4%。其次为开放式养殖用海，用海个数为 197 宗（个），所占比例为 27.6%。渔业基础设施用海和人工鱼礁用海相对较少，仅有 20 宗（个）和 1 宗的用海项目，分别占 2.8% 和 0.1%。

渔业用海以围海养殖和开放式养殖为主，大型用海项目有温岭市鑫都水产养殖开发有限公司网箱养殖、临海市大黄鱼深水网箱养殖基地、健跳镇外岗村滩涂养殖、三门县滩涂养殖、北洋涂高涂围垦养殖等。

（2）交通运输用海

按照海域使用面积统计，港口用海的面积较大，为2.361 0 km^2，占交通运输用海总面积的79.2%。其次为路桥用海，用海面积为0.618 4 km^2，所占比例为20.8%。

按照海域使用项目个数统计，港口用海的用海项目数量最多，为148宗（个），占交通运输用海总项目数的95.5%，其次为路桥用海，用海个数为7宗（个），占4.5%。

大型项目有中国石油化工股份有限公司三门石油公司油库码头、浙江天天物流有限公司1 000吨级码头、玉环县分水山交通码头和玉环县东海港口海砂装卸码头。

（3）工业用海

按照海域使用面积统计，船舶工业用海的用海面积最大，为6.284 4 km^2，占工业用海总面积的62.0%。其次为电力工业用海，用海面积为2.830 4 km^2，所占比例为27.9%。其他工业用海的用海面积相对较小，用海面积为1.020 8 km^2，所占比例为10.1%。

按照海域使用项目个数统计，其他工业用海的用海项目数量最多，为123宗（个），占工业用海总项目数的55.4%。其次为船舶工业用海，用海个数为87宗（个），所占比例为39.2%。电力工业用海的项目数居第三位，为12宗，所占比例为5.4%。

典型的用海项目主要有中央储备粮玉环直属库用海、台州海滨船舶修造厂、浙江金港船业舾装码头工程和华能玉环电厂等。

（4）造地工程用海

按照海域使用面积统计，农业填海造地用海的面积较大，为44.994 5 km^2，占造地工程用海总面积的98.9%。城镇建设填海造地用海的面积较小，为0.488 1 km^2，所占比例仅为1.1%。

按照海域使用项目个数统计，城镇建设填海造地的用海项目数量相对较多，为4宗，占造地工程用海总项目数的66.7%。农业填海造地用海仅2宗（个）用海项目，所占比例为33.3%。

造地工程用海项目数量不多，但用海面积较大，较为典型的用海项目为玉环县璇门三期围垦工程。

（5）特殊用海

按照海域使用面积统计，海岸防护工程用海的面积最大（数据来源为收集到的部分海岸防护工程资料），为1.271 0 km^2，占特殊用海总面积的99.4%。军事用海的面积较小，仅为0.007 5 km^2，所占比例为0.6%。

按照海域使用项目个数统计，海岸防护工程用海的用海项目数量较多，为21宗（个），占特殊用海总项目数的87.5%。军事用海相对较少，用海项目数为3个，所占比例为12.5%。

主要用海项目以海塘保护为主，以及部分防波堤用海。

3.2.2.5 温州市海域使用现状

温州市用海类型丰富，共有8个一级类，22个二级类（表3.20，表3.21，附图6）。

表 3.20　温州市一级类用海类型海域使用现状统计

	确权项目		未确权项目		合计	
	用海项目数/宗	用海面积/km²	用海项目数/个	用海面积/km²	用海项目数/宗（个）	用海面积/km²
渔业用海	53	40.083 0	870	225.596 6	923	265.679 7
交通运输用海	52	7.629 3	80	0.557 1	132	8.186 4
工业用海	215	11.948 2	54	1.834 8	269	13.783 0
旅游娱乐用海	10	3.169 2	1	0.187 6	11	3.356 8
海底工程用海	1	0.020 0	3	1.472 8	4	1.492 8
造地工程用海	18	41.284 5	45	29.986 5	63	71.271 0
排污倾倒用海			2	1.039 4	2	1.039 4
特殊用海	12	8.034 9	16	0.022 2	28	8.057 1
总计	361	112.169 1	1 071	260.697 1	1 432	372.866 2

表 3.21　温州市二级类用海类型海域使用现状统计

用海类型		用海项目数/宗（个）	用海面积/km²
一级类	二级类		
渔业用海	开放式养殖用海	158	102.784 4
	围海养殖用海	713	150.479 3
	渔业基础设施用海	40	1.101 6
	人工鱼礁用海	12	11.314 4
交通运输用海	港口用海	103	6.598 6
	路桥用海	29	1.587 7
工业用海	电力工业用海	9	2.924 7
	其他工业用海	183	3.381 5
	船舶工业用海	72	2.185 8
	盐业用海	4	0.450 5
	海水综合利用用海	1	4.840 6
旅游娱乐用海	浴场用海	2	0.953 9
	旅游基础设施用海	7	2.364 6
	游乐场用海	2	0.038 2
海底工程用海	电缆管道用海	4	1.492 8
排污倾倒用海	倾倒区用海	2	1.039 4
造地工程用海	城镇建设填海造地用海	21	42.205 6
	农业填海造地用海	42	29.065 3
特殊用海	军事用海	1	0.000 4
	海岸防护工程用海	15	0.021 8
	海洋保护区用海	6	7.673 2
	科研教学用海	6	0.361 7

1）一级类用海类型现状

按照海域使用面积统计，渔业用海的面积最大，为265.679 7 km²，占全市用海总面积的71.3%。其次为造地工程用海，用海面积为71.271 0 km²，占全市用海总面积的19.1%。工业用海、交通运输用海和特殊工程用海次之，用海面积分别为13.783 0 km²、8.186 4 km²和8.057 1 km²，所占比例分别为3.7%、2.2%和2.2%。旅游娱乐用海、海底工程用海和排污倾倒用海的面积相对较小，为3.356 8 km²、1.492 8 km²和1.039 4 km²，占全市用海总面积的比例为0.9%、0.4%和0.3%。

按照海域使用项目个数统计，渔业用海的用海项目数量最多，为923宗（个），占全市总项目数的64.5%。其次为工业用海，用海个数为269宗（个），占全市总项目数的18.8%。交通运输用海、造地工程用海和特殊用海次之，项目个数分别为132宗（个）、63宗（个）和28宗（个），所占比例分别为9.2%、4.4%和2%。旅游娱乐用海、海底工程用海和排污倾倒用海相对较少，占全市用海总项目数的比例均低于1%。

2）二级类用海类型现状

（1）渔业用海

按照海域使用面积统计，围海养殖用海的用海面积最大，为150.479 4 km²，占渔业用海总面积的56.6%。其次为开放式养殖用海，用海面积为102.784 3 km²，所占比例为38.7%。人工鱼礁用海次之，用海面积为11.314 4 km²，占4.3%。渔业基础设施用海的用海面积较小，为1.101 5 km²，所占比例仅为0.4%。

按照海域使用项目个数统计，围海养殖用海的用海项目数量最多，为713宗（个），占渔业用海总项目数的77.3%。其次为开放式养殖用海，用海个数为158宗（个），所占比例为17.1%。渔业基础设施用海居第三，用海项目数为40宗（个），占4.3%。人工鱼礁用海的数量相对较少，有12宗，所占比例为1.3%。

大型用海项目有乐清市乐海围塘养殖渔业用海工程、乐清市胜利塘北片渔业用海工程和南麂列岛二期人工鱼礁生态渔业建设等。

（2）交通运输用海

按照海域使用面积统计，港口用海的面积较大，为6.598 6 km²，占交通运输用海总面积的80.6%。其次为路桥用海，用海面积为1.587 7 km²，所占比例为19.4%。

按照海域使用项目个数统计，港口用海的用海项目数量较多，为103宗（个），占交通运输用海总项目数的78.0%。其次为路桥用海，用海个数为29宗（个），占22.0%。

大型用海项目有洞头县状元岙港区公建及生活配套工程和温州浅滩一期灵霓堤坝工程。

（3）工业用海

按照海域使用面积统计，海水综合利用用海的用海面积最大，为4.840 6 km²，占工业用海总面积的35.1%。其次为电力工业用海和其他工业用海，用海面积分别为2.924 7 km²和3.381 5 km²，所占比例分别为21.2%和24.5%。船舶工业用海次之，用海面积为2.185 8 km²，所占比例为15.9%。盐业用海的用海面积相对较小，用海面积为0.450 5 km²，所占用海面积比例为3.3%。

按照海域使用项目个数统计，其他工业用海的用海项目数量最多，为183宗（个），占工业用海总项目数的 68.0%。其次为船舶工业用海，用海个数为 72 宗（个），所占比例为 26.8%。电力工业用海和盐业用海次之，项目数分别为 9 宗（个）和 4 个，所占比例分别为 3.4% 和 1.5%。海水综合利用用海的项目数量仅有 1 宗，所占比例为 0.4%。

典型用海项目有温州浅滩一期围涂蓄淡工程，浙江浙能乐清发电有限责任公司的码头、取排水项目和填海工程。

（4）旅游娱乐用海

按照海域使用面积统计，旅游基础设施用海的面积较大，为 2.364 6 km^2，占旅游娱乐用海总面积的 70.4%。浴场用海的面积相对较小，为 0.953 9 km^2，占 28.4%。游乐场用海的用海面积最小，仅 0.038 2 km^2，所占比例为 1.2%。

按照海域使用项目个数统计，旅游基础设施用海的用海项目数量较多，为 7 宗（个），占旅游娱乐用海总项目数的 63.6%。浴场用海和游乐场用海各有 2 宗的用海项目，各占 18.2%。

大型用海项目有温州（龙湾）金海岸休闲渔业中心和炎亭风景旅游管理所海滨浴场。

（5）造地工程用海

按照海域使用面积统计，城镇建设填海造地用海的面积较大，为 42.205 6 km^2，占造地工程用海总面积的 59.2%。农业填海造地用海的面积较小，为 29.065 4 km^2，所占比例为 40.8%。

按照海域使用项目个数统计，城镇建设填海造地用海的用海项目数量较多，为 42 宗（个），占造地工程用海总项目数的 66.7%。农业填海造地用海的用海项目共有 21 宗（个），所占比例为 33.3%。

用海面积较大的项目主要有苍南县海涂围垦工程、西湾海涂围垦工程和温州浅滩一期围涂建设工程。

（6）特殊用海

按照海域使用面积统计，海洋保护区用海的面积最大，为 7.673 2 km^2，占特殊用海总面积的 95.2%。其次为科研教学用海，用海面积为 0.361 7 km^2，所占比例为 4.5%。海岸防护工程用海面积为 0.021 8 km^2，所占比例为 0.3%。军事用海的用海面积最小，用海面积仅为 0.000 4 km^2，所占比例为 0.005%。

按照海域使用项目个数统计，海岸防护用海项目数量最多，为 15 宗（个），所占比例为 53.6%。海洋保护区用海和科研教学用海，用海项目数均为 6 宗，所占比例皆为 21.4%。军事用海的用海项目最少，仅有 1 个，占特殊用海总项目数的 3.6%。

典型的用海项目为南麂列岛国家海洋自然保护区。

3.3　海域空间使用情况

本书对全省海域使用项目的用海面积测算以“908 技术规程”为依据，海域使用总面积为所在区域内的所有单个项目用海面积的加和，海域使用总面积占所在区域的海域总面积比例定义为海域使用率。

实际上，大多数用海项目的邻近海域已不再具有独立开发利用的价值，如在成片开发的区域，相邻项目之间的空白海域已失去了继续开发利用的价值，另有一些项目保护范围远大于实际使用范围，其周边海域也不再适合其他用海活动的进行。为准确了解全省海域实际可持续开发利用的空间，本书采用概化的方法对以上区域重新进行了处理，将已失去利用价值的空白海域也纳入统计范围，最终得到的数值定义为海域开发利用总面积，其占所在区域的海域总面积比例定义为海域利用率。

根据浙江省“908 专项”调查海洋地理统计数据和海域使用现状调查结果（至 2008 年底），全省海域总面积为 44 387.522 8 km^2，用海项目共计 5 996 宗（个），海域使用总面积为 4 004.919 1 km^2，海域使用率为 9%；海域开发利用总面积为 7 159.483 7 km^2，海域利用率为 16.1%。

全省 5 个市中，海域使用率最高的为嘉兴市，其次依次为舟山市、宁波市、台州市和温州市。海域利用率最高也为嘉兴市，其次依次为舟山市、宁波市、温州市和台州市（表 3.22）。

表 3.22　浙江省各市海域使用率和海域利用率

地区	海域总面积/km^2	使用海域总面积/km^2	海域使用率/（%）	海域开发利用总面积/km^2	海域利用率/（%）
嘉兴市	1 679.833 8	215.719 8	12.8	394.760 9	23.5
宁波市	8 038.925	695.513 5	8.7	1 129.4844	14.1
舟山市	19 146.501 4	1 782.758 2	9.3	3 739.012 0	19.5
台州市	6 710.985 8	579.039 3	8.6	817.412 4	12.2
温州市	8 624.909 6	731.888 4	8.5	1 078.814 1	12.5

为更好地了解全省海域使用的空间分布情况，下文按照不同等深线（依据海洋自然地理特征）和离海岸线不同距离（依据人类活动范围）两种方式对海域进行了划分，并在此基础上分别对不同等深线间海域和不同离岸距离海域内的使用情况进行分析。

3.3.1　不同等深线区域使用状况

3.3.1.1　海岸线至 0 m 等深线区域使用类型与状况

浙江省海岸线至 0 m 等深线区域内海域总面积为 2 285.138 8 km^2，已使用海域面积 910.272 6 km^2，海域使用率为 39.8%；已开发利用面积 1 116.511 4 km^2，海域利用率达 48.9%。统计结果表明，本区域内无论是海域使用率还是海域利用率皆高于全省整体使用程度。

本区域中，海域使用率最高的是宁波市，已使用海域面积 351.131 1 km^2，海域使用率 47.2%。舟山市、温州市和台州市的海域使用率相近，在 39% ~43% 之间。嘉兴市的海域使用率较低，已使用海域面积 13.430 7 km^2，海域使用率 9.5%。

海域利用率最高的为舟山市，已开发利用面积 134.476 9 km^2，海域利用率 72.9%。温州市、宁波市和台州市的海域利用率相近，在 48% ~55% 之间。嘉兴市的海域利用率相对较低，已开发利用面积 20.697 0 km^2，海域利用率 14.6%（表 3.23）。

表 3.23 浙江省各市海岸线至 0 m 等深线范围内用海面积统计

地区	海域总面积/km^2	使用海域总面积/km^2	海域使用率/（%）	海域开发利用总面积/km^2	海域利用率/（%）
嘉兴市	141. 398 3	13. 430 7	9. 5	20. 697 0	14. 6
宁波市	744. 676 5	351. 131 1	47. 2	378. 201 6	50. 8
舟山市	184. 422 0	72. 476 7	39. 3	134. 476 9	72. 9
台州市	460. 127 9	191. 640 7	41. 7	224. 300 2	48. 8
温州市	656. 072 8	281. 593 3	42. 9	358. 835 7	54. 7

从用海类型来看，本区域内渔业用海所占面积最大，为 511. 013 8 km^2，占海域使用总面积的 28. 3%；其次是造地工程用海，用海面积为 290. 709 0 km^2，占海域使用总面积的 16. 1%；工业用海、特殊用海和交通运输用海次之，用海面积分别为 51. 545 3 km^2、18. 866 2 km^2 和 23. 327 2 km^2；旅游娱乐用海、海底工程用海和排污倾倒用海所占面积相对较小（表 3. 24）。

表 3.24 浙江省海岸线至 0 m 等深线范围内用海类型统计（不含公共用海）

用海类型	海域使用面积/km^2	占海域使用总面积比例/（%）
渔业用海	511. 013 8	28. 3
交通运输用海	23. 327 2	1. 3
工业用海	51. 545 3	2. 9
旅游娱乐用海	5. 306 9	0. 3
海底工程用海	1. 967 2	0. 1
排污倾倒用海	0. 006 3	0. 000 3
造地工程用海	290. 709 0	16. 1
特殊用海	18. 866 2	1. 0

3. 3. 1. 2 0 ~ 10 m 等深线区域使用类型与状况

浙江省 0 ~ 10 m 等深线区域内海域总面积为 12 537. 811 8 km^2，已使用海域面积 1 097. 820 3 km^2，海域使用率为 8. 8%。已开发利用面积 2 464. 923 5 km^2，海域利用率达 19. 7%。统计结果表明，本区域内海域使用率略低于全省整体使用率，海域利用率略高于全省整体开发利用率。

本区域中，海域使用率最高的是嘉兴市，已使用海域面积 200. 414 4 km^2，海域使用率 12. 6%。舟山市、温州市和宁波市的海域使用率相近，在 8. 8% ~9. 5% 之间。台州市已使用海域面积 99. 942 1 km^2，海域使用率 4. 2%。

海域利用率最高的为舟山市，已开发利用面积 981. 084 9 km^2，海域利用率 23. 5%；其次为嘉兴市，已开发利用面积 374. 063 9 km^2，海域利用率 23. 5%；宁波市已开发利用面积 485. 712 4 km^2，海域利用率 19. 7%；温州市已开发利用面积为 342. 063 5 km^2，海域利用率为 19. 1%；台州市已开发利用面积 281. 998 8 km^2，海域利用率 12%（表 3. 25）。

表 3.25 浙江省各市 0～10 m 等深线范围内用海面积统计

地区	海域总面积/km^2	使用海域总面积/km^2	海域使用率/（%）	海域开发利用总面积/km^2	海域利用率/（%）
嘉兴市	1 591.490 3	200.414 4	12.6	374.063 9	23.5
宁波市	2 463.350 5	220.765 8	9.0	485.712 4	19.7
舟山市	4 170.830 4	394.932 2	9.5	981.084 9	23.5
台州市	2 358.626 8	99.942 1	4.2	281.998 8	12.0
温州市	1 788.621 8	181.765 8	10.2	342.063 5	19.1

从用海类型来看，本区域内渔业用海所占面积最大，为 140.810 8 km^2，占海域使用总面积的 62.1%；其次为工业用海，用海面积为 26.756 3 km^2，占海域使用总面积的 11.8%；交通运输用海和造地工程用海次之，用海面积分别为 23.057 2 km^2 和 22.166 9 km^2。旅游娱乐用海、海底工程用海和排污倾倒用海所占面积相对较小（表 3.26）。

表 3.26 浙江省 0～10 m 等深线范围内用海类型统计（不含公共用海）

用海类型	海域使用面积/km^2	占海域使用总面积比例/（%）
渔业用海	140.810 8	62.1
交通运输用海	23.057 2	10.2
工业用海	26.756 3	11.8
旅游娱乐用海	1.556 9	0.7
海底工程用海	7.668 5	3.4
排污倾倒用海	0.026 2	0.01
造地工程用海	22.166 9	9.8
特殊用海	4.832 3	2.1

3.3.1.3 10～20 m 等深线区域使用类型与状况

浙江省 10～20 m 等深线区域内海域总面积为 11 337.924 3 km^2，已使用海域面积 1 179.692 7 km^2，海域使用率为 10.6%。已开发利用面积 2 584.428 3 km^2，海域利用率达 22.8%。统计结果表明，本区域内海域使用率及海域利用率略高于全省整体开发利用程度。

本区域中，海域使用率和海域利用率最高的皆为舟山市，已使用海域面积 657.210 7 km^2，海域使用率 13.4%；已开发利用面积 1 702.941 4 km^2，海域利用率 34.7%。其次为台州市，已使用海域面积 175.592 3 km^2，海域使用率 9.3%；已开发利用面积 278.467 3 km^2，海域利用率 14.8%。温州市的已使用海域面积为 226.466 3 km^2，海域使用率 8.3%；已开发利用面积 339.847 3 km^2，海域利用率 12.4%。宁波市已使用海域面积 120.423 3 km^2，海域使用率 6.6%；已开发利用面积 263.172 2 km^2，海域利用率 14.5%（表 3.27）。

表 3.27　浙江省各市 10～20 m 等深线范围内用海面积统计

地区	海域总面积/km²	使用海域总面积/km²	海域使用率/（%）	海域开发利用总面积/km²	海域利用率/（%）
宁波市	1 812.477 3	120.423 3	6.6	263.172 2	14.5
舟山市	4 901.798 7	657.210 7	13.4	1 702.941 4	34.7
台州市	1 884.743 1	175.592 3	9.3	278.467 3	14.8
温州市	2 738.905 2	226.466 3	8.3	339.847 3	12.4

从用海类型来看，本区域内交通运输用海所占面积最大，为 44.310 8 km²，占海域使用总面积的 37.7%；其次为渔业用海，用海面积为 38.061 0 km²，占海域使用总面积的 32.4%；工业用海次之，用海面积分别为 18.718 1 km²，占海域使用总面积的 15.9%；海底工程用海、造地工程用海、特殊用海和排污倾倒用海所占面积相对较小，旅游娱乐用海所占面积最小，仅为 0.034 5 km²（表 3.28）。

表 3.28　浙江省 10～20 m 等深线范围内用海类型统计（不含公共用海）

用海类型	海域使用面积/km²	占海域使用总面积比例/（%）
渔业用海	38.061 0	32.4
交通运输用海	44.310 8	37.7
工业用海	18.718 1	15.9
旅游娱乐用海	0.034 5	0.03
海底工程用海	5.493 5	4.7
排污倾倒用海	1.039 4	0.9
造地工程用海	4.979 8	4.2
特殊用海	4.989 8	4.2

3.3.2　离岸不同距离区域的使用类型与状况

3.3.2.1　离岸 500 m 区域内使用类型与状况

全省离岸 500 m 区域内海域总面积为 2 986.411 8 km²，已使用海域面积为 949.793 8 km²，海域使用率为 31.8%；已开发利用面积 1 509.114 1 km²，海域利用率达 50.5%。

其中，嘉兴市和温州市在此区域内海洋开发利用强度较高，海域利用率分别为 70.7% 和 69.8%；宁波市、舟山市和台州市海域利用率依次为 62.6%、43.1% 和 40.3%（表 3.29）。

表 3.29　浙江省各市离岸 500 m 范围内用海面积统计

地区	海域总面积/km²	使用海域总面积/km²	海域使用率/（%）	海域开发利用总面积/km²	海域利用率/（%）
嘉兴市	42.310 1	13.916 7	32.9	29.930 5	70.7
宁波市	654.838 6	342.191 0	52.3	409.741 8	62.6
舟山市	1 124.638 7	204.094 6	18.2	484.806 9	43.1
台州市	606.099 6	168.174 0	27.8	244.396 5	40.3
温州市	487.643 8	221.417 4	45.4	340.238 4	69.8

从用海类型来看，本区域内渔业用海所占面积最大，为353.710 9 km^2，占海域使用总面积的48.7%。其次为造地工程用海，用海面积为342.216 4 km^2，占海域使用总面积的31.2%。交通运输用海、工业用海和特殊用海次之，用海面积分别为54.719 6 km^2、83.330 3 km^{2}和26.524 6 km^2。海底工程用海、旅游娱乐用海和排污倾倒用海所占面积相对较小（表3.30）。

表3.30 浙江省离岸500 m范围内不同用海类型海域面积统计（不含公共用海）

用海类型	海域使用面积/km^2	占海域使用总面积比例/（%）
渔业用海	424.096 98	48.7
交通运输用海	54.719 6	6.3
工业用海	83.330 3	9.6
旅游娱乐用海	7.129 1	0.8
海底工程用海	2.780 2	0.3
排污倾倒用海	0.032 5	0.004
造地工程用海	271.830 3	31.2
特殊用海	26.524 6	3.1

3.3.2.2 离岸500～1 000 m区域使用类型与状况

全省离岸500～1 000 m区域内海域总面积为2 505.123 4 km^2，已使用海域面积为374.044 2 km^2，海域使用率为14.9%。已开发利用面积769.884 0 km^2，海域利用率达30.7%。

其中，温州市在此区域内海洋开发利用强度最高，海域利用率达39.2%；其次为舟山市，海域利用率为35%；嘉兴市和宁波市海域利用率分别为34.5%和32.9%；台州市海洋开发利用强度较低，海域利用率为17.1%（表3.31）。

表3.31 浙江省各市离岸500～1 000 km范围内用海面积统计

地区	海域总面积/km^2	使用海域总面积/km^2	海域使用率/（%）	海域开发利用总面积/km^2	海域利用率/（%）
嘉兴市	44.183 4	2.314 2	5.2	15.258 5	34.5
宁波市	493.562 0	103.542 3	21.0	162.540 5	32.9
舟山市	952.060 3	114.193	12.0	333.3140	35.0
台州市	513.452 4	57.743 6	11.3	87.615 4	17.1
温州市	436.739 4	96.251 1	22.0	171.155 6	39.2

从用海类型来看，本区域内渔业用海所占面积最大，为144.540 7 km^2，占海域使用总面积的70.4%。其次为造地工程用海，占海域使用总面积的15.1%。交通运输用海和工业用海的面积分别为16.704 5 km^{2}和10.021 5 km^2，占海域使用总面积分别为8.1%和4.9%。特殊用海、海底工程用海、旅游娱乐用海和排污倾倒用海所占面积相对较小（表3.32）。

表3.32 浙江省离岸500～1 000 km范围内不同用海类型面积统计（不含公共用海）

用海类型	海域使用面积/km^2	占海域使用总面积比例/（%）
渔业用海	144.540 7	70.4
交通运输用海	16.704 5	8.1
工业用海	10.021 5	4.9
旅游娱乐用海	0.288 8	0.1
海底工程用海	1.375 8	0.7
造地工程用海	31.085 0	15.1
排污倾倒用海	0.007 1	0.003
特殊用海	1.397 5	0.7

3.3.2.3 离岸1～2 km区域使用类型与状况

全省离岸1～2 km区域内海域总面积为4 068.404 3 km^2，已使用海域面积为522.919 1 km^2，海域使用率为12.9%；已开发利用面积1 056.796 1 km^2，海域利用率达26%。

其中，嘉兴市在此区域内海洋开发利用程度最高，海域利用率达33.3%，其次为舟山市和宁波市，海域利用率分别为33.1%和26.6%；温州市和台州市海洋开发利用强度较小，海域利用率分别为24.9%、14.3%（表3.33）。

表3.33 浙江省各市离岸1～2 km范围内用海面积统计

地区	海域总面积/km^2	使用海域总面积/km^2	海域使用率/（%）	海域开发利用总面积/km^2	海域利用率/（%）
嘉兴市	86.643 1	6.711 3	7.8	28.841 6	33.3
宁波市	718.395 1	107.950 2	15.0	191.390 6	26.6
舟山市	1 597.566 8	211.149 6	13.2	528.475 0	33.1
台州市	813.543 9	78.292 3	9.6	116.510 4	14.3
温州市	770.152 4	118.815 6	15.4	191.578 5	24.9

从用海类型来看，本区域内渔业用海所占面积最大，为112.559 5 km^2，占海域使用总面积的64.6%；其次为造地工程用海，用海面积为40.777 2 km^2，占海域使用总面积的23.4%；交通运输用海、工业用海和特殊用海次之，用海面积分别为13.099 3 km^2、3.829 1 km^2和2.309 7 km^2，占海域使用总面积分别为7.5%、3.3%和1.3%。海底工程用海、旅游娱乐用海和排污倾倒用海所占面积相对较小（表3.34）。

表3.34 浙江省离岸1～2 km范围内不同用海类型面积统计（不含公共用海）

用海类型	海域使用面积/km^2	占海域使用总面积比例/（%）
渔业用海	112.559 5	64.6
交通运输用海	13.099 3	7.5
工业用海	3.829 1	2.2
旅游娱乐用海	0.014 2	0.01

续表 3.34

用海类型	海域使用面积/km²	占海域使用总面积比例/（%）
海底工程用海	1.315 6	0.8
造地工程用海	40.777 2	23.4
排污倾倒用海	0.397 1	0.2
特殊用海	2.309 7	1.3

3.3.2.4 离岸 2～3 km 区域使用类型与状况

全省离岸 2～3 km 区域内海域总面积为 3 209.611 3 km²，已使用海域面积为 359.703 9 km²，海域使用率为 11.2%。已开发利用面积 689.656 3 km²，海域利用率达 21.5%。

其中，嘉兴市在此区域内海洋开发利用程度最高，海域利用率最高为 32.6%；其次为舟山市，海域利用率为 30.4%；宁波市、台州市、温州市海洋开发利用程度相当，海域利用率分别为 17.1%、12.2% 和 14.3%（表 3.35）。

表 3.35　浙江省离岸 2～3 km 范围内用海项目海域面积统计

地区	海域总面积/km²	使用海域总面积/km²	海域使用率/（%）	海域开发利用总面积/km²	海域利用率/（%）
嘉兴市	82.675 5	8.242 9	10.0	26.943 4	32.6
宁波市	522.156 6	55.672 9	10.7	89.252 8	17.1
舟山市	1362.015 1	177.969 1	13.1	413.759 8	30.4
台州市	548.319 0	50.010 4	9.1	67.0754	12.2
温州市	649.480 9	67.808 8	10.4	92.624 9	14.3

从用海类型来看，本区域内渔业用海所占面积最大，为 44.244 2 km²，占海域使用总面积的 53.0%。其次为造地工程用海，用海面积为 22.068 1 km²，占海域使用总面积的 26.5%。交通运输用海次之，用海面积为 13.092 3 km²，占海域使用总面积的 15.7%。工业用海、海底工程用海、旅游娱乐用海、排污倾倒用海和特殊用海所占面积相对较小（表 3.36）。

表 3.36 浙江省离岸 2～3 km 范围内不同用海类型面积统计（不含公共用海）

用海类型	海域使用面积/km²	占海域使用总面积比例/（%）
渔业用海	44.244 2	53.0
交通运输用海	13.092 3	15.7
工业用海	1.273 2	1.5
旅游娱乐用海	0.126 4	0.2
海底工程用海	1.169 4	1.4
造地工程用海	22.068 1	26.5
排污倾倒用海	0.635 2	0.8
特殊用海	0.813 2	1.0

3.3.2.5 离岸 3 ~5 km 区域使用类型与状况

全省离岸 3 ~5 km 区域内海域总面积为 5 237.015 0 km^2，已使用海域面积为 464.353 7 km^2，海域使用率为 8.9%；已开发利用面积 981.890 8 km^2，海域利用率达 18.8%。

其中，嘉兴市在此区域内海洋开发利用程度最高，海域利用率为 32.6%；其次为舟山市，海域利用率为 28.3%；宁波市、台州市、温州市海洋开发利用程度相当，海域利用率分别为 11.4%、9.8% 和 8.5%（表 3.37）。

表 3.37 浙江省离岸 3 ~5 km 范围内用海项目海域面积统计

地区	海域总面积/km^2	使用海域总面积/km^2	海域使用率/（%）	海域开发利用总面积/km^2	海域利用率/（%）
嘉兴市	180.870 7	26.373 5	14.6	58.926 2	32.6
宁波市	743.764 1	40.168 8	5.4	84.829 5	11.4
舟山市	2 356.381 6	266.666 8	11.3	666.845 5	28.3
台州市	794.590 2	54.659 1	6.9	78.038 0	9.8
温州市	1 100.026 6	76.485 5	7.0	93.251 6	8.5

从用海类型来看，本区域内交通运输用海所占面积最大，为 25.134 1 km^2，占海域使用总面积的 56.5%；其次为渔业用海，用海面积为 11.568 8 km^2，占海域使用总面积的 26.0%；海底工程用海居第三，用海面积为 4.367 2 km^2，造地工程用海面积为 3.370 3 km^2，特殊用海所占面积相对较小（表 3.38）。

表 3.38 浙江省离岸 3 ~5 km 范围内不同用海类型面积统计（不含公共用海）

用海类型	海域使用面积/km^2	占海域使用总面积比例/（%）
渔业用海	11.568 8	26.0
交通运输用海	25.134 1	56.5
海底工程用海	4.367 2	9.8
造地工程用海	3.370 3	7.6
特殊用海	0.080 0	0.2

3.4 海岸线利用情况

3.4.1 海岸线利用概况

根据浙江省“908 专项”调查海洋地理统计数据，全省海岸线总长度为 6 714.663 km，其中大陆海岸线长度为 2 217.957 km，海岛海岸线长度为 4 496.706 km。按照岸线性质，全省海岸线又可分为人工岸线、基岩岸线、砂质岸线和河口岸线，4 种岸线的长度分别为人工岸线 2 342.354 km，基岩岸线 4 255.532 km，砂质岸线 98.362 km，河口岸线 18.415 km。

本书中，项目岸线利用长度以用海项目贴近海岸线的构筑物宽度，按《海籍调查规范》

适当外扩的距离来计算，岸线利用总长度即为所有项目岸线利用长度的总和。

经统计，全省已开发利用的岸线长度约为 1 992.045 km，约占全省岸线总长的 29.7%。

为进一步了解岸线利用程度与海岸线自然属性的内在联系，本书分别对全省 4 种类型岸线即人工、基岩、砂质、河口岸线（所有类型岸线皆为大陆岸线及海岛岸线的总和）的利用情况分别进行了统计。

如表 3.39 所示，全省人工岸线利用率最高，已利用人工岸线达 1 291.232 km，占人工岸线总长度的 55.1%；其次为河口岸线，已利用岸线为 8.089 km，占河口岸线总长度的 43.9%；砂质岸线次之，已利用岸线长度为 21.642 km，占砂质岸线总长度的 22.0%；基岩岸线利用率相对最低，已利用岸线为 671.081 km，占基岩岸线总长度的 15.8%。

表 3.39　浙江省不同岸线类型利用统计

岸线类型	已利用岸线/km	岸线长度/km	岸线利用率/（%）
人工岸线	1 291.232	2 342.354	55.1
基岩岸线	671.081	4 255.532	15.8
砂质岸线	21.642	98.362	22.0
河口岸线	8.089	18.415	43.9

3.4.2　各市岸线利用状况

对各市的海岸线利用程度统计结果（表 3.40）可以看出，温州市海岸线利用程度最高，其次依次是宁波市、台州市、嘉兴市和舟山市。

表 3.40　浙江省各市海岸线利用程度统计

地区	已利用岸线/km	岸线长度/km	岸线利用率/（%）
嘉兴市	29.615	124.474	23.8
宁波市	554.219	1 533.637	36.1
舟山市	477.701	2 388.248	20.0
台州市	413.511	1 445.876	28.6
温州市	516.999	1 172.932	44.1

嘉兴市岸线总长为 124.474 km，已使用岸线长度为 29.615 km，岸线利用率为 23.8%。其中，人工岸线利用率较高，已利用人工岸线达 26.288 km，占人工岸线总长度的 27.3%；其次为基岩岸线，已利用岸线为 96.143 km，占基岩岸线总长度的 12.5%；

宁波市岸线总长为 1 533.639 km，已占用岸线长度为 554.219 km，岸线利用率为 36.1%。其中，人工岸线和河口岸线的利用率较高，已利用人工岸线和河口岸线达 443.726 km 和 3.136 km，占人工岸线总长度的 60.3%，占河口岸线总长度的 60.2%；其次为砂质岸线，已利用岸线为 2.945 km，占砂质岸线总长度的 20%；基岩岸线的利用率较低，已利用岸线为 104.413 km，占基岩岸线总长度的 13.4%。

舟山市岸线总长为 2 388.248 km，已占用岸线长度为 477.701 km，岸线利用率为 20.0%。其中，人工岸线的利用率较高，已利用人工岸线达 286.321 km，占人工岸线总长度的 45.9%；其次为砂质岸线，已利用岸线为 9.490 km，占砂质岸线总长度的 16.2%；基岩岸线的利用率较低，已利用岸线为 181.890 km，占基岩岸线总长度的 10.7%。

台州市岸线总长为 1 445.876 km，已占用岸线长度为 413.511 km，岸线利用率为 28.6%。其中，人工岸线的利用率较高，已利用人工岸线达 258.561 km，占人工岸线总长度的 57.9%；其次为河口岸线，已利用人工岸线为 1.715 km，占河口岸线总长度的 44.6%；基岩岸线次之，已利用岸线为 152.439 km，占基岩岸线总长度的 15.4%。砂质岸线的利用率较低，已利用岸线为 0.795 km，占砂质岸线总长度的 9.2%。

温州市岸线总长为 1 172.932 km，已占用岸线长度为 516.999 km，岸线利用率为 44.1%。其中，人工岸线的利用率较高，已利用人工岸线达 276.337 km，占人工岸线总长度的 70.5%；其次为河口岸线，已利用人工岸线为 3.238 km，占河口岸线总长度的 56.8%；砂质岸线次之，已利用岸线为 8.411 km，占砂质岸线总长度的 51.2%；基岩岸线的利用率较低，已利用岸线为 229.013 km，占基岩岸线总长度的 30.2%。

3.4.3　不同用海类型岸线利用状况

对浙江省各类型用海占用海岸线的情况进行统计，从表 3.41 中数据可以看出，全省渔业用海占用岸线最长，总长为 1 320.279 km，占用全省岸线达 19.7%；其次为工业用海，占用 468.785 km，比例为 7%；造地工程用海居第三，占用 402.560 km，比例为 6.0%；特殊用海和交通运输用海占用岸线相对较少，比例分别为 4.1% 和 2.9%；旅游娱乐用海、海底工程用海和排污倾倒用海占用岸线比例均在 1% 之内。

表 3.41　浙江省各一级类用海项目岸线利用统计表

用海类型	合计/km	占浙江省岸线比例/（%）
渔业岸线	1 320.279	19.7
交通运输用海岸线	194.231	2.9
工业用海岸线	468.785	7.0
旅游娱乐用海岸线	40.041	0.6
海底工程用海岸线	44.383	0.7
排污倾倒岸线	0.422	0.01
造地工程用海岸线	402.560	6.0
特殊用海岸线	277.851	4.1

为了解不同类型岸线项目用海的实际情况，对 4 种类型海岸线分类型用海占用海岸线的长度及比例进行了进一步的统计分析（表 3.42）。

人工岸线主要用海类型为渔业用海，占用岸线长度 647.709 km，为人工岸线总长的 27.7%，其次是工业用海和造地工程用海，占用岸线长度分别为 254.523 km 和 241.975 km，所占比例为 10.9% 和 10.3%。特殊用海和交通运输用海次之，所占比例为 8.3% 和 5.1%。旅游娱乐用海、海底工程用海和排污倾倒用海占用岸线较少，所占比例均低于 1%。

表 3.42 浙江省不同岸线类型分类型用海利用统计

用海类型	人工岸线/km	基岩岸线/km	砂质岸线/km	河口岸线/km
渔业用海	647.709	483.025	9.100	1.797
交通运输用海	118.987	26.750	0.031	3.900
工业用海	254.523	97.793	1.114	
旅游娱乐用海	7.510	16.824	9.563	
海底工程用海	12.839	16.438	1.158	
排污倾倒用海	0.353	0.941		
造地工程用海	241.975	76.003	0.204	2.165
特殊用海	194.368	31.420	0.325	0.467

基岩岸线主要用海类型是渔业用海，占用岸线长度为483.025 km，为基岩岸线总长的11.4%。其次为工业用海和造地工程用海，占用岸线长度为97.793 km和76.003 km，所占比例为2.3%和1.8%。其余用海类型占用岸线长度较少，所占比例均小于1%。

砂质岸线主要用海类型是旅游娱乐用海，占用岸线长度为9.563 km，为砂质岸线总长的9.7%。其次为渔业用海，占用岸线9.100 km，所占比例为9.3%。工业用海和海底工程用海，占用岸线长度分别为1.114 km和1.158 km，所占比例为1.1%和1.2%。其余用海类型占用岸线较少，所占比例较低。

河口岸线主要用海是交通运输用海，占用岸线长度为3.900 km，为河口岸线总长的21.2%。其次为造地工程用海，占用岸线2.165 km，所占比例为11.8%。渔业用海和特殊用海次之，分别占用岸线1.797 km和0.467 km，占岸线长度比例为9.8%和2.5%。

第 4 章　浙江省海域使用现状评价

4.1　海域使用布局特征分析

除公共用海以外，浙江省主要的用海类型为渔业用海、造地工程用海、交通运输用海和工业用海，旅游娱乐用海、海底工程用海、特殊用海及排污倾倒用海所占比例相对较小。为了解浙江省海域使用现状与自然条件、资源条件及社会条件的匹配情况，本书对各种用海类型在全省的分布特征加以分析。

4.1.1　渔业用海

浙江省渔业用海总面积为 743.418 3 km^2，其中温州市、宁波市渔业用海面积较大，分别为 265.679 6 km^2、234.982 5 km^2，共占全省渔业用海总面积的 67.4%；其次为台州市、舟山市，分别为 158.969 9 km^2、83.786 3 km^2；在调查中未发现嘉兴市有渔业用海项目（表 4.1）。

表 4.1　浙江省各市渔业用海统计

	确权项目		未确权项目		合计	
	用海项目数/宗	用海面积/km^2	用海项目数/个	用海面积/km^2	用海项目数/宗（个）	用海面积/km^2
宁波市	454	226.706 5	201	8.276 0	655	234.982 5
舟山市	281	76.342 0	99	7.444 3	380	83.786 3
台州市	141	119.867 7	572	39.102 3	713	158.969 9
温州市	53	40.083 0	870	225.596 6	923	265.679 6
全省	929	462.999 2	1 742	280.419 2	2671	743.418 3

浙江省海水养殖条件优越，滩涂养殖主要为泥蚶、泥螺、牡蛎、菲律宾蛤等贝类及部分蟹类；浅海养殖主要为黄鱼、鲈鱼、鲷类等鱼类，贻贝、扇贝、鲍鱼、牡蛎等贝类，蟹类以及紫菜、海带、裙带菜等经济藻类。养殖用海由北向南依次分布在杭州湾（主要为滩涂养殖）、象山港（浅海、滩涂养殖，围塘养殖）、三门湾（滩涂养殖主要分布在三门湾顶部、岳井洋、南田湾；围塘养殖主要分布在海游港、健跳港、旗门港、力洋港及岳井洋）、乐清湾及湾口岛屿附近海域（主要为滩涂养殖及围塘养殖）。

按照用海类型划分，渔业用海包括开放式养殖用海、围海养殖用海、渔业基础设施用海及人工鱼礁用海 4 个二级类（附图 7）。统计数据表明，浙江省渔业用海以开放式养殖、围海养殖及渔业基础设施为主，人工鱼礁用海规模较小（表 4.2）。

表 4.2　浙江省渔业用海分类型统计表

渔业用海二级类	用海项目数/宗（个）	用海面积/km^2
开放式养殖用海	918	420. 154
围海养殖用海	1319	288. 250 5
渔业基础设施用海	419	15. 999 6
人工鱼礁用海	15	19. 014 0

各二级类用海的布局情况如下：

4. 1. 1. 1　开放式养殖用海

开放式养殖是指无需筑堤围割海域，在开敞条件下进行养殖生产的海洋开发利用方式，包括筏式养殖、网箱养殖及无人工设施的人工投苗或自然增殖生产。

开放式养殖用海是依托于滩涂、浅海资源进行开发的渔业用海方式，以利用滩涂资源进行的滩涂养殖为主（图 4. 1）。根据浙江省滩涂资源的分布情况，滩涂面积从大到小依次为宁波市、温州市、台州市、舟山市、嘉兴市，从表 4. 3 可以看出，各市开放式养殖用海开发规模与滩涂资源分布的规律是一致的。

图 4. 1　宁波市奉化杨村滩涂养殖

表 4. 3　浙江省各市开放式养殖用海统计

地区	用海项目数/宗（个）	用海面积/km^2
宁波市	470	196. 070 4
舟山市	93	44. 245 4
台州市	197	77. 053 9
温州市	158	102. 784 3
全省	918	420. 154

宁波市拥有全省最丰富的滩涂资源，滩涂面积达 744.680 0 km^2，占全省滩涂总面积的 32.6%，为开放式养殖提供了充足的资源条件，用海总面积为 196.070 4 km^2，占全省同类用海面积的 46.7%；温州市和台州市的开放式养殖用海面积分别为 102.784 3 km^2 和 77.053 9 km^2，主要集中于乐清湾、三门湾等滩涂资源丰富的海湾，以及浅海资源丰富的沿海沿岛海域；舟山市滩涂资源仅占浙江省滩涂资源总量的 8.1%，开放式养殖用海面积相应较小，仅为 44.245 4 km^2，是全省同类型用海面积的 10.5%。

4.1.1.2　围海养殖用海

围海养殖是指筑堤围割海域进行封闭或半封闭式养殖生产的海洋开发利用方式（图 4.2）。

图 4.2　宁波市宁海县潘家岙围海养殖

温州市是围海养殖用海面积最大的区域，其次为台州市，都呈现大规模、成片开发态势，用海面积分别为 150.479 4 km^2 和 79.611 7 km^2，占全省同类型用海面积的 52.2% 和 27.6%；宁波市围海养殖的用海规模小，且分布较散，用海总面积为 35.215 9 km^2，占全省同类型用海面积的 12.2%；舟山市围海养殖用海面积最小，为 22.943 5 km^2，所占比例相对较小。

表 4.4　浙江省各市围海养殖用海统计

地区	用海项目数/宗（个）	用海面积/km^2
宁波市	88	35.215 9
舟山市	23	22.943 5
台州市	495	79.611 7
温州市	713	150.479 4
全省	1 319	288.250 5

除宁波市以外，其他沿海市的围海养殖分布与滩涂资源的分布基本一致。温州市和台州市的滩涂资源相对丰富，围海养殖用海比例相对较高。宁波市滩涂资源分布最为广泛，但渔业养殖以开放式养殖为主，使得围海养殖所占比例并不是最高。近年来，大规模围海养殖发展势头较快，随着围填海技术的发展，围海养殖逐渐从高滩向中、低滩发展，严重影响了海洋环境质量及滩涂资源的可持续利用。

4.1.1.3 渔业基础设施用海

渔业基础设施用海是指用于渔船停靠、进行装卸作业和避风以及用以繁殖重要苗种的海域，包括渔业码头、引桥、堤坝、渔港港池、渔港航道、附属的仓储地、重要苗种繁殖场所及陆上海水养殖场延伸入海的取排水口等所使用的海域。

全省渔业基础设施用海主要包括渔港码头及渔船修造厂，主要分布在各渔港区，重点区域为沈家门渔港区、舟山中心渔港区、普陀桃花渔港区、普陀虾峙渔港区、岱山县中心渔港区、嵊泗县中心渔港区、象山石浦渔港区、三门健跳渔港区、椒江中心渔港区、温岭中心渔港区、玉环坎门中心渔港区、洞头中心渔港区、乐清东山埠渔港区、霞关渔港区等。

舟山渔场渔业资源丰富，渔业捕捞是传统海洋经济的支柱产业之一，星罗密布的岛屿使其拥有众多具备良好避风条件的渔港（图 4.3）。舟山市渔业基础设施用海面积近 10 km^2，占全省同类型用海面积的 62.2%，用海项目数为 262 个，占全省同类型用海项目数的 62.5%；其次为宁波市，用海面积约 3.696 2 km^2，项目数为 97 宗（个）；台州市及温州市的渔业基础设施用海规模相对较小，用海面积共 2.353 7 km^2，用海项目数为 60 宗（个），主要集中于椒江、坎门、洞头等中心渔港区。

图 4.3　舟山市沈家门渔港

表 4.5　浙江省各市渔业基础设施用海统计

地区	用海项目数/宗（个）	用海面积/km²
宁波市	97	3.696 2
舟山市	262	9.949 7
台州市	20	1.252 2
温州市	40	1.101 5
全省	419	15.999 6

4.1.1.4　人工鱼礁用海

人工鱼礁用海是指通过构筑人工鱼礁进行增养殖生产的海域。

人工鱼礁用海主要集中于温州市及舟山市海域，用海面积分别为 11.314 4 km^2 和 6.647 6 km^2，分别占全省同类型用海总面积的 59.5% 和 35%。温州市人工鱼礁位于洞头列岛及南、北麂列岛海域，南麂列岛海域是国家级海洋类型自然保护区，海洋生物资源是其重点保护内容之一，建设人工鱼礁起到了维护保护区的海洋生物量及其多样性的作用；舟山市人工鱼礁用海分布于绿华海域和朱家尖海域，布放人工鱼礁可以达到渔业增养殖的目的。

表 4.6　浙江省各市人工鱼礁用海统计

地区	用海项目数/宗（个）	用海面积/km²
舟山市	2	6.647 6
台州市	1	1.052 0
温州市	12	11.314 4
全省	15	19.014 0

4.1.2　交通运输用海

浙江省交通运输用海项目用海总数为 706 宗（个），总面积为 213.793 7 km^2。公共用海中的航道、锚地用海共 242 个，用海面积达 807.185 8 km^2，占全省交通运输用海总面积的 79.2%；除公共用海以外，该类型用海项目以舟山市最多，其次为宁波市、温州市和台州市，嘉兴市交通运输用海面积最小（表 4.7）。

表 4.7　浙江省交通运输用海统计

地区	确权项目		未确权项目		合计	
	用海项目数/宗	用海面积/km²	用海项目数/个	用海面积/km²	用海项目数/宗（个）	用海面积/km²
嘉兴市	3	0.325 2	6	0.412 5	9	0.737 7
宁波市	87	29.519 3	75	0.456 9	162	29.976 2
舟山市	150	171.850 1	98	0.243 8	248	172.094 1
台州市	88	2.664 7	67	0.314 8	155	2.979 5
温州市	52	7.629 3	80	0.557 1	132	8.186 4
公共用海					242	807.185 8
全省	380	211.988 6	326	1.985 1	948	1 021.160 0

浙江省港口建设条件优越，具有深水条件和避风条件的天然港口、锚地和航道数量可观。沿海常规条件下适宜开发的岸线资源为761 km，可建万吨级以上泊位的深水岸线达506 km，占全国1/3以上。长期的开发建设，全省已形成以宁波—舟山港为中心，以温州港、台州港、嘉兴港等为两翼的沿海港口布局体系，交通运输用海项目多集中于这几大港区。

按照用海类型划分，交通运输用海包括港口用海、航道用海、锚地用海和路桥用海4个二级类（附图8）。统计数据表明，除公共用海以外，全省交通运输用海以港口用海为主，其次为路桥用海，确权的航道、锚地用海海域使用面积较小（表4.8）。

表4.8　浙江省交通运输用海分类型统计表

交通运输用海二级类	用海项目数/宗（个）	用海面积/km^2
港口用海	631	150.445 8
路桥用海	70	42.894 2
航道、锚地用海（确权）	5	20.633 8

各二级类用海的布局情况如下：

4.1.2.1　港口用海

港口用海是指供船舶停靠、进行装卸作业、避风和调动等所使用的海域，包括港口码头（含开敞式的货运和客运码头）、引桥、平台、港池（含开敞式码头前沿船舶靠泊和回旋水域）、堤坝及堆场等所使用的海域。

宁波市和舟山市海域是浙江省港口经济最发达、港口用海规模化程度最高的海域。宁波市拥有102.7 km深水岸线、舟山市拥有286.1 km深水岸线，两者之和占全省深水岸线资源的80.7%，为建设大、中、小各级规模港区提供了充足的岸线资源条件；众多的岛屿形成天然屏障，为港口建设提供了良好的掩护条件，加上背靠长江经济带与东部沿海经济带“T”型交汇的长江三角洲地区的区位优势，均决定了宁波市和舟山市海域为浙江省港口用海开发规模最大的区域。

舟山市港口用海面积达131.216 1 km^2，主要分布在老塘山、金塘、马岙、六横、高亭、衢山、泗礁、洋山等海域。位于舟山市嵊泗县的洋山港是上海国际航运中心的重要组成部分（图4.4），仅此项港口码头用海面积就高达83 km^2，使得舟山市港口用海面积远高于其他四市；宁波市交通运输用海面积为9.540 6 km^2，略高于除去洋山港用海项目之外的舟山市（交通运输用海面积为5.732 3 km^2），主要分布在镇海、北仑、大榭、穿山北、梅山、石浦及象山港海域；温州市、台州市和嘉兴市的港口用海面积分别为6.598 6 km^2、2.361 0 km^2、0.729 5 km^2，与舟山、宁波两市相比较低。其中台州市的港口用海主要分布在椒江海门、大麦屿、健跳、临海、温岭等地，温州市的港口用海主要分布在瓯江口、状元岙、乐清湾、大小门岛等地，嘉兴市的港口用海主要分布在独山、乍浦、海盐等地。

作为我国深水岸线资源最丰富的地区，宁波—舟山港承担了浙江省大量的海运进出口任务，是浙江省港口经济发展的支柱、上海国际航运中心南翼的重要组成部分。从港口用海现状可以看出，宁波、舟山两市的港口用海项目较多，反映了宁波—舟山港开发规模较大的现状，温州港、台州港及嘉兴港虽有一定的开发，但规模相对较小。浙江省港口用海情况与港口建设目标一致，与深水岸线条件相匹配。

图 4.4　上海国际航运中心洋山港港区

表 4.9　浙江省各市港口用海统计

地区	用海项目数/宗（个）	用海面积/km²
嘉兴市	8	0.729 5
宁波市	150	9.540 6
舟山市	222	131.216 1
台州市	148	2.361 0
温州市	103	6.598 6
全省	631	150.445 8

4.1.2.2　路桥用海

路桥用海是指连陆、连岛等路桥工程所使用的海域，包括跨海桥梁、跨海和顺岸道路等及其附属设施所使用的海域，不包括油气开采用连陆、连岛道路和栈桥等所使用的海域。

全省路桥用海主要为跨海桥梁（图 4.5），由北至南典型的跨海大桥包括东海大桥、杭州湾跨海大桥、舟山大陆连岛工程跨海桥梁群、三门湾跨海桥梁、椒江跨海大桥、乐清湾大桥、瓯江大桥、飞云江大桥、鳌江大桥、洞头半岛工程跨海桥梁等。

宁波市和舟山市海岛众多，随着区域海洋经济的迅速发展，建设了大量连岛工程和跨海大桥工程，两市路桥用海面积为 40.679 9 km²，占全省同类型用海总面积的 94.8%；温州市路桥用海主要集中于瓯江口、洞头列岛、飞云江口及乐清湾海域，因多处于河口，单项目用海规模不大，路桥用海面积相对宁波市、舟山市较小；嘉兴市由于海域海岛较少，跨海桥梁建设的需求相对较小，路桥用海规模远不及其他市。

图4.5　温州市灵昆跨海大桥

表4.10　浙江省各市路桥用海统计

地区	用海项目数/宗（个）	用海面积/km^2
嘉兴市	1	0.008 2
宁波市	11	20.320 3
舟山市	22	20.359 6
台州市	7	0.618 4
温州市	29	1.587 7
全省	70	42.894 2

4.1.2.3　航道、锚地用海

航道用海是指交港部门划定的供船只航行使用的海域（含灯桩、立标及浮式航标灯等海上航行标志所使用的海域），不包括渔港航道所使用的海域；锚地用海是指船舶候潮、待泊、联检、避风及进行水上过驳作业等所使用的海域。

全省航道、锚地用海面积虽大，但多具有公共用海的特征，未办理海域使用权证，本节仅对已确权的项目做统计。已确权航道、锚地用海面积仅20.633 8 km^2，共5宗用海项目，位于舟山市和宁波市。主要项目为洋山港锚地用海，用海面积达20.507 km^2。

表4.11　浙江省确权航道锚地用海统计

地区	航道用海项目数/宗	航道用海面积/km^2	锚地用海项目数/宗	锚地用海面积/km^2
宁波市	1	0.115 4		
舟山市	2	0.011 4	2	20.507
全省	3	0.126 8	2	20.507

4.1.3 工业用海

浙江省工业用海项目数为1 455宗（个），总面积达96.270 3 km^2。舟山市工业用海面积最大，为41.190 9 km^2；其次为宁波市，为28.837 5 km^2；温州市、台州市分别为13.783 0 km^2、10.135 6 km^2；嘉兴市面积最小，为2.323 2 km^2（表4.12）。

全省临港产业较为发达，石化、能源、钢铁、造纸等在全国均具有重要地位，船舶工业近年来发展迅速。临港产业多依托港口发展，主要的临港产业区为杭州湾北岸临港产业区、北仑—镇海—慈溪东部临港产业区、舟山临港产业区、台州临港产业区、温州临港产业区，全省工业用海项目多集中于以上几个临港产业区。

表4.12 浙江省各市工业用海统计

地区	确权项目		未确权项目		合计	
	用海项目数/宗	用海面积/km^2	用海项目数/个	用海面积/km^2	用海项目数/宗（个）	用海面积/km^2
嘉兴市	3	1.842 2	6	0.481 0	9	2.323 2
宁波市	231	27.343 0	80	1.494 6	311	28.837 5
舟山市	568	40.055 0	76	1.136 0	644	41.190 9
台州市	197	7.685 8	25	2.449 8	222	10.135 6
温州市	215	11.948 2	54	1.834 8	269	13.783 0
全省	1214	88.874 2	241	7.396 2	1 455	96.270 3

按照用海类型划分，工业用海包括盐业用海、固体矿产开采用海、船舶工业用海、电力工业用海、海水综合利用用海、其他工业用海6个二级类（附图9）。统计数据表明，全省工业用海以船舶工业、电力工业和其他工业为主，盐业、固体矿产开采及海水综合利用用海面积相对较小（表4.13）。

表4.13 浙江省工业用海分类型统计表

工业用海二级类	用海项目数/宗（个）	用海面积/km^2
盐业用海	13	0.487 5
固体矿产开采用海	85	1.293 7
船舶工业用海	492	35.842 3
电力工业用海	42	11.938 1
海水综合利用用海	2	4.845 2
其他工业用海	821	41.863 6

各二级类用海的布局情况如下：

4.1.3.1 盐业用海

盐业用海是指用于盐业生产的海域，包括盐田、盐田取排水口、蓄水池、盐业码头、引桥及港池（船舶靠泊和回旋水域）等所使用的海域。

浙江省海盐产业规模逐年减少，历史上以制盐闻名的地区（如嘉兴市海盐县）已不再开展盐田制盐生产。全省盐业用海面积较小，仅为0.487 5 km^2，占工业用海总面积的0.5%，主要分布在温州市苍南县、舟山市岱山县和普陀区、宁波市北仑区。

4.1.3.2 固体矿产开采用海

固体矿产开采用海是指开采海砂及其他固体矿产资源所使用的海域，包括海上以及通过陆地挖至海底进行固体矿产开采所使用的海域（图4.6）。

图4.6 舟山市瑞昌采砂有限公司水力抽吸式采砂船

全省仅舟山市有固体矿产开采用海，海域使用面积为1.293 7 km^2，项目数为85宗（个），具体用途多为石料开采服务性质的运输码头，用海规模小，用海布局散，分布于舟山市各沿海地区。舟山市为群岛城市，土地资源匮乏，为解决城市发展空间有限的问题，往往通过开山采石以满足填海造地工程的土石方来源，上海市等周边城市的建设石料也多取之于舟山。石料资源丰富、市场需求量大等原因使舟山市成为全省固体矿产开采用海的主要区域。

4.1.3.3 船舶工业用海

船舶工业用海是指船舶（含渔船）制造、修理、拆解等所使用的海域，包括船厂的厂区、码头、引桥、平台、船坞、滑道、堤坝、港池及其他设施所使用的海域（图4.7）。

船舶工业用海是全省工业用海最主要的用海方式，用海面积为35.842 3 km^2，项目数为492个，主要分布在舟山市的马岙、长峙、岱山、盘峙岛和六横岛，宁波市的北仑、象山港和石浦港，台州市的三门、健跳、椒江下游沿岸、灵江下游、松门和大麦屿，温州市的乐清湾、磐石片、七里港、洞头大门岛、苍南北关岛等区域。

舟山市船舶工业用海面积近23 km^2，占全省同类型用海面积的64.3%，用海项目数255宗（个），占全省同类型用海项目数的51.8%。据统计，2008年舟山市船舶工业总产值达319.16亿元（占全国同行业的7.7%），占全省船舶工业总产值的60%，占全市工业总产值的38%。良好的建港条件为临港船舶工业发展提供了基础保障，船舶修造业的蓬勃发展带动

图4.7 舟山市秀山常石集团造船项目

了船舶工业用海的需求，使舟山市成为全省船舶工业用海规模最大的地区。

宁波市、台州市和温州市均有不同规模的船舶工业用海开发，形成了北仑区、象山港、石浦港、三门县、临海市、温岭市、乐清湾等修造船基地。

表4.14 浙江省各市船舶工业用海统计

地区	用海项目数/宗（个）	用海面积/km^2
嘉兴市	1	0.439 9
宁波市	77	3.990 0
舟山市	255	22.942 2
台州市	87	6.284 4
温州市	72	2.185 8
全省	492	35.842 3

4.1.3.4 电力工业用海

电力工业用海是指电力生产所使用的海域，包括电厂、核电站、风电场、潮汐及波浪发电站等的厂区、码头、引桥、平台、港池、堤坝、风机座墩和塔架、水下发电设施、取排水口、蓄水池、沉淀池及温排水区等所使用的海域（图4.8）。

电力工业是支持浙江省社会经济发展的基础产业之一，全省电力工业用海面积为11.938 1 km^2，项目数为42宗（个）。宁波市北仑区、象山县临港地区已初步形成能源产业群，以满足宁波、舟山地区大规模工业发展及高强度的生活用电需求。相对宁波、舟山地区的临港产业群及滨海城市群，温台临海地区的用电压力相对较小，电力工业用海规模相对较小，但也形成了三门、玉环等能源基地以满足临港产业及滨海生活用电需求。

图 4.8　乐清市温州发电有限责任公司温州发电厂码头

表 4.15　浙江省各市电力工业用海统计

地区	用海项目数/宗（个）	用海面积/km²
嘉兴市	2	0.376 3
宁波市	16	5.778 3
舟山市	3	0.028 4
台州市	12	2.830 4
温州市	9	2.924 7
全省	42	11.938 1

4.1.3.5　海水综合利用用海

海水综合利用用海是指开展海水淡化和海水化学资源综合利用等所使用的海域（图 4.9）。

全省海水综合利用用海规模较小，用海面积为 4.845 2 km^2，项目数仅为 2 宗（个），分别为温州浅滩一期围涂蓄淡工程、嵊泗海水淡化基地。发展历史短、淡化成本高、市场规模化运作尚未形成等原因致使浙江省海水淡化产业尚未大规模发展。

4.1.3.6　其他工业用海

其他工业用海是指除上述工业用海以外的工业用海，包括水产品加工厂、化工厂、钢铁厂等的厂区、企业专用码头、引桥、平台、港池、堤坝、取排水口、蓄水池及沉淀池等所使用的海域。

其他工业用海是浙江省工业用海中用海面积最大、用海项目数最多的用海类型，以企业专用码头居多，与交通运输用海中的港口码头类似，多位于各大港口。其他工业用海在宁波—舟山港海域开发利用程度最高，用海面积达 35.954 3 km^2，占全省同类型用海总面积的 85.9%，用海项目数达 509 宗（个），占全省同类型用海项目数的 62%；温州市、台州市及嘉兴市海域此类用海规模相对较小，用海总面积仅占全省同类型用海面积的 14.1%。

图 4.9　舟山市嵊泗海水淡化基地

表 4.16　浙江省各市其他工业用海统计

地区	用海项目数/宗（个）	用海面积/km²
嘉兴市	6	1.507 0
宁波市	215	19.062 1
舟山市	294	16.892 2
台州市	123	1.020 8
温州市	183	3.381 5
全省	821	41.863 6

4.1.4　旅游娱乐用海

浙江省旅游娱乐用海项目数为 58 宗（个），总面积为 7.207 0 km²，其中温州市旅游娱乐用海面积最大，为 3.356 8 km²；其次为舟山市、嘉兴市和宁波市，分别为 1.713 0 km²、1.191 1 km²、0.876 7 km²；台州市旅游娱乐用海面积最小，仅为 0.069 4 km²（表 4.17，附图 10）。

表 4.17　浙江省各市旅游娱乐用海统计

地区	确权项目		未确权项目		合计	
	用海项目数/宗	用海面积/km²	用海项目数/个	用海面积/km²	用海项目数/宗（个）	用海面积/km²
嘉兴市	1	0.092 0	2	1.099 1	3	1.191 1
宁波市	9	0.469 6	10	0.407 1	19	0.876 7
舟山市	20	1.693 8	2	0.019 2	22	1.713 0
台州市	3	0.069 4			3	0.069 4
温州市	10	3.169 2	1	0.187 6	11	3.356 8
全省	43	5.494 0	15	1.713 0	58	7.207 0

浙江省海洋旅游资源数量大、类型多，组成了宁波人文自然综合旅游资源带、浙南沿海旅游资源区和舟山海岛旅游资源区，海洋旅游资源总量丰富，类型多样，且资源空间分布呈大分散、小集中的格局。全省旅游娱乐用海项目均分布于各沿海旅游资源区内，作为浙江省的重要海洋产业之一，滨海旅游多利用沿海陆域或岛域空间开发，旅游娱乐用海面积并不大。

按照用海类型划分，旅游娱乐用海包含旅游基础设施用海、浴场用海、游乐场用海 3 个二级类。统计数据表明，全省旅游娱乐用海以旅游基础设施用海及浴场用海为主，游乐场用海规模相对较小（表 4.18）。

表 4.18　浙江省旅游娱乐用海分类型统计表

旅游娱乐用海二级类	用海项目数/宗（个）	用海面积/km^2
浴场用海	15	1.593 5
旅游基础设施用海	40	5.566 4
游乐场用海	3	0.046 9

4.1.4.1　旅游基础设施用海

旅游基础设施用海是指旅游区内为满足游人旅行、游览和开展娱乐活动需要而建设的配套工程设施所使用的海域，包括旅游码头、游艇码头、引桥、港池（含开敞式码头前沿船舶靠泊和回旋水域）、堤坝、游乐设施、景观建筑、旅游平台、高脚屋、旅游用人工岛及宾馆饭店等所使用的海域（图 4.10）。

图 4.10　宁波市象山县石浦度假村

全省旅游基础设施用海在宁波市象山县、舟山市普陀区、嵊泗县、嘉兴市平湖县、温州市苍南县、洞头县等海域相对集中。上述地区滨海旅游资源丰富，拥有普陀山、嵊泗列岛国家级风景名胜区，桃花岛、岱山、洞头列岛等多个省级风景名胜区。

4.1.4.2　浴场用海

浴场用海是指专供游人游泳、嬉水的海域（图 4.11）。

图 4.11　宁波市象山县松兰山海滨浴场

全省浴场用海分布较广泛，温州市用海面积最大，主要位于苍南县；舟山市用海项目数最多，主要位于普陀区、岱山县和嵊泗县；台州市、嘉兴市及宁波市本类型用海规模不大。浙江省沿岸多为含沙量较高海域，水色多呈黄色，对滨海旅游区的景观效果有一定影响，且受市场成熟度、品牌效益等因素的制约，全省浴场用海规模相对较小。

4.1.4.3　游乐场用海

游乐场用海是指开展游艇、帆板、冲浪、潜水、水下观光及垂钓等海上娱乐活动所使用的海域（图 4.12）。

图 4.12　温州市雁荡山海上乐园基建项目

浙江省游乐场用海仅3处，用海面积为0.047 0 km^2，分别为温州雁荡山海上乐园休闲鱼塘用海工程、温州雁荡山海上乐园基建项目及象山石浦珍珠岛海上乐园。

4.1.5 海底工程用海

浙江省海底工程用海项目数为334宗（个），总面积57.975 4 km^2，全部为海底电缆管道用海（表4.19，附图11）。以具有公共用海性质的海底电缆管道项目居多，共209个，占全省总数的62.6%，用海面积达36.576 3 km^2，占全省海底工程用海总面积的63.1%。

表4.19 浙江省各市海底工程用海统计

地区	确权项目		未确权项目		合计	
	用海项目数/宗	用海面积/km^2	用海项目数/个	用海面积/km^2	用海项目数/宗（个）	用海面积/km^2
嘉兴市	2	0.281 3			2	0.281 3
宁波市	12	3.054 3	4	0.006 6	16	3.060 9
舟山市	83	14.714 5	2	1.662 8	85	16.377 3
台州市	18	0.186 8			18	0.186 8
温州市	1	0.020 0	3	1.472 8	4	1.492 8
公共用海					209	36.576 3
全省	116	18.256 9	9	3.142 2	334	57.975 4

舟山市是一个群岛型城市，淡水、电力、天然气、通信等各方面均需要与外界连通。除公共用海以外，舟山市海底电缆管道用海面积最大，为16.377 3 km^2；宁波市、温州市、台州市及嘉兴市虽拥有一定的海岛资源，但数量相对舟山市较少，且海岛开发利用程度不高，对基础设施的需求较弱，海底电缆管道用海面积相应较小。其中，宁波市海底电缆管道用海面积为3.060 9 km^2，台州市、温州市和嘉兴市分别为0.186 8 km^2、1.492 8 km^2 和0.281 3 km^2。

4.1.6 排污倾倒用海

排污倾倒用海是指用来排放污水和倾倒废弃物的海域。其中污水达标排放用海指受纳指定达标污水的海域，用海方式为污水达标排放；倾倒区用海指倾倒区所占用的海域，用海方式为倾倒。

浙江省排污倾倒用海项目数共计25宗（个），总面积60.560 9 km^2。其中污水达标排放用海项目数为6宗（个），面积1.071 9 km^2；倾倒区用海项目数为19宗（个），面积59.489 0 km^2（表4.20，附图12）。

表4.20 浙江省各市排污倾倒用海统计表

地区	确权项目		未确权项目		合计	
	用海项目数/宗	用海面积/km^2	用海项目数/个	用海面积/km^2	用海项目数/宗（个）	用海面积/km^2
宁波市	3	0.031 2	1	0.001 3	4	0.032 5
温州市			2	1.039 4	2	1.039 4
公共用海					19	59.489 0
全省	3	0.031 2	3	1.040 7	25	60.560 9

本次调查中发现，全省污水达标排放用海项目的基础数据缺失严重，仅有 6 个项目登记。大部分污水达标排放用海项目未办理海域使用权证，无法确定项目总数和污水受纳海域的用海面积，故不作评述。

倾倒用海项目主要为公共用海中的倾倒区，分别为甬江口七里屿倾倒区、甬江口七里屿与外游山连线倾倒区、双礁与黄牛礁连线以北倾倒区、虾峙门口外临时倾倒区、洋山临时倾倒区、定海东岠岛西临时倾倒区、定海西蟹峙南临时倾倒区、沈家门水老鼠礁南临时倾倒区、椒江口倾倒区和大门岛倾倒区等。各倾倒区是通过对海洋环境、航道淤积、周边用海活动等方面的影响分析，结合倾倒运营经济成本分析后论证选划的，力求最大限度地减小对海洋环境的影响。

4.1.7　造地工程用海

浙江省造地工程用海项目数为 140 宗（个），总面积 285.790 9 km^2。其中宁波市、温州市造地工程用海面积相对较大，其次为台州市，嘉兴市和舟山市（表 4.21）。

浙江省滩涂资源的分布较为集中，主要分布于杭州湾南岸、三门湾口附近、椒江口外两侧和瓯江口至琵琶门之间的海域。滩涂围垦不仅可以缓解全省土地需求的矛盾，也可为经济社会可持续发展预留空间。全省造地工程用海主要集中建设于滩涂资源丰富、城镇与工业发展速度快及农业用地指标较紧张的地区。近年来全省造地工程开发规模过大、速度过快，低涂围垦、提前围垦现象较为突出，导致滩涂资源开发利用与自然淤涨之间已出现不平衡态势。

表 4.21　浙江省各市造地工程用海统计

地区	确权项目		未确权项目		合计	
	用海项目数/宗	用海面积/km^2	用海项目数/个	用海面积/km^2	用海项目数/宗（个）	用海面积/km^2
嘉兴市			2	12.157 1	2	12.157 1
宁波市	27	58.384 0	13	82.004 9	40	140.389
舟山市	27	16.410 1	2	0.081 1	29	16.491 2
台州市	5	1.303 8	1	44.178 8	6	45.482 6
温州市	18	41.284 5	45	29.986 5	63	71.2710
全省	77	117.382 4	63	168.408 4	140	285.790 9

按照用海类型划分，造地工程用海包括城镇建设填海造地用海、农业填海造地用海以及废弃物处置填海造地用海 3 个二级类（附图 13）。统计结果表明，全省该类型用海中城镇建设及农业填海造地用海项目数相当，但以海域使用面积计，农业填海造地远大于城镇建设填海造地。废弃物处置填海造地用海项目数及面积均较小（表 4.22）。

表 4.22　浙江省造地工程用海分类型统计表

造地工程用海二级类	用海项目数/宗（个）	用海面积/km^2
城镇建设填海造地用海	73	92.858 3
农业填海造地用海	66	192.857 0
废弃物处置填海造地用海	1	0.076 0

各二级类用海的布局情况如下：

4.1.7.1　城镇建设填海造地用海

城镇建设填海造地用海是指通过筑堤围割海域，填成土地后用于城镇（含工业园区）建设的海域（图 4.13）。

图 4.13　苍南县海涂围垦项目

全省城镇建设填海造地用海面积为 92.858 3 km^2，其中温州市用海面积最大，为 42.205 6 km^2，占同类型用海总面积的 45.5%；其次为宁波市、舟山市，用海面积为 21.591 9 km^2、16.415 6 km^2；台州市、嘉兴市用海面积较小，仅为 0.488 1 km^2、12.157 1 km^2。

温州市城镇建设填海造地项目有苍南县海涂围垦工程、温州浅滩一期围涂建设工程、洞头县黄岙二期围涂工程等，上述围垦区所在海域均为温州市的滩涂资源富集区，且多为高涂海域，适宜开展填海造地工程，为城镇建设、临港产业及旅游发展提供土地资源（图 4.13）。宁波市城镇建设填海造地项目主要有大榭岛土地成片开发、北仑洋沙山围海造地工程等，同样位于滩涂资源丰富或临港工业建设需求较高的地区。舟山市城镇建设填海造地项目数量较多，但用海规模较小，主要项目有洋山港围海造地工程。

全省城镇建设填海造地用海与滩涂资源条件相适应，开发利用区域主要集中分布在滩涂资源相对丰富的区域，并与滨海城市建设及临港工业发展需求相一致。

表 4.23 浙江省各市城镇建设填海造地用海统计表

地区	用海项目数/宗（个）	用海面积/km^2
嘉兴市	2	12.157 1
宁波市	18	21.591 9
舟山市	28	16.415 6
台州市	4	0.488 1
温州市	21	42.205 6
全省	73	92.858 3

4.1.7.2 农业填海造地用海

农业填海造地用海是指通过筑堤围割海域，填成土地后用于农、林、牧业生产的海域（图 4.14）。

图 4.14 玉环漩门三期农业围垦项目

全省农业填海造地用海面积为 192.85 70 km^2，其中宁波市用海面积最大，为 118.797 1 km^2，占总面积的 61.6%；其次为台州市，用海面积为 44.994 5 km^2；温州市用海面积最小，为 29.065 4 km^2。

农业填海造地用海项目主要位于宁波市的慈溪市、象山县，台州市的椒江口两岸、玉环县漩门湾，温州市的瓯江口两岸、飞云江北岸等滩涂资源丰富的海域，成陆地后的土地多用于农业养殖。

我国对全国耕地面积设立保有量指标制度，并设置各省、自治区、直辖市的耕地保有量指标。浙江省是我国城市群发展速度最快的地区之一，城市拓展过程中对土地的消耗使得耕地面积不断减少，农业填海造地是解决全省人口众多、耕地有限，保障耕地保有量指标的重要措施之一。

表 4.24　浙江省各市农业填海造地用海统计表

地区	用海项目数/宗（个）	用海面积/km²
宁波市	22	118.797 1
台州市	2	44.994 5
温州市	42	29.065 4
全省	66	192.857 0

4.1.7.3　废弃物处置填海造地用海

废弃物处置填海造地用海是指通过筑堤围割海域，用于处置工业废渣、城市建筑垃圾、生活垃圾及疏浚物等废弃物，并最终形成土地的海域。

目前浙江省废弃物处置填海造地用海仅 1 处，为舟山市团鸡山生活垃圾填埋场改扩建工程，用海面积 0.076 0 km^2。

4.1.8　特殊用海

浙江省特殊用海项目数为 365 宗（个），总面积为 30.648 8 km^2（表 4.25）。

表 4.25　浙江省各市特殊用海统计

地区	确权项目		未确权项目		合计	
	用海项目数/宗	用海面积/km²	用海项目数/个	用海面积/km²	用海项目数/宗（个）	用海面积/km²
宁波市	179	19.399 0	73	0.428 5	252	19.827 6
舟山市	4	1.347 4	57	0.138 2	61	1.485 6
台州市	16	1.088 1	8	0.190 4	24	1.278 5
温州市	12	8.034 9	16	0.022 2	28	8.057 1
全省	211	29.869 4	154	0.779 3	365	30.648 8

按照用海类型划分，特殊用海包括军事用海、海洋保护区用海、海岸防护工程用海及科研教学用海 4 个二级类（附图 14）。统计数据表明，全省特殊用海以海岸防护工程为主，其次为海洋保护区及科研教学用海（表 4.26）。

表 4.26　浙江省特殊用海分类型统计表

特殊用海二级类	用海项目数/宗（个）	用海面积/km²
海洋保护区用海	7	7.806 3
海洋防护工程用海	256	19.871 0
科研教学用海	13	2.270 9
军事用海	89	0.700 6

各二级类用海的布局情况如下：

4.1.8.1　海洋保护区用海

海洋保护区用海指各类涉海保护区所使用的海域。全省海洋保护区用海共有 7 处，其中

6处位于温州海域，1处位于宁波海域，用海总面积为7.81 km^2。温州南麂列岛海洋自然保护区是浙江省境内重要的国家级自然保护区，拥有贝藻类资源的多样性、特异性等独特的区系分布特征，有着重要的科研和学术价值（图4.15）。温州市海域确权的6处海洋特别保护区用海均位于南麂列岛海洋自然保护区。位于宁波市的项目为小狮子口海塘保护区，面积仅0.1331 km^2。

图4.15 南麂列岛自然保护区

4.1.8.2 海岸防护工程用海

海岸防护工程用海是指为防范海浪、沿岸流的侵蚀及台风、气旋和寒潮大风等自然灾害的侵袭，建造海岸防护工程所使用的海域，用海方式为非透水构筑物。

浙江省海岸防护工程北起杭州湾金丝娘桥，南至浙闽交界的霞关镇，有效防止和降低了波浪和潮流对海岸地貌形态的影响，对控制和减少洪水、台风、涌潮带来的危害起到了重要作用。

全省海岸防护工程的海域使用范围未能全部确定，主要原因为：多数海岸防护工程在《中华人民共和国海域使用管理法》实施前已完成建设，以后也未纳入海域管理，属历史遗留问题；作为陆海分界线，海岸防护工程的管理一直存在管辖权争议的问题，水利部门与海洋管理部门的管辖范围有所重叠，无法获得全部海岸防护工程的基础资料。

4.1.8.3 科研教学用海

科研教学用海指专门用于科学研究、试验及教学活动的海域。

全省科研教学用海规模不大，项目数为11宗（个），用海面积为2.270 4 km^2，除嘉兴市外，其余地区均有分布。全省科研教学用海主要用于养殖试验及海洋环境观测、监测。其中养殖试验用海位于滩涂资源丰富的杭州湾南岸及乐清湾；环境观测、监测用海位于宁波市、舟山市及温州市海域。

4.1.8.4 军事用海

军事用海指建设军事设备和开展军事活动所使用的海域。由于该用海类型的布局、规模等信息涉及军事秘密，具有一定特殊性，本书不再详述。

4.2 海域使用协调性分析

4.2.1 海域使用结构变化与类型多样性分析

浙江省海域使用类型涵盖了除其他用海外的 8 个一级类，涉及除油气开采、海底隧道、海底场馆用海以外的 27 个二级类，用海类型较齐全。

以海域使用面积计，全省渔业用海面积最大，其余从大到小依次为造地工程用海、交通运输用海、工业用海、特殊用海、旅游娱乐用海，排污倾倒用海面积最小；以海域使用项目个数计，主要用海类型仍为渔业用海，其次为工业用海、交通运输用海、造地工程用海，排污倾倒用海项目数最少。

4.2.1.1 海域使用结构变化

“海域使用现状调查”结果表明：无论以海域使用面积，还是以海域使用项目个数统计，渔业用海、工业用海、交通运输用海和造地工程用海都是浙江省主要的用海类型。本书以 2002—2008 年这 4 项主要用海类型的海籍资料作为基础数据，对浙江省海域使用结构的发展趋势及海域使用多样性情况进行分析。

1）渔业用海

渔业用海历年来均为全省用海面积最大的用海类型，2002—2006 年，渔业用海面积皆达到全省用海总面积的一半以上，2004 年所占比例最高达 76.2%。自 2004 年后，渔业用海面积在全省整体海域使用结构中所占比例呈现逐年下降态势，至 2008 年渔业用海面积占全省用海总面积的 45.3%。

2）交通运输用海

交通运输用海是全省用海比重增长最快的用海类型。2002 年，浙江省海域使用纳入确权管理时，交通运输用海面积仅占全省用海总面积的 0.6%；至 2007 年后，该比例攀升到 20% 以上，其中以 2006 年至 2007 年增长幅度最大，为 11%。

3）工业用海

工业用海是浙江省重要的用海类型之一，用海面积占全省用海总面积的比例呈现整体增长趋势。2004—2006 年是全省工业用海面积占总面积比例增长速度最快的时期，2008 年确权用海面积的比例达到 9.8%。

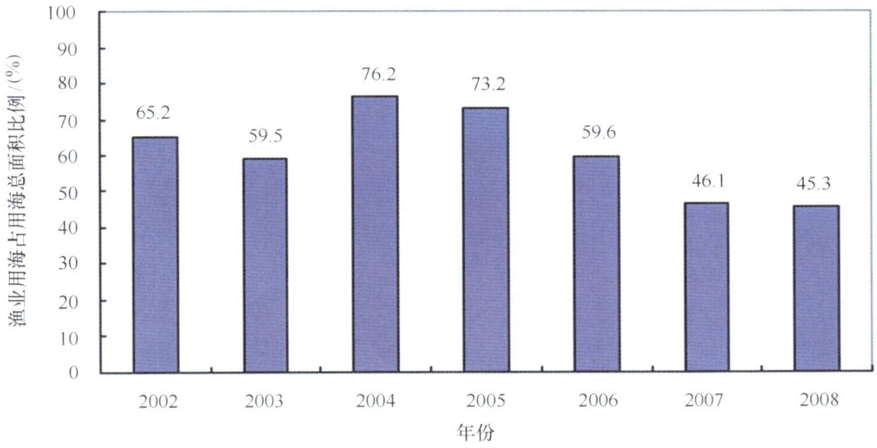

图 4.16　渔业用海占浙江省用海总面积比例示意图

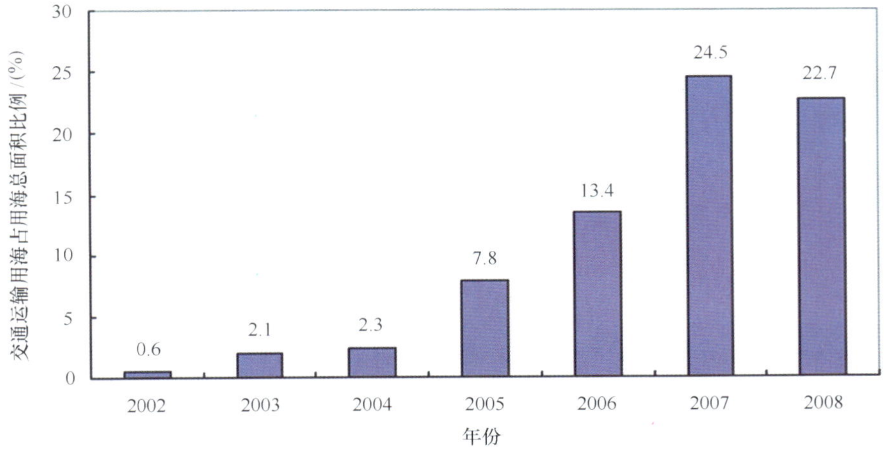

图 4.17　交通运输用海占浙江省用海总面积比例示意图

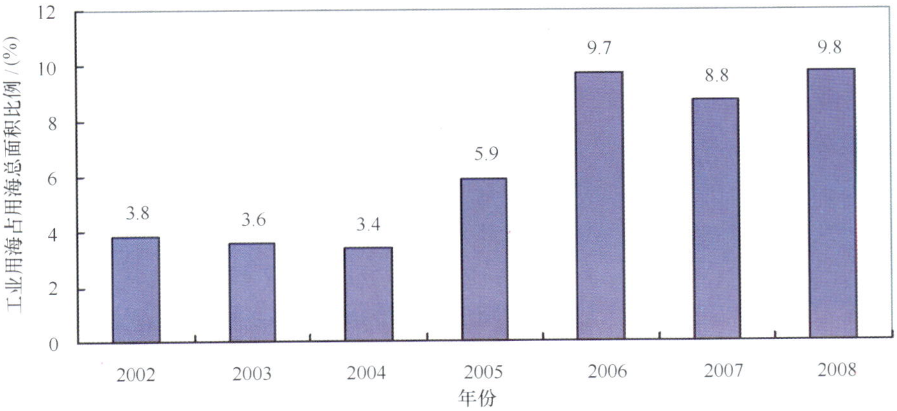

图 4.18　工业用海占浙江省用海总面积比例示意图

4）造地工程用海

造地工程用海呈起伏势态。2003 年，全省造地工程用海面积占全省用海总面积的比例为 27.3%，之后迅速下滑，至 2005 年所占比例跌至 7.4%，其后又逐年增长，至 2008 年，该比例与 2002 年基本持平。

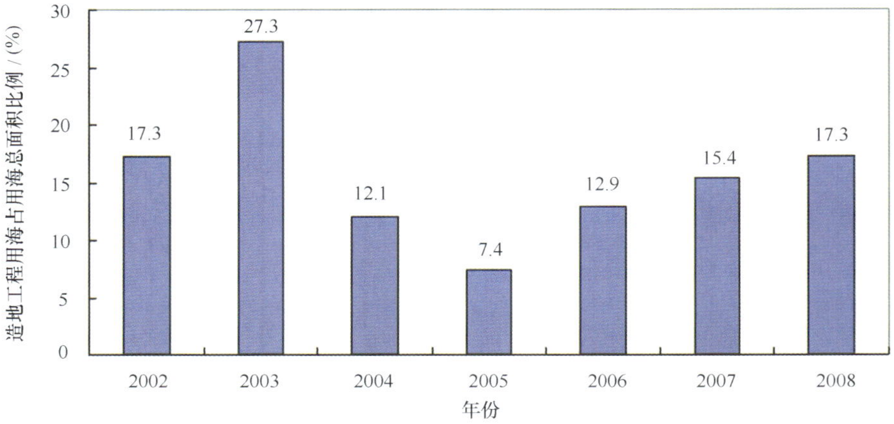

图 4.19　造地工程用海占浙江省用海总面积比例示意图

4.2.1.2　海域使用类型多样性分析

为进一步了解海域使用结构变化特征，本报告采用吉布斯－马丁公式（Gibbs－Martin equation）（式 4.1）计算海域使用多样性指数，以评价全省海域使用类型的多样性。

$$G_m = 1 - \frac{\sum_{i=1}^{n} x_i^2}{(\sum_{i=1}^{n} x_i)^2} \qquad \text{（式 4.1）}$$

式中，G_m 为海域使用多样性指数，X_i 为第 i 种海域使用类型的面积，n 为评价区域内海域利用的类型数。该公式综合考虑了海域使用的类型数以及各类用海的面积，当 $G_m < 1$ 且值越大时，表明海域使用类型多样性越好。

图 4.20 反映了 2002—2008 年全省海域使用多样性指数的变化情况。可见，全省海域使用多样性指数总体呈现逐年增长的趋势，2002 年和 2003 年是对海域管理法实施前的用海项目整体确权的时期，海域使用多样性分别为 0.53 和 0.57；2004 年海域使用多样性指数最低，为 0.40，说明本年度新增用海项目用海类型较为单一；2004 年后，海域使用多样性指数逐年增长，至 2008 年，全省海域使用多样性指数达到 0.7。

多样性指数的变化情况表明，全省海域使用结构从简单的渔业用海及造地工程用海占主导地位，逐渐向多元化用海类型结构转变，海域使用多样性指数也随着海域使用结构的转变而提高。截至 2008 年，全省海域使用结构渐趋合理，渔业用海、交通运输用海、工业用海及造地工程用海成为海域使用结构中比重最大的用海类型。其中，渔业用海从粗放型、资源消耗型用海转向集约型、节约型转变，用海面积在海域使用总面积中所占比例逐年降低；工业及交通运输用海由于受到港航强省、大力发展临港工业的利好影响，用海面积在海域使用总

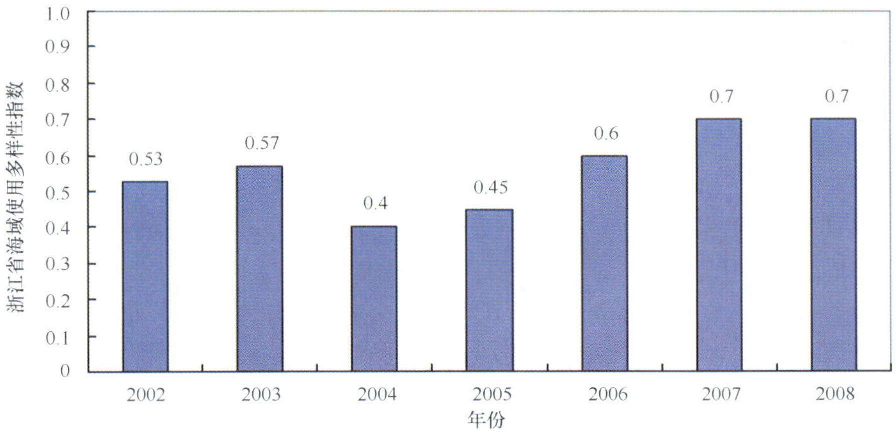

图 4.20　浙江省海域使用多样性指数变化示意图

面积中所占比例逐年攀升；造地工程用海受沿海城市及工业建设用地需求等多方面因素的影响，其用海面积比例先抑后扬。

对 2008 年各市海域使用多样性进行分析，舟山市和宁波市海域使用多样性指数最高，分别为 0.65 和 0.63；其次为台州市，多样性指数为 0.55；温州市、嘉兴市多样性指数最低，为 0.45 和 0.44（表 4.27）。

表 4.27　浙江省各市海域用海类型多样性

地区	海域面积/km^2	海域使用类型多样性指数
嘉兴市	1 679.833 8	0.44
宁波市	8 038.925 0	0.63
舟山市	19 146.501	0.65
台州市	6 710.985 8	0.55
温州市	8 624.909 6	0.45

舟山市、宁波市的海域使用类型多样，包括了浙江省存在的所有用海类型，其中渔业用海、工业用海、交通运输用海及造地工程用海占据主导地位。

嘉兴市海域使用多样性指数最低的原因主要为：该市整体海岸线长度最短，且多为人工岸线，岸线类型较为单一，在一定程度上限制了海洋开发活动的多样性。该海域的主要功能为港口海运、工业用海及围海造地，功能定位和产业布局相对简单，海洋开发活动受其影响，致使多样性指数较低。

温州市的海洋开发以工业用海为主，港口海运、海洋渔业、海洋旅游和海洋保护区等为辅。海域开发类型较为丰富，但渔业用海的海域使用面积较大，占全市用海总面积的 71.3%，导致其海域使用类型的多样性较低。

4.2.2　与海洋功能区划符合性分析

海洋功能区划是《中华人民共和国海域使用管理法》建立的 3 项基本制度之一，也是《中华人民共和国海洋环境保护法》规定的海洋环境保护的科学依据。海洋功能区划制度的实施，有效地规范了海洋开发利用秩序，保护了海洋生态环境。海洋功能区划根据海域区位、自然资源、环境条件和开发利用的要求，按照海洋功能标准，将海域划分为不同类型的功能区。明确项目用海是否符合海洋功能区划，对于指导和控制海域的使用方向、确保海域使用的科学性与合理性具有十分重要的现实意义。

本书采用以下两种方法对全省海域使用项目与浙江省、市两级海洋功能区划的符合性进行分析：一种方法是叠置图分析法，通过制图软件将调查成果“海域使用现状图”与“浙江省海洋功能区划图”叠置，通过对比海域使用项目的用海类型及用海方式与其所在功能区的管理要求是否符合，分析判断海域使用与功能区划的符合性；另一种方法是描述分析法，在海洋功能区划图上没有划分出明确功能区范围的情况下，根据功能区的文字描述判定其地理位置，再判断功能区范围内的海域使用项目是否符合功能区的功能定位。

4.2.2.1 与《浙江省海洋功能区划》符合性分析

《浙江省海洋功能区划》（2006）将全省沿岸海域划分为港口航运区、渔业资源利用和养护区、矿产资源利用区、旅游区、海水利用区、海洋能利用区、工程用海区、海洋保护区、特殊利用区和保留区 10 个一级类，并进一步细分为 31 个二级类（表 4.28）。根据浙江省海洋功能分类体系和类型划分标准，全省海域共划出 270 个功能区。

表 4.28　《浙江省海洋功能区划》分类体系

一级类		二级类		功能区/个
代码	名称	代码	名称	
1	港口航运区	1.1	港口区	4
		1.2	航道区	8
		1.3	锚地区	4
2	渔业资源利用和养护区	2.1	渔港和渔业设施基地建设区	22
		2.2	养殖区	19
		2.3	增殖区	9
		2.4	捕捞区	8
		2.5	重要渔业品种保护区	5
3	矿产资源利用区	3.1	油气区	5
		3.2	固体矿产区	6
4	旅游区	4.1	风景旅游区	20
		4.2	度假旅游区	9
5	海水利用区	5.1	盐田区	4
		5.2	海水综合利用区	4
6	海洋能利用区	6.1	潮汐能区	4
		6.2	潮流能区	1
		6.3	波浪能区	
		6.4	温差能区	
		6.5	风能区	4

续表 4.28

一级类		二级类		功能区/个
代码	名称	代码	名称	
7	工程用海区	7.1	海底管线区	14
		7.2	石油平台区	5
		7.3	围海造地区	13
		7.4	海岸防护工程区	5
		7.5	跨海桥梁区	16
		7.6	其他工程用海区	5
8	海洋保护区	8.1	海洋和海岸自然生态保护区	4
		8.2	生物物种自然保护区	7
		8.3	自然遗迹和非生物资源保护区	16
		8.4	海洋特别保护区	4
9	特殊利用区	9.1	科学研究试验区	6
		9.2	军事区	
		9.3	排污区	8
		9.4	倾倒区	10
10	保留区	10.1	保留区	21

1）渔业用海与省级海洋功能区划的符合性分析

渔业用海指开放式养殖用海、围海养殖用海、渔业基础设施用海和人工鱼礁用海，功能区划中相对应的功能区为渔业资源利用和养护区的渔港和渔业设施基地建设区、养殖区和增殖区。

省级海洋功能区划中共划分22个渔港和渔业设施基地建设区，重点区域为石浦渔港区、奉化桐照渔港区、舟山中心渔港区、沈家门渔港区、普陀虾峙渔港区、普陀桃花渔港区、大衢渔港区、嵊泗中心渔港区、健跳渔港区、大陈渔港区、温岭中心渔港区、舥艚渔港区、坎门中心渔港区、霞关渔港区、洞头中心渔港区等。目前，上述渔港区均已建设成为国家一级渔港，可停泊大量渔船，拥有渔业专用码头及专业渔业配套设施，并逐年扩大建设规模、完善配套设施，且皆位于相应的功能区内，符合功能区的建设要求。

养殖区为19个，重点区域为慈溪养殖区、象山港养殖区、大目洋养殖区、定海养殖区、普陀养殖区、岱山养殖区、嵊泗养殖区、三门湾养殖区、北洋涂养殖区、乐清湾养殖区、温州东部沿海养殖区、洞头养殖区等。全省的养殖用海项目大部分位于相对应的功能区内，基本符合海洋功能区划；部分养殖用海位于围海造地区、港口区、旅游区等功能区内，但在围垦工程、港区建设、旅游项目未实施前，上述功能区内允许进行适当的养殖活动，故与功能区划是兼容的；上述功能区内存在部分围填海项目建设，根据功能区划管理要求，养殖用海可服从产业发展和围垦的用海需要（如慈溪养殖区），因此上述用海与海洋功能区划是相符的。

增殖区为9个，重点区域为象山港增殖区、渔山列岛增殖区、舟山海域增殖区、东矶列岛增殖区、大陈列岛增殖区、霞关湾增殖区、洞头东部海域增殖区、南麂列岛增殖区等。增殖区主要用于放流海洋生物、建设人工鱼礁等。目前，全省已建设的台州大陈岛人工鱼礁、洞头县竹屿东南部海域人工鱼礁、南麂列岛人工鱼礁、朱家尖人工鱼礁和嵊泗人工鱼礁等均位于增殖区内，其他无人工鱼礁用海的增殖区内也都开展了人工鱼苗放流活动，因此增殖区用海活动均符合海洋功能区划。

2）交通运输用海与省级海洋功能区划符合性分析

交通运输用海主要为港口用海、路桥用海、航道用海和锚地用海。功能区划中相对应的功能区为港口航运区的港口区、航道区和锚地区，以及工程用海区的跨海桥梁区。

省级海洋功能区划中共划分4个港口区，分别为嘉兴港口区、宁波—舟山港口区、台州港口区和温州港口区，上述各港口区属于区域性港口区，是由若干个具体港区组成。目前，上述港区均已建设形成了一定的规模，其中宁波—舟山港是浙江省港口区建成规模最大、港口用海面积最大的港区；嘉兴港由于自然条件约束等各方面原因，是浙江省4大区域性港口区中建设规模最小的港区。全省港口用海均与海洋功能区划相符合。

航道区为8个，分别为嘉兴港航道区、宁波—舟山近岸海域航道区、象山港海域航道区、岱山海域航道区、嵊泗海域航道区、台州港航道区、温州港航道区、洞头列岛航道区。

锚地区为4个，分别为嘉兴港锚地区、宁波—舟山港锚地区、台州港锚地区和温州港锚地区。全省航道锚地用海均以海洋功能区划为设立标准，因此该类用海与省海洋功能区划相符。

跨海桥梁区为16个，包括杭州湾跨海大桥跨海桥梁区、甬台温高速公路复线象山港大桥跨海桥梁区、石浦港跨海桥梁区、舟山大陆连岛工程跨海桥梁区、东海大桥跨海桥梁区、六横—梅山半岛工程跨海桥梁区、朱家尖海峡大桥跨海桥梁区、三门湾跨海桥梁区、椒江跨海大桥跨海桥梁区，甬台温高速公路复线乐清湾、瓯江、飞云江、鳌江等大桥跨海桥梁区、清江跨海桥梁区、洞头半岛工程跨海桥梁区等。全省跨海桥梁均建设于跨海桥梁区内，路桥用海符合海洋功能区划。

3）工业用海与省级海洋功能区划符合性分析

工业用海主要为电力工业用海、其他工业用海、船舶工业用海、盐业用海、固体矿产开采用海、油气开采用海和海水综合利用用海。功能区划中相对应的功能区为矿产资源利用区的油气区和固体矿产区，工程用海区的石油平台区和其他工程用海区，以及海水利用区的盐业区和海水综合利用区。

省级海洋功能区划中共划分6个固体矿产区，分别为北仑固体矿产区、定海固体矿产区、普陀固体矿产区、岱山固体矿产区、嵊泗固体矿产区和洞头固体矿产区。浙江省固体矿产开采用海主要为海砂开采及石料码头，如舟山市瑞昌采砂有限公司续用海域、舟山向往石桥采砂装运工程有限公司采砂续用海域均位于北仑固体矿产功能区；采石厂等采矿码头也均落于上述固体矿产区内。因此，固体矿产开采用海符合海洋功能区划。

盐田区为4个，分别为象山港北部盐田区、舟山中南部岛屿盐田区、舟山中西部岛屿盐田区、台州南部盐田区4处。全省盐业用海主要为盐业码头及盐田，部分盐田用海未落在《浙江省海洋功能区划》中的盐田区内，但与下一级海洋功能区划相符，在省海洋功能区划中位于未划定具体功能区的区域，因此与省海洋功能区划是兼容的；盐业码头均落于港口区内，与海洋功能区划相符。

海水综合利用区为 4 个，分别为舟山海水综合利用区、象山港海水综合利用区、台州海水综合利用区和温州海水综合利用区 4 处。目前此类用海项目较少，为海水淡化工程，如嵊泗海水淡化基地位于舟山海水综合利用区内。全省海水综合利用用海皆符合海洋功能区划。

其他工程用海区为 5 个，分别为杭州湾北岸临港产业区、北仑—镇海—慈溪东部临港产业区、舟山临港产业区、台州临港产业区、温州临港产业区等。杭州湾北岸临港产业区位于杭州湾北岸平湖市和海盐县沿杭州湾狭长地带；北仑—镇海—慈溪东部临港产业区位于宁波市北仑区、镇海区和慈溪市东部沿海区域；舟山临港产业区位于舟山本岛、岱山岛、衢山岛、秀山岛、金塘岛、洋山岛和六横岛等主要岛屿；台州临港产业区位于三门湾、台州湾、玉环岛等沿海地区；温州临港产业区位于温州瓯江口两侧、乐清湾西岸、洞头群岛及苍南、瑞安、平阳沿海等地。全省工业用海项目多，分布范围广，用海规模大，但全省工业用海项目均落于上述临港产业区内，因此工业用海符合海洋功能区划。

4）旅游娱乐用海与省级海洋功能区划符合性分析

旅游娱乐用海主要为浴场用海、旅游基础设施用海和游乐场用海。功能区划中相对应的功能区为旅游区的风景旅游区和度假旅游区。

省级海洋功能区划中共划分 20 个风景旅游区，包括杭州湾风景旅游区、象山港港湾风景旅游区、石浦渔港风景旅游区、普陀山风景旅游区、岱山风景旅游区、嵊泗列岛风景旅游区、三门湾风景旅游区、黄琅滨海风景旅游区、温岭东南滨海风景旅游区、坎门渔港风景旅游区、乐清湾海洋风景旅游区、南北麂列岛风景旅游区、滨海—玉苍山风景旅游区、洞头列岛风景旅游区等。

度假旅游区为 9 个，包括九龙山滨海度假旅游区、松兰山度假旅游区、普陀水上运动度假旅游区、岱山水上运动度假旅游区、嵊泗水上运动度假旅游区、玉环水上运动度假旅游区、瓯江度假旅游区、平阳西湾度假旅游区、苍南霞关度假旅游区等。

全省旅游娱乐用海项目较少，用海规模较小，全省旅游娱乐用海项目均位于相应的功能区内；全省旅游娱乐功能区较多，但其开发范围主要位于陆域，对使用海域的需求不大，因此该类用海规模较小，部分旅游区不存在用海项目。旅游娱乐用海符合海洋功能区划。

5）海底工程用海与省级海洋功能区划符合性分析

海底工程用海主要为电缆管道用海。功能区划中相对应的功能区为工程用海区的海底管线区。

省级海洋功能区划中共划分 14 个海底管线区，分别为东海油气田海底管线区、宁波至嘉兴海底管线区、宁波海域海底管线区、宁波至舟山海底管道区、国际通信光缆海底管线区、上海至舟山海底管线区、定海至岱山海底管线区、岱山至嵊泗海底管线区、定海海域海底管线区、普陀海域海底管线区、岱山海域海底管线区、嵊泗海域海底管线区、台州海域海底管线区、温州海域海底管线区。

舟山市、宁波市海域的电缆管道用海规模最大，相应的该区域海底管线区最为密集，涉及舟山市、宁波市海域的海底管线区有 12 个，全省海底管线区共 14 个。全省的海底工程用海项目和公共用海中的海底管线用海均位于相应的功能区内，符合海洋功能区划。

6）排污倾倒用海与省级海洋功能区划符合性分析

排污倾倒用海主要为污水达标排放用海和倾倒区用海。功能区划中相对应的功能区为特殊利用区的排污区和倾倒区。

省级海洋功能区划中共划分 8 个排污区，分别为杭州湾北岸排污区、宁波北部排污区、象山东部排污区、舟山排污区、台州北沿海排污区、台州南沿海排污区、温州沿海排污区、洞头排污区等。浙江省排污用海面积不大，排污用海的布局均落于排污功能区内，符合海洋功能区划。

倾倒区为 10 个，分别为甬江口七里屿倾倒区、甬江口七里屿与外游山连线倾倒区、双礁与黄牛礁连线以北倾倒区、虾峙门口外临时倾倒区、洋山临时倾倒区、定海东岠岛西临时倾倒区、定海西蟹峙南临时倾倒区、沈家门水老鼠礁南临时倾倒区、椒江口倾倒区和大门岛倾倒区等。全省倾倒区用海均位于相应的功能区划内，符合海洋功能区划。

7）造地工程用海与省级海洋功能区划符合性分析

造地工程用海主要为城镇建设填海造地用海、农业填海造地用海和废弃物处置填海造地用海。功能区划中相对应的功能区为工程用海区的围海造地区。

省级海洋功能区划中共划分 13 个围海造地区，分别为杭州湾北岸围海造地区、慈溪—镇海—北仑围海造地区、象山围海造地区、下洋涂围海造地区、定海围海造地区、普陀围海造地区、岱山围海造地区、嵊泗围海造地区、台州北围海造地区、台州南围海造地区、温州沿海围海造地区、洞头围海造地区。

浙江省滩涂资源丰富，沿海地区社会经济发展速度快，发展所需土地的需求量大，功能区划设立的围海造地区范围较广、覆盖全省沿海重点发展区域，功能区明确的围填海总面积达 369 km^2，全省围海造地用海大部分位于相应功能区内，基本符合海洋功能区划。

8）特殊用海与省级海洋功能区划符合性分析

特殊用海主要为军事用海、海岸防护工程用海、海洋保护区用海和科研教学用海。功能区划中相对应的功能区为工程用海区的海岸防护工程区、海洋保护区的海洋和海岸自然生态保护区、生物物种自然保护区、自然遗迹和非生物自然保护区、海洋特别保护区、特殊利用区的科学研究试验区。

省级海洋功能区划中共划分 5 个海岸防护工程区，分别为杭州湾北岸海岸防护工程区、舟山海岛海岸防护工程区、宁波沿海海岸防护工程区、台州沿海海岸防护工程区和温州沿海海岸防护工程区。根据《浙江省海洋功能区划》，海岸防护工程区分布于全省沿海，海岸防护工程用海均符合海洋功能区划。

省级海洋功能区划中海洋保护区包括 4 类，分别为海洋和海岸自然生态保护区（4 个）、生物物种自然保护区（7 个）、自然遗迹和非生物资源保护区（16 个）及海洋特别保护区（4 个）。目前，浙江省已确权的海洋保护区用海主要为南麂列岛海洋自然保护区用海，其他保护区的用海活动均依据海洋功能区划对保护区的管理要求开展。因此，浙江省海洋保护区用海符合海洋功能区划。

科学研究试验区为6个，分别为核电厂及火电厂附近海域科学研究试验区、长江口—杭州湾海域科学研究试验区、宁波海域科学研究试验区、舟山群岛海域科学研究试验区、浙中南海域科学研究试验区、温州海域科学研究试验区等。浙江省主要的科学实验用海均位于相应的功能区内，部分用海如水产品推广实验用海、养殖试验用海等科学研究用海均位于增殖区内，与增殖区海洋功能是兼容的。因此，浙江省科学试验用海符合海洋功能区划。

4.2.2.2 与市级海洋功能区划符合性分析

1）嘉兴市海域使用与市级海洋功能区划符合性分析

《嘉兴市海洋功能区划》（2006）共划分9个一级类，21个二级类，61个功能区。嘉兴市依托嘉兴港和杭州湾跨海大桥，重点发展港口海运、石化、电力、新型建材和进出口加工等临港产业，海洋功能区划中也相应的新增了临港产业区。目前涉海开发利用项目共25宗（个），涉及用海类型为港口用海、路桥用海、城镇建设填海造地、船舶工业用海、电力工业用海、旅游基础设施用海、其他工业用海、电缆管道用海、浴场用海共9类，用海项目基本符合嘉兴市海洋功能区划。

2）宁波市海域使用与市级海洋功能区划符合性分析

根据《宁波市海洋功能区划》（2006），宁波市海洋主导功能是渔业资源养护和利用、港口航运、海洋旅游、海洋生态环境保护及工程用海，全市沿海海域共划分海洋功能区一级类9个，二级类22个，计160个海洋功能区。与省级功能区划相比，宁波市功能区划细化了相关功能区的功能定位和具体内容，比如按照不同养殖方式，对各个养殖区进行了明确的命名，结合地理环境特点和发展现状，对于养殖功能区的划分更为细致，功能区数量相应增加；二级类的海水综合利用区又细分为特殊工业用水区和一般工业用水区，并做了相应的功能说明。经功能区划符合性分析，宁波市用海项目与海洋功能区划均相符合或兼容。

3）舟山市海域使用与市级海洋功能区划符合性分析

《舟山市海洋功能区划》（2006）将全市海域划分为港口航运利用区、渔业资源利用区、矿产资源利用区、旅游区、海水资源利用区、海洋能利用区、海洋工程区、海洋保护区、特殊功能区和保留区共10个一级类、30个二级类，共153个功能区。《舟山市海洋功能区划》与《浙江省海洋功能区划》较为一致，功能区的划分为浙江省各市中最为细致的，二级类的类型最多。对海洋资源暂未规划开发的功能区也采取了保留的方式，且标明暂缺等说明文字。舟山市用海项目均符合功能区划，或与功能区划相兼容。

4）台州市海域使用与市级海洋功能区划符合性分析

《台州市海洋功能区划》是2006年经浙江省政府批准后实施的。随着社会经济的迅猛发展，台州市海洋自然条件、资源条件及开发需求都有了较大的变化。为更好地满足海洋经济的发展需求，2009年台州市对海洋功能区划的实施情况进行了评估，并对2006年的海洋功能区划进行了部分调整。调整后的功能区划将全市海域划分为港口航运区、渔业资源利用和养护区、旅游区、海水资源利用区、海洋能利用区、工程用海区、海洋保护区、特殊利用区、保留区等9个一级类，进一步细分为27个二级类，并划出109个具体功能区。经过调整后，台州市用海项目均符合海洋功能区划。

5）温州市海域使用与市级海洋功能区划符合性分析

《温州市海洋功能区划》（2006）共划定一级类10个，二级类29个，功能区151个，其功能区的划分体现了温州市现有海洋资源和发展现状。温州市大部分的项目均与海洋功能区划相符合。一部分渔业用海项目分布在洞头县、乐清市和苍南县沿海海域，以渔业设施和围海养殖为主，位于海洋功能区的围海造地区内，所占比例较高，此类情况判定为与功能区划相兼容。

总体而言，浙江省的海域使用与省市两级海洋功能区划是相符的。

4.2.3 海域使用发展规律分析

海域使用的规模和结构与海洋产业经济的发展有着密切的关系，对浙江省历年来海域使用的情况进行分析评价，可以客观地反映其与海洋经济的发展现状及趋势的内在联系。以下就全省用海规模最大的渔业用海、工业用海、交通运输用海和造地工程用海的海域使用发展规律进行分析。

4.2.3.1 渔业用海发展规律分析

浙江省2002年至2008年间共确权渔业用海海域面积546.278 2 km^2，主要为渔港用海和养殖用海（图4.21）。

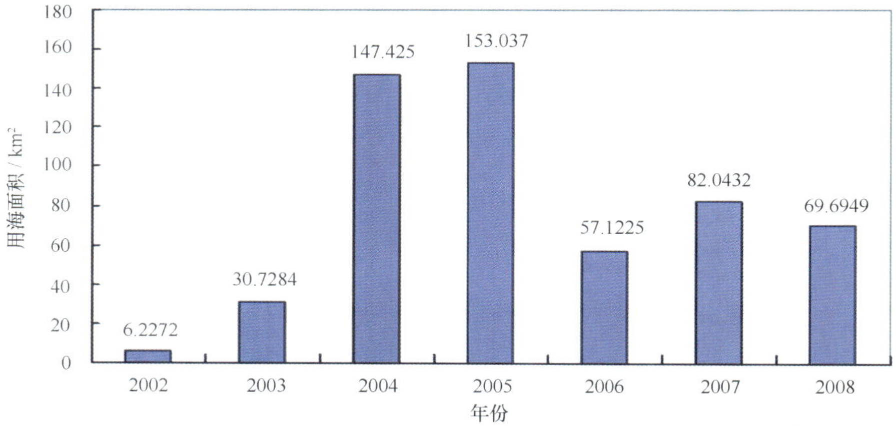

图4.21 浙江省2002—2008年渔业用海确权面积图

2004年和2005年，现状养殖用海的集中确权及其快速扩大发展，使全省确权渔业用海面积高达300.462 km^2。渔业用海快速发展的同时也带来了海域使用的各种问题，大规模连片式的养殖用海占用了大量的海域、滩涂及岸线资源，养殖用海呈现粗放型、资源消耗型的发展特征，同时也给海洋环境带来了较大压力。为解决上述发展弊端，浙江省采取了相关措施，使渔业用海向集约型、节约型转变，有效控制了渔业用海规模过快增长。2006—2008年间，浙江省渔业用海共确权208.860 6 km^2，年确权海域面积69.620 2 km^2，渔业经济转型发展取得了良好效果。

4.2.3.2 交通运输用海发展规律分析

浙江省2002—2008年间共确权交通运输用海海域面积224.627 5 km^2，主要包括港口工程及路桥用海（图4.22）。

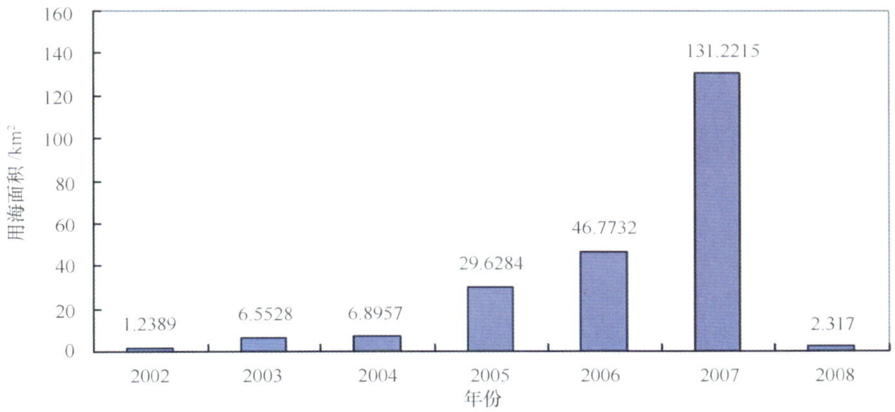

图4.22 浙江省历年交通运输用海确权面积示意图

2002—2007年间，全省交通运输用海发展规模呈快速增长的趋势，主要得益于浙江省以港强省、港口经济走上经济发展快车道的良好环境，宁波港、舟山港、温州港等均在此期间取得了快速发展。洋山深水港的开发，更使2007年浙江省交通运输用海确权面积高达131.221 5 km^2（仅港区工程一项确权用海项目就超过80 km^2）。随着港口经济的日益发展，全省大量深水岸线被快速开发，战略性岸线资源急剧萎缩。在此背景下，省有关部门相继研究制定并出台了一系列港口发展规划，对已开发的港口用海进行整合，优化港口开发布局，引导港口经济可持续发展。2008年，浙江省确权交通运输用海的过快发展趋势得到有效控制，用海面积仅为2.317 0 km^2。

4.2.3.3 工业用海发展规律分析

浙江省2002—2008年间共确权工业用海海域面积32.618 6 km^2（图4.23）。

2002—2008年间，全省工业用海确权面积总体呈阶段性增长趋势。临港产业及港口经济的发展决定了工业用海的规模，其中以船舶工业的特征最为明显。

2008年，浙江省工业用海面积大幅增加，主要原因为船舶工业的大发展带来的用海需求剧增。在这一年中，全省船舶工业完成工业总产值592.67亿元，同比增长51%，其中船舶制造业完成产值466.77亿元，同比增长51.9%。在船舶工业快速发展的同时，面对市场环境的改变，引发出了该类用海活动与经济发展不协调的现象，主要表现为产业结构不合理，海洋资源利用率低等。由于船舶制造市场需求向大型船舶制造转变，中小型船舶制造市场逐渐萎缩，导致浙江省已建的小型船台过剩，大量船台用海处于低效、闲置的状态。

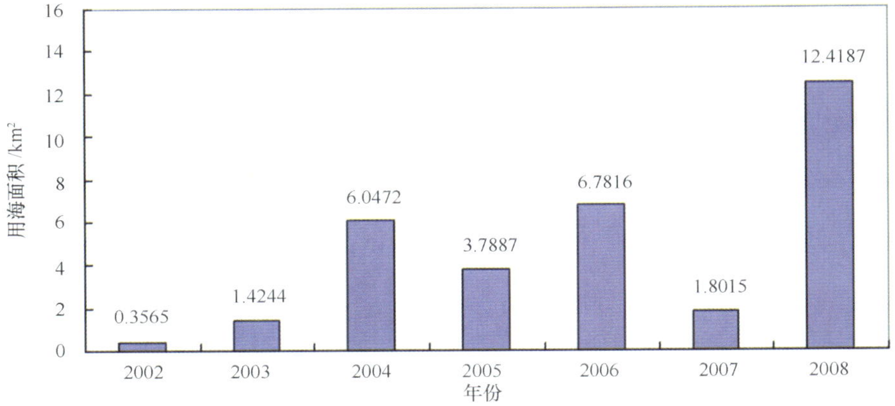

图 4.23　浙江省历年工业用海确权面积示意图

4.2.3.4　造地工程用海发展规律分析

浙江省 2002—2008 年间共确权造地工程用海海域面积 67.464 6 km^2。（图 4.24）

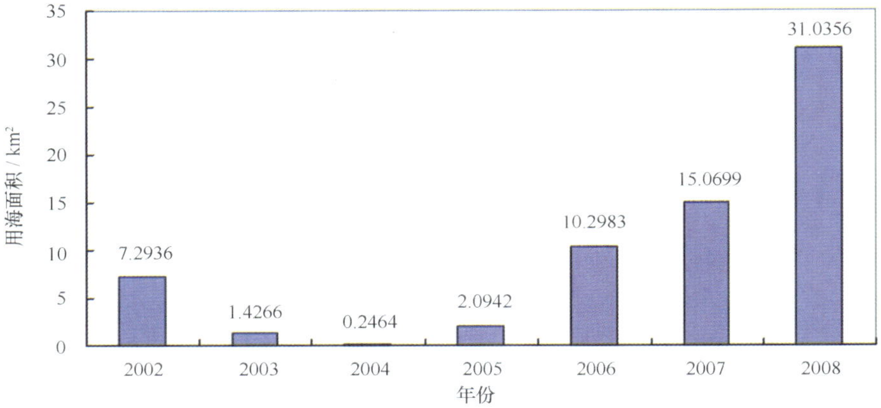

图 4.24　浙江省历年造地工程用海确权面积示意图

2002—2005 年间，全省造地工程用海规模较小，4 年确权总面积仅 11.060 8 km^2。近年来，随着临港工业及滨海地区城镇建设速度加快，工业及城镇建设用地需求与日俱增，向海洋要发展空间，成为解决浙江省临港工业及城镇建设缺乏土地资源问题的突破口；2006 年，全省启动淤涨型高涂围垦养殖用海管理试点工作，2006 年和 2007 年，共 64 km^2 高涂围垦养殖用海获得国家海洋局批复；随着全国各沿海地区造地工程用海需求量的增加，国家海洋局于 2006 年出台《关于加强区域建设用海管理工作的若干意见》（国海发［2006］14 号），提出了区域建设用海的概念，旨在加强围填海管理工作，实行总体管理、总体规划，确保科学开发和有效利用海域资源。2008 年，浙江省第一个区域建设用海规划—南洋涂区域建设用海规划获得国家海洋局批复，用海面积为 7.066 7 km^2。基于以上背景，浙江省造地工程用海规模快速增长，2008 年造地工程确权用海为 31.035 6 km^2，全省造地工程用海确权面积达到 67.464 6 km^2，年均确权用海面积达 9.637 8 km^2，为浙江省社会经济发展作出了巨大贡献。

同时，围填海工程的过快发展，致使全省滩涂资源消耗过快、影响了区域的水动力及冲淤环境、对海洋生物造成了较大损失，亟须出台有关法律法规及发展规划，科学控制、优化造地工程的规模、布局，促进浙江省滩涂资源的可持续利用。

4.2.4 海域使用与海洋经济发展现状符合性分析

2005年浙江省出台《浙江海洋经济强省建设规划纲要》，提出到2010年基本达到海洋经济强省建设目标，到2020年争取全面建成海洋经济强省。在2011年1月下旬浙江省十一届人大四次会议上通过的《浙江省国民经济和社会发展第十二个五年规划纲要》中，海洋经济被列为战略重点和热点。

2011年2月25日，国务院正式批复《浙江海洋经济发展示范区规划》，为浙江省新一轮发展开启了新的引擎，昭示着我国区域发展将进一步从陆域经济延伸到海洋经济，进入陆海统筹发展的崭新阶段。2011年6月30日，国务院正式批准设立浙江舟山群岛新区，是国务院批准的我国首个以海洋经济为主题的国家战略层面新区。国家出台的一系列政策措施将浙江省海洋经济发展提升到了国家战略发展的层次，也指明了浙江省今后海洋经济的发展方向。

《浙江海洋经济发展示范区规划》指出：浙江省海洋经济在我国的战略定位为“一个中心、四个示范区”，即我国大宗商品国际物流中心、我国海洋海岛开发开放改革示范区、我国现代海洋产业发展示范区、我国海陆协调发展示范区、我国海洋生态文明和清洁能源示范区。本战略定位明确了浙江省海洋经济在我国海洋经济发展过程中的重要作用及特殊位置。

浙江省海洋经济总体发展格局为“一核两翼三圈九区多岛”。以下对其中的“一核”及“两翼”海域使用现状进行分析。

4.2.4.1 对“一核”的分析

以宁波—舟山港海域、海岛及其依托城市为核心区，围绕辐射带动和产业引领作用，继续推进宁波—舟山港口一体化，积极推进宁波、舟山区域统筹、联动发展，规划建设全国重要的大宗商品储运加工贸易、国际集装箱物流、滨海旅游、新型临港工业、现代海洋渔业、海洋新能源、海洋科教服务等基地和东海油气开发后方基地，加强深水岸线等战略资源统筹管理，完善基础设施和生态环保网络，形成我国海洋经济参与国际竞争的重点区域和保障国家经济安全的战略高地。

目前，宁波—舟山海域是浙江省港口及工业用海密集度最高、用海规模最大的海域，以宁波北仑、大榭、象山石浦港、舟山本岛、六横、岱山、岙山、册子、金塘、洋山等地区开发程度最高。该海域的舟山渔场是我国最大的渔场，捕捞量占全国第一位，建设有沈家门—浦江—临城水产品加工基地，拥有建设现代化海洋渔业的资源及市场基础。本海域渔业用海包括滩涂养殖、浅海养殖、渔业基础设施建设、人工鱼礁用海，其分布特征及用海规模与海洋渔业经济发展目标基本一致。舟山—宁波海域滨海旅游资源丰富，虽然旅游用海规模不大，但从浙江省旅游用海整体水平看仍位于较高的发展水平，其用海布局与滨海旅游经济的重点发展区基本一致；该海域深水岸线资源丰富，开发程度较高，其开发类型主要为临港工业用海及交通运输用海。随着《浙江省海洋经济示范区规划》、《舟山群岛新区规划》、《宁波—舟山港总体规划》等港口、临港工业相关规划的出台，本海域深水岸线资源开发利用有了统筹规划，能够更好发挥本海域深水岸线的战略统筹管理。

综上所述，该区域的工业、渔业、交通运输等主要用海现状与“一核”的海洋经济发展格局相符，相关的海洋经济发展规划及专项规划进一步优化了海域使用空间布局，实现了海洋资源的可持续利用。

4.2.4.2 对“两翼”的分析

以环杭州湾产业带及其近岸海域为北翼，以温州、台州沿海产业带及其近岸海域为南翼，尽快提升两翼的发展水平。立足区内外统筹发展，北翼加强与上海国际金融中心和国际航运中心对接，突出新型临港先进制造业发展和长江口及毗邻海域生态环境保护，成为带动长江三角洲地区海洋经济发展的重要平台；南翼加强与海峡西岸经济区对接，突出沿海产业集聚区与滨海新城建设，引导海洋三次产业协调发展，成为东南沿海海洋经济发展新的增长极。

北翼环杭州湾及其近岸产业带包括杭州湾海域、宁波—舟山近岸海域、岱山—嵊泗海域及象山港海域。其中，杭州湾海域以发展滨海旅游、湿地保护、临港工业为主导；宁波—舟山近岸海域以发展港口物流、临港工业及滨海旅游为主导；岱山—嵊泗海域以发展海洋渔业、滨海旅游、港口物流为主导；象山港海域以发展海洋生态经济及湿地保护为主导。研究结果表明，嘉兴、舟山、宁波临港产业及港口经济发达，交通运输及工业用海均为本海域用海面积最大的用海类型，海域使用现状与海洋经济发展现状是一致的。

南翼经济带包括台州、温州海域，其中以三门湾、台州湾、乐清湾、瓯江口及洞头列岛等海域为核心发展海洋经济。其中，三门湾以发展滨海旅游、临港工业、湿地保护为主导；台州湾以发展临港工业、港口运输为主导；乐清湾以发展滨海旅游、临港工业、湿地保护为主导；瓯江口及洞头列岛以发展港口运输、临港工业及滨海旅游为主导；南、北麂列岛以发展滨海旅游、生态保护为主导。三门湾、台州湾、乐清湾、瓯江口及洞头列岛是浙南翼经济带临港工业及港口运输经济较发达的地区，工业用海及交通运输用海相对集中；三门湾、乐清湾湿地资源丰富，目前拥有较大规模的养殖用海，为保护海洋环境及养殖经济的战略发展提供有利基础。南翼海域使用现状基本与海洋经济发展情况相符合，从海洋环境保护及资源可持续利用角度，需要进一步优化滩涂资源利用布局及开发速度。

4.3 海域利用可持续性分析

4.3.1 海域空间资源可持续利用情况分析

海洋空间资源和土地资源一样，既有自然属性，又有社会经济属性，是进行海洋开发利用的重要载体。随着人口的膨胀、陆地资源的枯竭，海洋空间资源的开发利用已经成为新的经济增长点。合理开发利用海洋空间资源对缓解陆域资源、环境压力，推动经济可持续发展有着重要的意义。为了解浙江省海域空间资源的可持续利用情况，本书对全省不同海域空间范围内的海域使用总体规模及各类型用海的变化特征进行了分析评价，并对今后开发利用海洋的方向提出了合理化建议。

4.3.1.1　不同等深线区域的海域空间资源利用情况分析

浙江省海岸线至 0 m 等深线区域内的海域使用率及利用率都明显高于整体海域利用程度，0 ~ 10 m 等深线区域、10 ~ 20 m 等深线区域海洋开发利用程度明显降低（表 4.29）。

表 4.29　浙江省各市不同等深线范围海域使用率和利用率统计　　%

地区	海岸线至 0 m 等深线		0 ~ 10 m 等深线		10 ~ 20 m 等深线	
	海域使用率	海域利用率	海域使用率	海域利用率	海域使用率	海域利用率
嘉兴市	9.5	14.6	12.6	23.5		
宁波市	47.2	50.8	9.0	19.7	6.6	14.5
舟山市	39.3	72.9	9.5	23.5	13.4	34.7
台州市	41.7	48.8	4.2	12.0	9.3	14.8
温州市	42.9	54.7	10.2	19.1	8.3	12.4
全省总计	39.8	48.9	8.8	19.7	10.6	22.8

从用海类型来看（表 4.30），渔业用海、造地工程用海均呈现出随水深增加，用海面积明显降低的规律；交通运输用海、排污倾倒用海及海底工程用海则相反，随水深增加，用海面积有所增加；工业用海、特殊用海的面积随水深变化不大，旅游娱乐用海主要集中在 10 m 等深线范围内。

表 4.30　浙江省不同等深线范围内用海类型面积统计表　　单位：km^2

用海类型	海岸线至 0 m 等深线	0 ~ 10 m 等深线	10 ~ 20 m 等深线
渔业用海	511.013 8	140.810 8	38.061 0
交通运输用海	23.327 2	23.057 2	44.310 8
工业用海	51.545 3	26.756 3	18.718 1
旅游娱乐用海	5.306 9	1.556 9	0.034 5
海底工程用海	1.967 2	7.668 5	5.493 5
排污倾倒用海	0.006 3	0.026 2	1.039 4
造地工程用海	290.709 0	22.166 9	4.979 8
特殊用海	18.866 2	4.832 3	4.989 8

4.3.1.2　离岸不同距离的海域空间资源利用情况分析

全省离岸 500 m 区域范围内的海域使用率和海域利用率（使用率为 31.8%，利用率为 50.5%）高于整体海域利用程度，离岸 500 ~ 1 000 m 区域内海洋开发利用程度明显降低（使用率为 14.9%，利用率为 30.7%），随着离岸距离的增加，海域使用率及海域利用率都呈现出逐渐降低的趋势。这一规律在温州市尤为明显，其离岸 500 m 区域范围内海域利用率高达 69.8%，离岸 500 ~ 1 000 m 区域海域利用率降低为 39.2%，随着离岸距离的增加（2 km，3 km，5 km），海域利用率逐渐降低为 24.9%、14.3%、8.5%。

表 4.31　浙江省各市离岸不同距离区域的海域使用率和利用率统计 %

地区	离岸 500 m 区域		离岸 500 ~ 1 000 m 区域		离岸 1 ~ 2 km 区域		离岸 2 ~ 3 km 区域		离岸 3 ~ 5 km 区域	
	海域使用率	海域利用率	海域使用率	海域利用率	海域使用率	海域利用率	海域使用率	海域利用率	海域使用率	海域利用率
嘉兴市	32.9	70.7	5.2	34.5	7.8	33.3	10.0	32.6	14.6	32.6
宁波市	52.3	62.6	20.9	32.9	15.0	26.6	10.7	17.1	5.4	11.4
舟山市	18.2	43.1	12.0	35.0	13.2	33.1	13.1	30.4	11.3	23.3
台州市	27.8	40.3	11.3	17.1	9.6	14.3	9.1	12.2	6.9	9.8
温州市	45.4	69.8	22.0	39.2	15.4	24.9	10.4	14.3	7.0	8.5
全省总计	31.8	50.5	14.9	30.7	12.9	26.0	11.2	21.5	8.9	18.8

从用海类型来看，除海底工程用海及排污倾倒用海外，其余所有用海类型均呈现出随离岸距离增加，用海面积减小的规律。

4.3.1.3　海域空间资源可持续利用分析

浙江省海域总面积虽然多达 44 388 km^2，实际上可供开发利用的海域空间并不大。离岸 5 km 内的近岸海域面积仅为 18 007 km^2，约占浙江省海域总面积的 41%。

对不同等深线间海域和沿海岸线外扩不同距离区域内海域使用情况的分析结果表明，浙江省海洋开发利用活动多集中在近岸及水深较小的海域，离岸较远、水深较大的区域海洋开发利用程度均不高。

这一规律充分反映了人类对海洋资源的开发受制于海洋自然环境、资源条件及海洋开发能力。近岸海域易于开发利用，但可持续利用空间资源较少；离岸较远海域虽然空间资源较多，但可持续开发利用的价值有限。

在今后的海洋开发利用中，浙江省亟须通过提升海洋开发利用能力、大力发展海洋战略性新兴产业等方式，进一步合理规划近岸海域的海洋开发布局，海洋开发活动积极向远海、深海拓展，最终达到提升海域空间资源利用可持续发展的目的。

4.3.2　海域岸线资源可持续利用情况分析

浙江省已开发利用的岸线长度约为 1 992 km，占全省岸线总长的 29.7%。从分市岸线可持续利用情况来看，嘉兴市可使用岸线的长度为 94.859 km、宁波市为 979.418 km、舟山市为 1 910.547 km、台州市为 1 032.365 km、温州市为 655.933 km。

表 4.32　浙江省沿海各市可利用岸线情况

地区	可利用岸线/km	岸线长度/km	可利用率/（%）
嘉兴市	94.859	124.474	76.2
宁波市	979.418	1 533.637	63.9
舟山市	1 910.547	2 388.248	80.0
台州市	1 032.365	1 445.876	71.4
温州市	655.933	1 172.932	55.9

嘉兴市可使用岸线的岸线类型以基岩岸线为主，其次为人工岸线；宁波市、舟山市和台州市可使用岸线的岸线类型以基岩岸线为主，其次为砂质岸线；温州市可使用岸线的岸线类型以基岩岸线为主，其次为河口岸线和砂质岸线。

由此可见，全省可使用岸线类型以基岩岸线为主，其次为砂质岸线，人工岸线和河口岸线可利用岸线相对较少。海域使用现状调查表明，浙江省海域开发已利用的主要岸线类型为人工岸线和河口岸线，基岩岸线和砂质岸线虽然尚余岸线较长，但开发利用的价值不高。

4.3.3 海洋资源可持续利用情况分析

4.3.3.1 港口航道资源可持续利用情况分析

1）开发利用现状

浙江省海岸曲折，沿海分布着数以千计的岛屿，海岸呈现半岛、岬角、海湾、河口相间。岛与岛之间、岛与岸之间常形成潮汐通道的冲刷槽，从而形成了数量可观的、具有深水条件的航道、港口和锚地，在浙江省的海洋资源中占有重要地位。

在常规工程条件下，全省沿海共有可建万吨以上泊位的岸线 253 km，其中可建 10×10^4 t 级以上泊位的岸线资源为 105.8 km，各处的深水岸线均有深水航道与外海相连。全省有各种性质的大小锚地众多，可供各类船舶避风、过驳、待泊。浙江省的深水岸线资源主要集中在杭州湾北岸、宁波至舟山海域、台温沿海等地，其中北仑至舟山海域近岸水深 12～30 m 深水岸线长达 40 km，进港航道最小水深为 17.6 m，可以全天候通航和靠泊第 4 代、第 5 代和超大型集装箱船舶，是我国东南沿海建设大型深水港的理想港址。

浙江省沿海港口资源的地域分布较为均匀，可分浙北、浙中、浙南等区域，各地区大、中、小港口资源基本配套，具有建设区域组合港的条件，可以使浙江省沿海形成综合性、多功能的现代化港口群体。从港口性质分类看，各地区均有适宜作为商港、工业港、渔港等不同性质的港口资源。

经过长期建设，浙江省沿海地区的港口发展较好。本次调查结果显示，至 2008 年，全省共有交通运输用海项目 696 个，总面积达 212.499 8 km^2，交通运输用海的布局符合目前已基本形成的以宁波—舟山港为中心，以台州—温州港口、浙北港口为两翼的沿海港口布局体系。

2）可持续利用情况

据《浙江海洋经济发展示范区规划》，宁波—舟山港海域、海岛及其依托的城市为海洋经济发展的核心区，而宁波—舟山港是核心区建设的重中之重。舟山群岛拥有得天独厚的深水岸线资源，构成全国唯一的外海深水岛群，按每千米深水岸线承载 500×10^4 t 年吞吐能力的系数测算，舟山港域港口资源可建码头泊位年吞吐量超过 10×10^8 t。舟山市深水岸线资源总量大，因此，其可开发的深水岸线资源量依然位居全省第一。宁波市深水岸线资源开发已趋饱和，整合已开发岸线是挖掘潜力的重要途径。另外，宁波市的陆域条件比舟山好，且与舟山地域相近，利用舟山市深水岸线资源的开发发展宁波市的临港工业，两地可优势互补，强强联合。

台州市由于受航道、锚地等自然条件的限制，发展潜力并不大。在《浙江海洋经济发展示范区规划》中台州市也不是发展港口物流的重点区域，因此无论从自然条件和政策指导来说，不适宜大力发展台州港口建设。

从自然条件来说，温州市具备深水岸线开发潜力，但由于温州市处于浙江省最南边，受物流条件和成本限制，在已建设的港口中不同程度地出现货物不饱和，港口闲置的现象，因此，如何提高港口利用率是当务之急，在短期内不宜大力建设港口。

嘉兴市深水岸线大都为 10 ~ 15 m 的类型，且航道锚地资源匮乏，出入嘉兴港的通航条件一般。若要开发深水岸线，必须通过人工疏浚等方式整理岸线和航道，投入成本大，经济效益不高。嘉兴市邻近的宁波—舟山港条件非常优越，因此，嘉兴市应本着浅水浅用的原则，承接宁波—舟山港货物，做好海转江的中转服务。

综上所述，浙江省港口航道资源主要集中在宁波—舟山海域，其次为温州海域，台州及嘉兴海域的港口航道资源相对较少。宁波—舟山海域深水岸线资源丰富，本海域资源开发程度最高，港口岸线开发规模最大。随着浙江省海洋经济发展示范区、宁波—舟山港、舟山群岛新区等重大规划的陆续实施，浙江省对港口航道资源的需求将进一步提高，本区域需要做好港口航道资源开发的统筹规划，做到科学开发，提升资源的可持续利用；从自然条件及社会经济发展的角度看，嘉兴、台州海域拥有一定的港口航道资源，但上述海域并非浙江省重点港口经济发展区，对资源的需求量相对较小；温州尚有一定规模的港口航道资源未进行开发建设，已建港口需要进行整合提升，确保资源不会被大规模消耗。浙江省港口航道资源在经过科学开发、资源整合、战略规划后，可持续利用情况良好。

4.3.3.2 渔业资源可持续利用情况分析

1）开发利用现状

浙江省海域由于具有多支水流交汇、岛屿众多、营养盐丰富等有别于其他海域的环境特点，成为我国海洋渔业资源蕴藏量较为丰富、渔业生产力较高的渔场，素有“中国鱼仓”之誉。浙江省渔场可分为沿岸渔场、近海渔场和外海渔场。在近海渔场中，渔业资源又较为集中于舟山渔场、渔山渔场、大陈渔场、洞鹿渔场等，其中以舟山渔场较为丰富。

全省海水养殖面积较大，同时，为保持海洋渔业的可持续发展，还在沿海和海岛地区有选择地开展人工增殖，主要为象山港、三门湾、定海、普陀、岱山等海域的中国对虾放流，象山港口部野龙山至东屿山海域、舟山黄大洋海域的大黄鱼放流，象山港中部和底部的黑鲷放流，以及浙南海域的海蜇放流和嵊泗绿华海域的石斑鱼放流。

浙江省渔业用海较为发达，全省渔业用海 2 659 个，总面积 673.032 3 km^2，渔业用海项目众多，较好地利用了全省的渔业资源，布局也符合浙江省渔业资源的分布。

2）可持续利用情况

“十五”期间，浙江省委、省政府提出了“主攻养殖、拓展远洋、深化加工、搞活流通、发展旅游（休闲渔业）”的渔业发展方针，大力发展水产养殖，加大了海洋渔业结构调整力度，实施渔民转产转业战略，海洋渔业产业得到优化和升级。主要表现在海水养殖产量和产值比重不断扩大，海洋捕捞结构得到调整优化，远洋渔业不断拓展。全省海洋渔业生产结构发生了很大的变化，由近岸捕捞为主，向以近岸捕捞为基础，兼顾沿岸渔业，发展外海和远洋渔业的方向转变。目前浙江省海洋渔业生产仍以捕捞为主，但呈现出海水产品产量逐年下降、浙江省渔场主要经济鱼种资源衰退严重的不良趋势。虽然海水养殖产量比重不断扩大，但是实际的产量却逐渐减少，海水养殖面积不断缩小，养殖空间受到挤压。

浙江省海域拥有丰富的渔业资源，海洋渔业作为浙江省海洋经济的传统优势产业，对浙江省海洋经济发展具有举足轻重的作用。海洋渔业的发展带动了水产品加工与贸易、渔业服务、渔具制造以及海洋药物、海洋食品等相关产业的迅速发展。为保持海洋渔业的优势地位，必须科学布局渔业生产，控制近海捕捞总量和强度；积极发展远洋渔业，加强建设远洋渔业基地；优先发展高效生态海水养殖，建设一批生态型水产养殖园区；加快渔港渔村建设改造，发展多元化、精品化的休闲渔业、现代渔业和高端渔业。进一步提高精深加工比例，做好水产品贸易，延长渔业产业链，带动其他产业的发展。

4.3.3.3 滩涂资源可持续利用情况分析

1）开发利用现状

滩涂资源是一种重要且珍贵的后备土地资源，但其资源量不稳定，存在着冲淤变化。浙江沿海潮间带多属开敞式岸滩，泥沙来源丰富，大部分区域具有不断淤涨的特点，涂地分布也比较集中，这为涂地资源的开发提供了有利条件。

浙江省的滩涂按岸滩动态可分为淤涨型、稳定型、侵蚀型 3 类，其中淤涨型滩涂面积占 87.5%，稳定型和侵蚀型滩涂面积分别占 10.1% 和 2.4%。淤涨型滩涂主要分布于杭州湾南岸、三门湾口附近、椒江口外两侧和瓯江口至琵琶门之间，这些岸段的涂地开阔平坦，分布成片，在历史上就是围涂开发的主要地段，目前的涂地宽度仍在 4 ~ 6km 以上，淤涨的趋势甚为明显。

历史上，浙江省的滩涂资源主要用于围塘养殖和底播养殖。随着经济和社会的不断发展，浙江省人多地少的矛盾十分突出，原有耕地已经不足，随着经济发展和加快城市化、工业化进程，人均耕地占有量总体上呈下降趋势，这是浙江省面临的十分严峻的问题。利用丰富的滩涂资源，进行适量的围涂造地，一直是缓解这一矛盾的重要措施。结合重大涉海基础工程建设进行海涂围垦和标准海塘建设，所围滩涂绝大部分集中在杭州湾及浙中、浙南等地区，且已成为浙江省重要的农林牧副渔综合经营、产业园区和城市新区。至 2008 年底，浙江省全省共有造地工程用海项目 152 个，总面积达 356.176 9 km^2。

2）可持续利用情况

浙江省沿岸年泥沙补充量约为（1.8 ~ 2.2）$\times 10^8$ t，其中钱塘江河口杭州湾、舟山地区约 1.2 $\times 10^8$ t，椒江河口及台州湾约 0.29 $\times 10^8$ t，瓯江、飞云江、鳌江口及温州湾约 0.2 $\times 10^8$ ~ 0.3 $\times 10^8$ t。浙江省沿海岸线由北向南其演变规律分别是：杭州湾南岸东部浅滩淤积 1 ~ 3.5 cm/a，岸线外延速率 15 ~ 70 cm/a；甬江口南至象山石浦的象山港及三门湾区域（含浦坝港）淤积 1 ~ 3 cm/a，岸线外延速率 15 ~ 60 m/a；椒江口南至温岭石塘的台州湾南岸区域淤积1.5 ~ 2.1 cm/a，岸线外延速率 20 ~ 40 m/a；温岭石塘至玉环的隘顽湾、漩门湾及瓯江口以北的乐清湾区域淤积 2.2 cm/a，岸线外延速率 15 ~ 60 m/a；瓯江口南至飞云江口北的温州湾南近岸浅滩区域淤积 2.2 cm/a，岸线外延速率 30 ~ 40 cm/a；飞云江口南至鳌江口北的瑞平沿海及鳌江口南区域淤积 1.5 ~ 3 cm/a，岸线外延速率 20 ~ 40 cm/a；舟山群岛周边滩地淤积 1.2 cm/a，洞头列岛淤积 2.2 cm/a。

总体而言，浙江省滩涂处于不断的动态变化演变过程中，从钱塘江口慈溪附近岸线、椒江口及台州湾南侧岸线及瓯江、飞云江岸线不断推进的事实说明，浙江省滩涂处于不断的淤涨状态，自然条件下岸滩外移平均每年 10～20 m，最大可达 40 m 以上，岸滩宽而坡缓。特别是沿海滩涂在人类活动作用下淤积速度逐渐加快，这主要是由于围涂工程实施后使近岸滩涂附近的潮流场、波浪场及泥沙动力场发生改变，形成了有利于泥沙淤积的环境。部分促淤工程实施后，泥沙的淤积速度与自然条件相比可提高 4～7 倍。

浙江省沿海不同地区滩涂的淤涨能力不同，围垦强度应有所差异。预测结果标明，浙北一带由于含沙量大，淤涨速度快，年围垦面积可保持在 20～27 km^2；椒江口及台州湾次之，可达 13～20 km^2；浙南瓯江、飞云江、鳌江及温州湾较小，为 7～10 km^2；其他港湾如三门湾、乐清湾等最小，年围垦面积约为 3.5 km^2。全省合计年围垦面积 53～67 km^2，这样的围垦强度可基本保持浙江省滩涂开发利用与滩涂淤涨速度的动态平衡。

根据《浙江省滩涂围垦总体规划（2005—2020 年）》，计划 2005—2010 年完成围垦面积 370 km^2（55×10^4 亩），而“十一五”期间浙江省沿海实际围垦滩涂 400 km^2（60×10^4 亩）。目前温州市积极推动的标志性围垦工程—瓯飞工程项目，远期规划围涂面积将达到 280 km^2（42×10^4 亩），是目前国内规模最大的围填海项目。

浙江省局部地区滩涂资源的动态平衡一定程度上已受到破坏，一定时期内影响了滩涂资源的“再生”能力，使得 2020 年前可围滩涂资源已较为有限。

今后的滩涂资源开发应根据可持续发展的要求，按照滩涂资源的分布和环境特点，坚持滩涂资源开发利用与节约保护并重，适度控制滩涂围垦力度的生态围垦，使资源配置达到社会效益、经济效益和生态效益的统一，为全省产业转型升级和经济社会持续发展提供必要的土地要素保障。

4.3.3.4 滨海及海岛旅游资源可持续利用情况分析

1）开发利用现状

浙江省沿海气候温和，风景宜人，是历史上最早开发海洋旅游资源的地区之一，历代劳动人民在这里留下了丰富的历史文化遗产，自然景观和人文景观有机地结合构成了浙江省丰富的海洋旅游资源。

浙江沿海地区分布着舟山普陀山、嵊泗列岛、南北湖、岱山、洞头、滨海—玉苍山等国家级、省级名胜区。浙江海洋旅游资源不仅数量大，类型多，浙江省的滨海和海岛旅游资源具有分布面广、环境容量大、类别和形式多样以及海岛型小气候等特点，有良好的旅游开发利用价值，总体上已形成杭州湾两岸旅游区，大鹿岛及大陈岛往南至洞头、南麂列岛等地的浙中南沿海旅游区，普陀山、朱家尖、嵊泗、岱山等地的舟山海岛旅游区。3 个区既可形成各自相对独立的旅游区域，同时也组成了全省海岛及滨海旅游网络。

至 2008 年底，全省共有旅游娱乐用海 58 个，总面积 7.207 0 km^2。

2）可持续利用情况

浙江省滨海旅游业比较发达，特别是沿海旅游景点开发程度较高，发展态势良好，可为海洋经济可持续发展之亮点。

从资源挖掘的潜力而言，今后可挖掘的旅游景点重点将向海岛延伸。

据浙江海岛资源综合调查，浙江主要海岛共有可供旅游开发的景区（点）450 余处，其中可供旅游开发的成片海蚀景观 60 余处，适宜开发为海水浴场的沙滩有 48 处，长度总计约为 33 km，还有峰、石、洞景观 150 余处，人文景观、历史胜迹 100 余处。但海岛四面环海，受天气等原因影响，通达性较差，资金投入也较大，目前对无居民海岛旅游开发成功案例较少，海岛旅游发展受限。随着人们生活水平的提高，以及对大自然的向往，今后海岛旅游的需求量会越来越大，且充满活力的省域经济和充足的民营资本为海岛旅游发展提供了资金保证。

4.4 海域使用存在的问题

4.4.1 海域使用结构与经济发展现状尚不协调

渔业用海单位海域面积经济产出低、粗放型用海、资源消耗型用海特征尚未完全转变；滨海旅游业是浙江省海洋经济的重要新兴产业，但仍以滨海陆域开发为主，向海洋扩展发展空间的程度较低；船舶工业经济快速发展，使得船舶工业用海迅速增长，但船舶修造能力与船舶工业市场需求不协调，出现了部分船舶工业用海项目处于低效运作乃至闲置的用海状态。

4.4.2 部分海洋资源可持续利用尚不合理

近岸渔业资源消耗过快，产业尚未完成转型提升，过度捕捞致使渔业资源可持续利用程度降低；个别地方过度开发海洋滩涂资源，不科学地填海造地，成片、连片大规模围填海、简单拉直海岸线，中、低涂围填海等，在增加了土地资源的同时，也对海洋环境及海洋资源造成了一定的负面影响，表现为滩涂资源可持续利用性降低、大量海洋生物资源损失等。

4.4.3 海域开发利用统筹协调性不足

资源开发利用大多以各地区、各行业、各部门单独组织进行，缺乏全省海洋资源开发利用、生态环境治理保护、海洋产业协调发展的统筹规划，存在未严格按照海洋功能区划有序、适度、合理地使用海洋资源的现象。近年来，比较突出的问题为传统渔业用海与工业用海抢占海域资源的矛盾日益突出，既不利于地方经济发展，也影响了人民群众的利益。

4.4.4 海洋环境形势不容乐观

浙江省近海海域污染加重，海水水质下降，海洋生态环境遭到严重破坏。同时，养殖用海集聚度高，且在较多海湾地区形成连片规模性开发的现状，导致海水养殖超容量发展，使养殖海域富营养化。另外，部分大型涉海工程对一些重点海域自然属性破坏较为严重。由于浙江省污水达标排放用海基本未进行确权，同时较多污水处理厂的污水是通过自然河道或水闸入海，增加了海洋行政管理部门及环境保护部门对入海污染源的污水质量、总量的控制监管难度。

第 5 章　典型功能区海域使用现状分析

本书依据《浙江省海洋功能区划》（2006），结合沿岸海域地理状况、自然资源、自然环境特点以及开发利用的实际情况，对浙江省海域进行了典型功能区划分，共划出杭州湾海域、宁波—舟山海域、岱山—嵊泗海域、象山港海域、三门湾海域、台州湾海域、乐清湾海域、瓯江口及洞头列岛海域和南北麂列岛海域等 9 个典型功能区，并对其进行海域使用现状分析。

5.1　杭州湾海域使用现状分析

5.1.1　海域特点及功能定位

杭州湾海域是钱塘江的入海口，西起嘉兴市澉浦—宁波市西三闸断面，东至扬子角—宁波市镇海角连线（图 5.1，图中虚线为县界，下同）。海域外宽内窄，呈喇叭形，湾口宽约 95 km，自口外向口内渐狭，到澉浦为 20 km，海底地形自湾口至乍浦地势平坦，从乍浦起，以 0.01% ~0.2% 的坡度向西抬升，在钱塘江河口段形成长 130 km、宽约 27 km、厚约 20 m 的沙坎；杭州湾北岸为长江三角洲南缘，沿岸深槽发育，北侧金山卫—乍浦之间的沿岸海底有一巨大的冲刷槽，最深约 40 m；杭州湾南岸为宁绍平原，沿岸滩地宽广。

杭州湾海域是多种海洋经济生物重要的繁殖洄游区，有着较为丰富的滩涂湿地和生态景观资源，也是宁波市、嘉兴市等经济发达地区重要的出海通道和临港产业建设区域。本海域在省级海洋功能区划中的功能定位主要为港口海运和临港产业功能，同时具有海洋旅游、滩涂养殖、围海造地功能。重点功能区为：嘉兴港口区、杭州湾北岸临港产业区、杭州湾风景旅游区、杭州湾北岸围海造地区、慈溪围海造地区、慈溪养殖区、杭州湾重要渔业品种保护区等。

5.1.2　海域使用现状

“海域使用现状调查”结果表明，杭州湾海域面积约 1 889 km^2，海域使用面积约 270 km^2，海域使用率为 14.3%；海域利用面积约 498 km^2，海域利用率为 26.4%（附图 15）。

从用海面积来看，不考虑公共用海，造地工程用海是本海域的主要用海类型（表 5.1），占用海总面积的 57.8%；其次为渔业用海，占用海总面积的 32.6%；特殊用海位居第三，所占比例为 5.6%。

从用海项目数来看，渔业用海最多，用海项目数为 37 宗（个），占本海域用海项目数的 32.2%；其次为特殊用海，项目数为 27 宗（个），所占比例为 23.5%；交通运输用海项目数为 17 宗（个），所占比例为 14.8%。

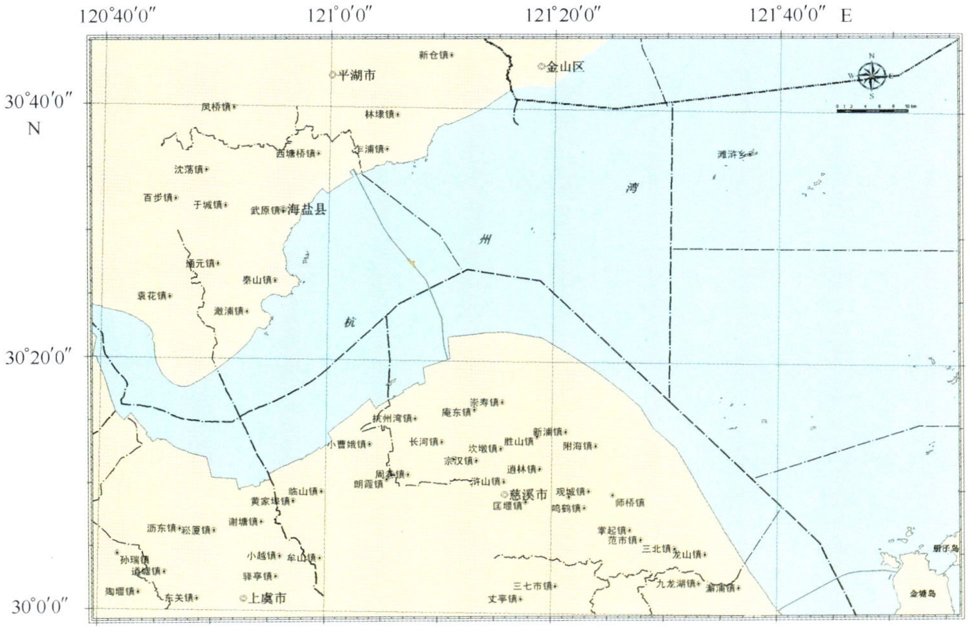

图 5.1　杭州湾海域范围示意图

表 5.1　浙江省杭州湾海域使用现状（不含公共用海）

一级类	用海面积 /km²	占本海域用海总面积比例/（%）	用海项目数/宗（个）	占本海域用海项目数比例/（%）
渔业用海	54.965 1	32.6	37	32.2
交通运输用海	3.170 9	1.9	17	14.8
工业用海	2.198 4	1.3	9	7.8
旅游娱乐用海	1.191 1	0.7	3	2.6
海底工程用海	0.309 7	0.2	6	5.2
造地工程用海	97.441 7	57.8	16	13.9
特殊用海	9.469 5	5.6	27	23.5

5.1.3　主要用海类型布局

5.1.3.1　造地工程用海

杭州湾北岸大部分为冲刷岸段，不存在大面积的滩涂资源，造地工程用海主要是为满足嘉兴港及杭州湾北岸工业区的城镇建设需求，如海盐港区围垦一期工程和嘉兴独山港区围涂工程（图 5.2）。

杭州湾南岸为淤涨型滩涂海岸，据海岸带调查测算，杭州湾南岸慈溪市庵东一带的自然岸线外推速度平均为 19 m/a，淤涨速度快的年份可达 40 m 以上，目前仍处于淤涨趋势。大面积的淤涨型滩涂为南岸填海造地提供了良好的资源条件，自慈溪市陆中湾闸西侧至淞浦闸之间，均为沿海岸线外推式的造地工程用海，单项最大规模达到 13.694 4 km²。慈溪市由于

图 5.2　嘉兴市独山港区围涂工程

渔业养殖的开发现状，造地工程用海多为农业用海，随着杭州湾新区的建设，亟须大量土地资源，南岸的农业填海造地用海项目有逐渐转为城镇建设填海造地的趋势。

随着数次大规模的填海造地工程陆续开展，杭州湾岸滩的自然淤涨速度已跟不上填海造地的发展速度，近岸高涂资源消耗较大，亟须对填海造地工程的规模加以控制，保障滩涂资源的可持续利用。

5.1.3.2　渔业用海

杭州湾海域开阔，避风条件较差，没有大规模的渔港用海，只在各出海闸口有零星的小型渔港码头（图 5.3）。

图 5.3　慈溪市淞浦闸口外渔船码头

杭州湾渔业养殖主要是依托滩涂资源的开放式养殖。杭州湾南岸拥有丰富的滩涂资源，且传统的海洋开发方式为滩涂养殖，是本海域渔业养殖用海的集中区域（图5.4）。北岸滩涂资源有限，且功能定位为港口及临港产业，无渔业养殖用海项目。

图5.4　慈溪市水云浦闸外滩涂养殖

5.1.3.3　特殊用海

杭州湾海域的特殊用海主要为慈溪市的内河出海水闸和沿岸海塘迎潮面的海岸防护工程。慈溪市属姚江流域，南北向河道大都北流入海，主要有三八江、陆中湾、四灶浦、水云浦、半掘浦、淞浦、淡水泓等，这些河道入海口都建有入海水闸（图5.5）。

图5.5　慈溪市水云浦出海水闸

杭州湾海岸线基本为人工岸线，人工修建的标准海堤环绕整个湾口沿岸（图5.6），有效防止和减小了潮汐和潮流对海岸地貌形态变化的影响，对于控制和减少洪水、台风、涌潮对人民群众生命财产安全的危害起到了重要作用。

图 5.6　杭州湾南岸标准海堤

5.1.3.4　交通运输用海

杭州湾北岸的嘉兴港是浙江北部沿海地区的重要港口，具有良好的深水岸线和建港条件，建港岸线约 40 km，分为独山、乍浦和海盐 3 个港区。目前嘉兴港已形成杭州湾北岸港口集群，是集港口装卸运输、工业生产、出口加工、现代物流服务、海运商务服务和港口信息于一体的中国沿海现代化、多功能、综合型的港口。本海域交通运输用海项目大多是为嘉兴港区服务的港口码头（图 5.7）。

图 5.7　建设中的嘉兴市乍浦港美福码头

除港口码头，本海域还有 1 宗路桥用海，即杭州湾跨海大桥（图 5.8）。杭州湾跨海大桥是长三角南翼和北翼实现无缝对接的重要通道，北起浙江嘉兴海盐郑家埭，南至宁波慈溪水路湾，全长 36 km，是目前世界上第三长的跨海桥梁。

图 5.8　杭州湾跨海大桥

5.1.3.5　工业用海

本海域的工业用海主要集中在杭州湾北岸。随着嘉兴港的发展及杭州湾跨海大桥的建成通车，良好的基础设施条件进一步提升了嘉兴港区的区位优势，同时也加快了杭州湾北岸临港产业区的发展。其中，九龙山以东的益山到金丝娘桥以发展大运量的能源和重化工为主；九龙山以西，以乍浦镇为中心主要发展钢铁、建材、机械以及对外贸易加工工业。本海域的工业用海具有项目数量多、用海规模小的特点，主要为临港工业发展配套的企业专用码头（图 5.9）。

图 5.9　嘉兴市新世纪石化码头

5.1.4 海域使用特点

杭州湾海域地形地貌具有北冲南淤的特点，北岸沿岸深槽发育，南岸沿岸滩地宽广。本海域的使用特点与自然环境条件相适应，杭州湾北岸主要为交通运输用海和工业用海。交通运输用海项目均为位于嘉兴港内的港口码头，工业用海主要是与杭州湾北岸临港产业区发展相配套的企业专用码头。杭州湾北岸没有渔业用海，造地工程用海均位于嘉兴港及杭州湾北岸工业区，为城镇建设造地工程用海。

杭州湾南岸主要为渔业用海和造地工程用海。广阔的滩涂资源为南岸围海造地创造了良好的基础条件，使得南岸的造地工程用海表现出规模大、连片开发等特点，用途多为农业造地工程用海。由于造地工程用海开发规模过大、速度过快，滩涂资源开发利用与自然淤涨之间已出现不平衡趋势。

此外，本海域拥有目前世界上长度为第三的大桥——杭州湾跨海大桥（图5.8）。

5.2 宁波—舟山海域使用现状分析

5.2.1 海域特点及功能定位

宁波—舟山海域北至舟山本岛，南至宁波市沿岸，西起镇海区澥浦镇，东至北仑区春晓镇。海域丘谷相间，岛屿交错、港湾纵横、水道深切，潮汐水道天然水深大部分逾20 m。

甬江口及其以北岸段受长江泥沙影响，含沙量高，泥沙运动活跃，岸滩冬冲夏淤，总趋势以淤为主，属淤涨型海岸；甬江口以南至穿山半岛、梅山岛等岸段为潮流深槽型海湾，具有坡陡、水深流急、不易淤积的特点。

舟山群岛是浙东天台山脉向海延伸的余脉，整个群岛属于低山丘陵地貌类型。潮流使大量泥沙在群岛的隐蔽地带沉积，把几个岛屿连接起来，形成岛上的堆积平原。舟山本岛、朱家尖都是由于海积平原的扩展形成的大岛，舟山群岛的大多数岛屿处于极缓慢的淤涨状态。舟山本岛是浙江省第一大岛，我国第四大岛，位于杭州湾口南侧，距大陆最近点（宁波市北仑区长柄咀）约8.1 km，除四周局部狭窄的冲积平原外，主要地貌为丘陵。

宁波—舟山海域岛屿众多，海岸线资源丰富，是我国深水岸线资源最优越的海域之一，丰富的深水岸线为港口及临港工业发展提供了良好的自然条件。本海域在省级海洋功能区划中的功能定位主要为港口海运和临港产业，同时具有海洋旅游等功能。重点功能区为宁波—舟山港口区（包括老港港区、镇海港区、北仑港区、大榭港区、穿山北港区、梅山港区、定海港区、沈家门港区、老塘山港区、六横港区、金塘港区和马岙港区）、北仑—镇海—慈溪东部临港产业区、舟山临港产业区（包括舟山本岛、金塘岛和六横岛临港产业区）。

5.2.2 海域使用现状

“海域使用现状调查”结果表明，宁波—舟山海域面积约为2 420 km^2，海域使用面积约为500 km^2，海域使用率为20.7%；海域利用面积约1 643 km^2，海域利用率为60.5%（附图16）。

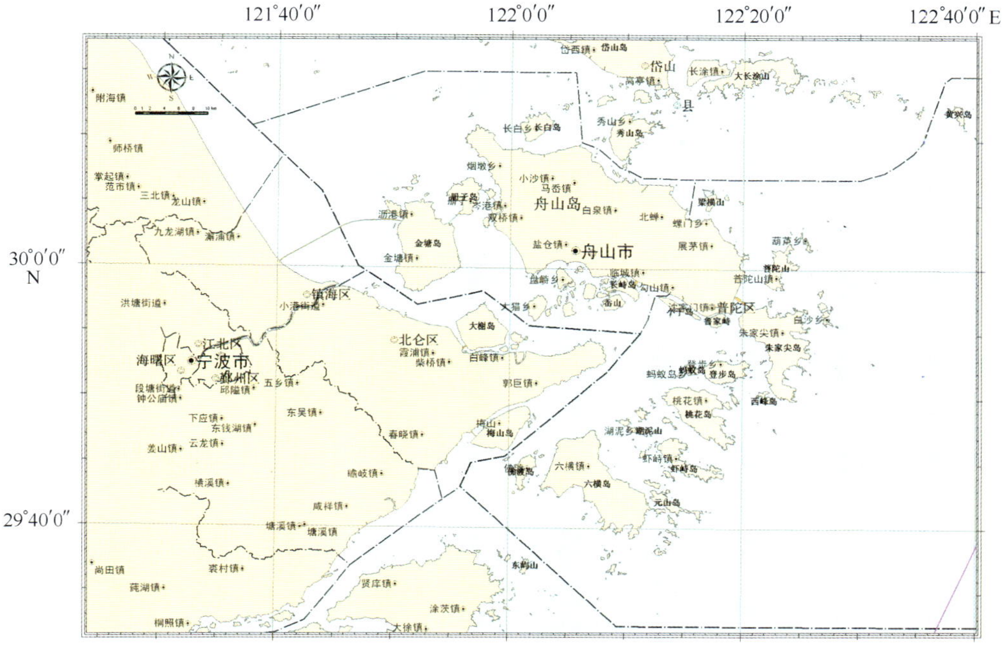

图 5.10　宁波—舟山海域范围示意图

从用海面积来看，不考虑公共用海，造地工程用海是本海域的主要用海类型（表 5.2），占用海总面积的 26.6%，其次为渔业用海，占用海总面积的 23.9%，工业用海位居第三，所占比例为 21.4%。

表 5.2　浙江省宁波—舟山近岸海域使用现状（不含公共用海）

一级类	用海面积/km^2	占本海域用海总面积比例/（%）	用海项目数/宗（个）	占本海域用海项目数比例/（%）
渔业用海	36.799 2	23.9	273	16.9
交通运输用海	30.057 6	19.5	286	17.7
工业用海	32.951 1	21.4	616	38.0
旅游娱乐用海	1.313 7	0.9	17	1.1
海底工程用海	7.797 9	5.1	64	4.0
排污倾倒用海	0.024 2	0.02	4	0.3
造地工程用海	40.886 8	26.6	61	3.8
特殊用海	4.126 3	2.7	299	18.5

从用海项目数来看，工业用海最多，用海项目数达 616 宗（个），占本海域用海项目数的 38%；其次为特殊用海，项目数为 286 宗（个），所占比例为 18.5%；交通运输项目数为 286 宗（个），所占比例为 17.7%。

5.2.3 主要用海类型布局

5.2.3.1 交通运输用海

宁波—舟山港是我国沿海的主枢纽港之一，是上海国际航运中心的重要组成部分。港区近岸 10 m 以上深水岸线约长 333 km，可用于港口建设岸线约长 223 km，已建成泊位 723 个，吞吐能力超过 2×10^8 t。2010 年，宁波—舟山港集装箱吞吐量达 1 314.4 $\times10^4$ TEU，位居全国第三位，全球第六位；货物吞吐量 6.3×10^8 t，位居世界第一。港区目前已成为集装箱远洋干线港、国内最大的矿石中转基地和原油转运基地、国内沿海最大的液体化工储运基地和华东地区重要的煤炭运输基地。

宁波—舟山港主要由宁波港域和舟山港域组成。宁波港域由甬江港区、镇海港区、北仑港区、大榭港区、穿山港区和梅山港区组成。其中甬江港区主要为宁波城市物资运输服务，发挥海河联运优势，以散、杂货运输为主；镇海港区以发挥海铁联运优势，主要以石油化工品、内贸集装箱、煤炭和散杂货运输为主；北仑港区以承担集装箱、大宗散货、石油化工品运输和散、杂货为主，是具有保税仓储、现代物流、临港工业开发等功能的现代化、多功能、综合性的大型深水港区；大榭港区以集装箱、石油化工品和散、杂货运输为主；穿山港区以集装箱运输为主，兼顾液化天然气（LNG）和散、杂货运输功能；梅山港区以集装箱运输和保税、物流功能为主。

舟山港域由定海港区、老塘山港区、金塘港区、马岙港区、沈家门港区和六横港区组成。其中定海港区主要为城市生活物资运输、旅游和客运服务，岙山、西蟹峙等作业区以原油、成品油仓储、中转运输为主；老塘山港区以木材、粮食等散杂货运输为主，册子作业区为原油中转运输服务，里钓、外钓、富翅等作业区预留液体散货运输功能；金塘港区以集装箱运输为主，并发展现代物流业；马岙港区是为临港产业服务为主的综合性港区，以石油化工品等液体散货、煤炭和散、杂货等运输为主；沈家门港区以省际、岛屿客运和当地物资运输为主，并发展邮轮运输；六横港区以集装箱、煤炭、石油化工品运输、矿石中转运输服务为主。

本海域交通运输用海项目主要为港口码头。在港区内分布着功能各异、具有组合优势的各类码头（图 5.11 ~ 图 5.14）。

本海域路桥用海主要为舟山市的大陆连岛跨海大桥，其中金塘大桥（图 5.15）是舟山大陆连岛工程五座主桥中最长的一座，也是继青岛胶州湾大桥、杭州湾跨海大桥、东海大桥之后我国第四长的跨海大桥。

5.2.3.2 造地工程用海

本海域造地工程用海主要是为临港产业区的发展提供土地资源。具有代表性的城镇建设填海造地工程主要为大榭港区的大榭土地成片开发项目和北仑港区的北仑洋沙山围海造地（图 5.16）。

农业填海造地典型用海项目主要有北仑港区的北仑郭巨峙南双岙塘围海工程、镇海港区的新泓口农业围垦项目和六横小郭巨围垦项目。

图5.11　宁波市北仑港区集装箱码头

图5.12　舟山市定海长白海丰客运码头

5.2.3.3　工业用海

依托宁波—舟山组合港、北仑—镇海—慈溪东部产业区和舟山产业区，结合舟山连岛工程和杭州湾跨海大桥建设，本海域工业的发展方向是石化、能源、修造船、造纸等工业类型。

其中宁波市已初步形成以石化、钢铁、机械设备、造纸、汽配及修造船、能源6大行业为主的临港工业体系。从行业分布来看，主要以石化工业为主，其次是能源工业和机电工业，其他工业（钢铁、造纸、汽车、修造船等）所占比重较小，北仑区和镇海区是重点工业发展区域（图5.17～图5.19）。

图 5. 13　舟山市册子作业区原油码头

图 5. 14　舟山市六横港区电煤中转基地

图 5.15 金塘大桥

图 5.16 北仑洋沙山围海造地工程

图 5. 17　中海油大榭石化公司码头用海

图 5. 18　宁波市北仑发电厂

图 5.19 宁波市东方船舶修造有限公司码头

舟山市已初步形成了以船舶建造、船舶修理为主的较为完整的船舶工业体系，工业用海项目多为大型的船舶修造基地（图 5.20）。水产品加工业是舟山传统优势产业，在全市工业收入中占有较大比重，在全国具有较高的市场品牌价值和较强的竞争力，用海项目多属于其他工业用海。

图 5.20 中远船务舟山船舶修造基地

5.2.3.4 渔业用海

本海域海岸线曲折绵长，港湾岛礁众多，浅海水域和潮间带滩涂面积广阔。加上沿岸径流流入量大，海区水质营养盐丰富，为发展海水养殖提供了良好条件。渔业用海以开放式养殖、围海养殖和渔业基础设施为主。

开放式养殖用海主要集中分布在宁波市梅山岛周围海域、春晓镇沿岸海域、舟山本岛西北部及桃花岛、六横岛等邻近海域。

渔港和渔用码头等渔业基础设施用海主要分布在舟山本岛及邻近岛屿沿岸。其中，沈家门渔港是全国最大的天然渔港（图 5.21）。

图 5.21　舟山市沈家门渔港

围海养殖用海分别位于六横岛的凉帽潭和台门海域，人工鱼礁用海位于朱家尖东南海域（图 5.22）。

图 5.22　舟山市朱家尖海域布放人工鱼礁

5.2.4　海域使用特点

本海域使用特征为：工业用海及交通运输用海为主要用海类型，集中分布于各港区，具有项目数量多、用海规模大的特点；造地工程多服务于临港产业和农业开发，为城市发展提供了空间资源；海底工程的建设已实现小岛通大岛，大岛通大陆的能源、信息互通网络全覆盖；渔业养殖多因地制宜，分布于滩涂资源较丰富的沿海地区。

宁波市海域主要用海类型为造地工程用海、工业用海和交通运输用海。甬江口以南至穿山半岛、梅山岛等岸段为潮流深槽型海岸，其用海项目主要为交通运输用海中的港口工程用海，分属于甬江港区、镇海港区、北仑港区、大榭港区、穿山北港区、梅山港区；甬江口及其以北岸段属淤涨型海岸，因其得天独厚的自然条件，以及北仑—镇海—慈溪东部临港产业区的开发建设，分布着多个大型造地工程及工业用海项目。

舟山市海域主要用海类型为渔业用海、造地工程用海、交通运输用海和工业用海。海岸线曲折绵长、水文环境适宜、饵料生物丰富，使本海域渔业用海发展具有较大优势，舟山本岛及邻近岛屿沿岸分布有众多规模各异的渔港和渔用码头等渔业基础设施，围海养殖主要位于六横岛的凉帽潭、台门海域；舟山临港产业区的发展促进了造地工程用海项目的开发；工业用海以船舶工业为主，已初步形成船舶建造、船舶修理为主的较为完整的船舶工业体系。舟山市是群岛城市，交通运输用海项目有分属于定海港区、沈家门港区、老塘山港区、六横港区、金塘港区和马岙港区的港口码头。

此外，还有一些跨海桥梁用海项目，其中最具代表性的是金塘大桥，为舟山大陆连岛工程5座主桥中最长的一座。

5.3 岱山—嵊泗海域使用现状分析

5.3.1 海域特点及功能定位

本海域地处长江口南侧和杭州湾外侧，包括嵊泗列岛、岱山列岛和舟山本岛北部外侧群岛，是群岛型海域，为我国南北间重要的海运通道，区位条件十分优越（图5.23）。

嵊泗列岛位于杭州湾以东，舟山群岛北端海域。岛屿罗列，港湾众多，具有丰富的岸线资源及潮间带资源。海底地形由西北向东南倾斜，海域水深流顺，海域含沙量虽高，但不易落淤。本海域属于中等强潮海区，流速较大，有利于海域内深槽的长期稳定和维持，嵊泗列岛东南部海域的深水岸线处于冲淤相对平衡状态。

岱山列岛位于舟山群岛北部与嵊泗列岛之间，北起衢山镇川湖列岛的下川山岛礁以北海域，南至秀山乡的青山岛礁以南海域，西至高亭镇七姊八妹列岛的长横山岛礁以西海域，东至长涂镇的小龟山岛礁以东海域。本海域群岛分布密集，皆为基岩岛。各大岛屿以西北部淤积最快，多为淤泥、泥沙质类型，东部以沙滩居多。

因岛屿众多，渔业资源、海洋旅游资源和岸线资源丰富，该海域在省级海洋功能区划中的功能定位主要为海洋渔业、海洋旅游、港口航运和临港产业。重点功能区为：宁波—舟山港口区（包括高亭港区、衢山港区、泗礁港区、洋山港区和绿华港区）、舟山临港产业区（包括岱山、衢山和大小洋山临港产业区）、嵊山渔场、岱衢渔场、嵊泗列岛风景旅游区、岱山风景旅游区等。

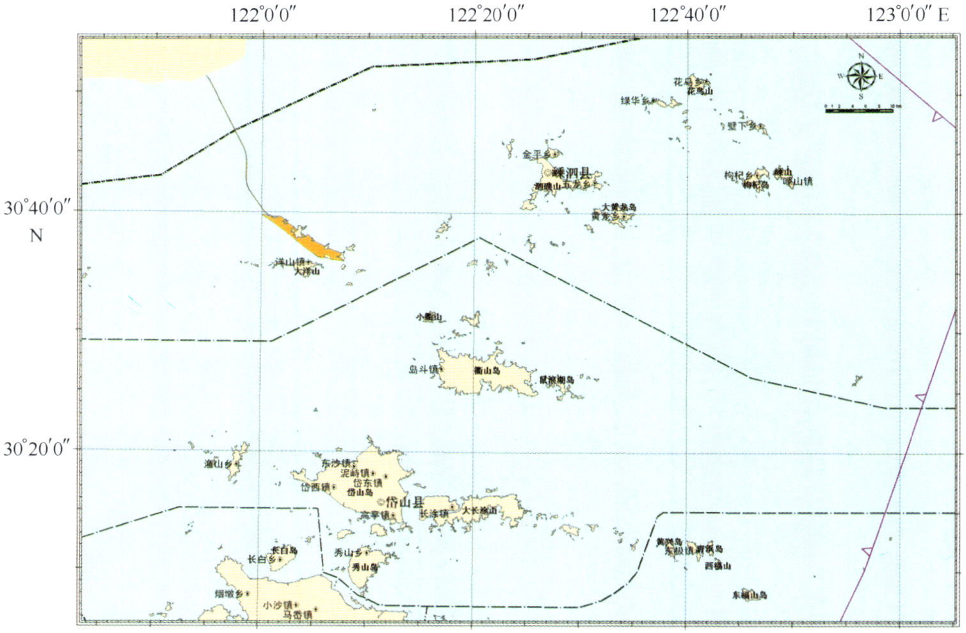

图 5.23　岱山—嵊泗海域范围示意图

5.3.2　海域使用现状

“海域使用现状调查”结果表明，岱山—嵊泗海域面积约为 6 345 km^2，海域使用面积约为 763 km^2，海域使用率为 12.0%；海域利用面积约 1 886 km^2，海域利用率为 29.7%（附图 17）。

从用海面积来看，不考虑公共用海，交通运输用海是本海域的主要用海类型（表 5.3），占用海总面积的 52.7%；其次为渔业用海，占用海总面积的 31.0%；工业用海位居第三，所占比例为 8.4%。

表 5.3　浙江省岱山—嵊泗海域使用现状（不含公共用海）

一级类	用海面积 /km^2	占本海域用海总面积比例/（%）	用海项目数 /宗（个）	占本海域用海项目数比例/（%）
渔业用海	48.246 0	31.0	229	39.4
工业用海	12.993 1	8.4	211	36.3
交通运输用海	82.066 7	52.7	67	11.5
旅游娱乐用海	0.205 7	0.1	4	0.7
海底工程用海	6.132 1	3.9	41	7.1
造地工程用海	6.058 4	3.9	11	1.9
特殊用海	0.016 4	0.01	18	3.1

从用海项目数来看，渔业用海最多，用海项目数多达 229 宗（个），占本海域用海项目数的 39.4%；其次为工业用海，项目数为 211 宗（个），所占比例为 36.3%；交通运输用海项目数为 67 宗（个），所占比例为 11.5%。

5.3.3　主要用海类型布局

5.3.3.1　交通运输用海

本海域交通运输用海项目主要为港口码头，集中分布在各港区内，包括洋山港区及舟山泗礁、绿华山、高亭、衢山港区。其中，洋山港区重点发展集装箱运输、保税、物流及相关的综合服务功能；泗礁港区主要承担大宗散货的储存和中转运输服务，结合港口后方土地适当发展临港工业；绿华港区以水上过驳、水水中转为主，兼顾城市生活、旅游休闲服务；高亭港区主要为东海油气田储存中转和临港工业园区服务，以油气品、杂货运输为主；衢山港区中鼠浪湖作业区为矿石中转运输服务，衢山岛以大宗散货运输为主，黄泽作业区结合临港产业开发，发展石油化工品和大宗干散货运输。

洋山港是本海域规模最大的交通运输用海项目，位于舟山市嵊泗县洋山镇，是上海国际航运中心的重要组成部分（图 5.24）。洋山深水港区一期、二期、三期主体工程已于 2009 年底全面建成，共拥有集装箱泊位 16 个，岸线全长 5.6 km，集装箱设计年吞吐能力 930×10^4 TEU，二期、三期码头 2009 年分别完成集装箱吞吐量 206.14×10^4 TEU、321.09×10^4 TEU。

图 5.24　上海国际航运中心洋山深水港区工程

5.3.3.2　渔业用海

海洋渔业是本海域海洋经济发展的基础产业。舟山渔场是我国著名的高产量渔场，是多种海洋经济鱼类繁育、生长的优良场所。作为舟山渔场的中心捕捞区之一，本海域渔港用海规模较大，海洋渔业捕捞程度较高。除岱山中心渔港外（图 5.25），还有各种规模的渔港码头分布在嵊泗北部海域。

本海域的浅海海区有长江、钱塘江等径流注入，饵料丰富，具备发展海水养殖的良好条件。开放式养殖用海主要分布在嵊泗县花鸟乡、嵊山等海域（图 5.26），主要为浅海贝类养殖。

图 5.25　舟山市岱山中心渔港

图 5.26　舟山市嵊山养殖区

围海养殖项目主要分布在岱山县衢山岛、双剑涂、双子山等海域，皆为陆域面积较大的海岛近岸海域，滩涂以泥质滩涂为主，适于围海养殖开发，养殖品种以对虾、贝类、梭子蟹为主。

人工鱼礁用海位于绿华海域。该海域岛屿四周礁石、洞穴众多，饵料丰富，是岛礁性鱼类定栖的良好场所。附近海域开阔，潮流畅通，水质澄清，海洋生物资源丰富，有利于人工生态系统的形成，具备建设人工鱼礁的自然资源本底条件。

5.3.3.3　工业用海

由于拥有作为上海国际航运中心核心功能区的洋山港区，联动舟山港区的泗礁、绿华、高亭、衢山港区建设，使得本海域的海洋交通运输业发展迅速，也带动了临港产业的发展。土地资源相对较少，能提供给临港工业发展的腹地空间不多，使得工业用海呈现用海规模小、项目数量多的特征。

本海域工业用海项目主要为船舶工业和其他工业。其中，船舶工业用海分布在衢山岛北部、岱山南部海域，以及小长涂山西部等海域，其他工业用海主要分布于马迹山、泗礁邻近海域，以企业专用码头为主。

马迹山港是本海域规模最大的其他用海项目（图 5.27），港区地处嵊泗县泗礁岛西南约 1.5 km 处的马迹山岛，由宝钢投资兴建，设计年吞吐能力为 $5\,000 \times 10^4$ t。港域深水贴岸，拥有 2 km 水深超过 20 m 的深水岸线，水深 25 ~ 70 m 之间的深水区面积达 20 km^2 以上。2009 年 4 月 1 日 19 时 10 分，满载 31.2×10^4 t 巴西铁矿石、最大吃水达 22.9 m 的利比里亚籍 32×10^4 t 大型散货轮“宾恩”靠泊宝钢马迹山港，标志着马迹山港成为远东接卸世界铁矿石海运史上单船净载量最大、单船吃水最深船舶的深水散货码头。

图 5.27　上海宝钢集团公司马迹山矿石中转港

5.3.3.4　造地工程用海

本海域造地工程用海皆为城镇建设填海造地用海，主要用于洋山深水港区的开发建设，分布在嵊泗大垃塌岛、将军帽岛、大、小洋山岛附近海域（图 5.28）。

5.3.4　海域使用特点

本海域使用特征为：渔业用海及工业用海项目广泛分布于群岛近岸，项目数量多，但规模较小，是岱山县、嵊泗县经济发展的重要支柱产业；交通运输用海及造地工程用海项目集聚，以上海国际航运中心的洋山港为典型代表，其他港区尚处起步阶段；海底电缆管道以舟山岛—岱山岛—衢山岛—泗礁岛为主干线，并连接洋山、上海及各岛屿。

岱山列岛水深条件优越，拥有丰富的深水岸线资源，是全省重点船舶制造基地及港口区。其中，岱山船舶修造基地集中了本海域主要的船舶工业用海，项目用海规模较大；交通运输

图 5.28　舟山市颗珠山至小洋山岛围海造陆项目

用海集中在高亭港区、衢山港区，多为客运及小型散货运码头，港区内另有为临港工业服务的企业专用码头，用海类型为工业用海；作为全省海洋捕捞业最发达的海域，渔港基础设施是本海域主要的渔业用海类型之一。

嵊泗列岛海域深水岸线资源丰富，海域水深流顺，适宜于深水港区建设。其中洋山深水港是全省最大的交通运输用海项目，为配合港区建设，本海域的围海造地工程也集中在洋山港区；渔港基础设施同样是本海域主要的渔业用海类型，工业用海主要分布于马迹山、泗礁邻近海域，以企业专用码头为主。

5.4　象山港海域使用现状分析

5.4.1　海域特点及功能定位

象山港位于浙江北部沿海，北面紧靠杭州湾，南邻三门湾，东侧为舟山群岛，位于穿山半岛与象山半岛之间，是一个由东北向西南深入内陆的狭长形半封闭型海湾，全港纵深 60 km 以上，水深一般为 10 ~ 15 m（图 5.29），是理想的深水避风港。

本海域岸线曲折，海底地形复杂，由口门浅滩、潮汐通道和深槽区三个单元组成。口门浅滩地形明显隆起，口外岛屿附近冲刷槽发育，坡度陡峭；自港口到中部西泽段倾斜平缓，西泽到港底坡度较为陡峭；位于港底的黄墩港和铁港以及中部的西沪港等 3 个支港，形成潮汐通道；深槽区位于口门浅滩与潮汐通道之间的过渡地带，地貌单元以冲刷槽和深槽较发育为特征。来自长江的泥沙在潮流和波浪等水动力共同作用下，经口门向象山港内输运，成为象山港细颗粒物质的主要来源，但由于狭长半封闭海湾的性质，使悬浮泥沙向港内输运的数量并不大，象山港内水清沙少，水道和岸滩均处于稳定或微淤的状态。

本海域是浙江省重要的鱼、虾、贝、藻类养殖基地和生态湿地，由于港身狭长，水体交换能力差，海洋生态系统较为脆弱，在省级海洋功能区划中的功能定位主要为生态养殖、海

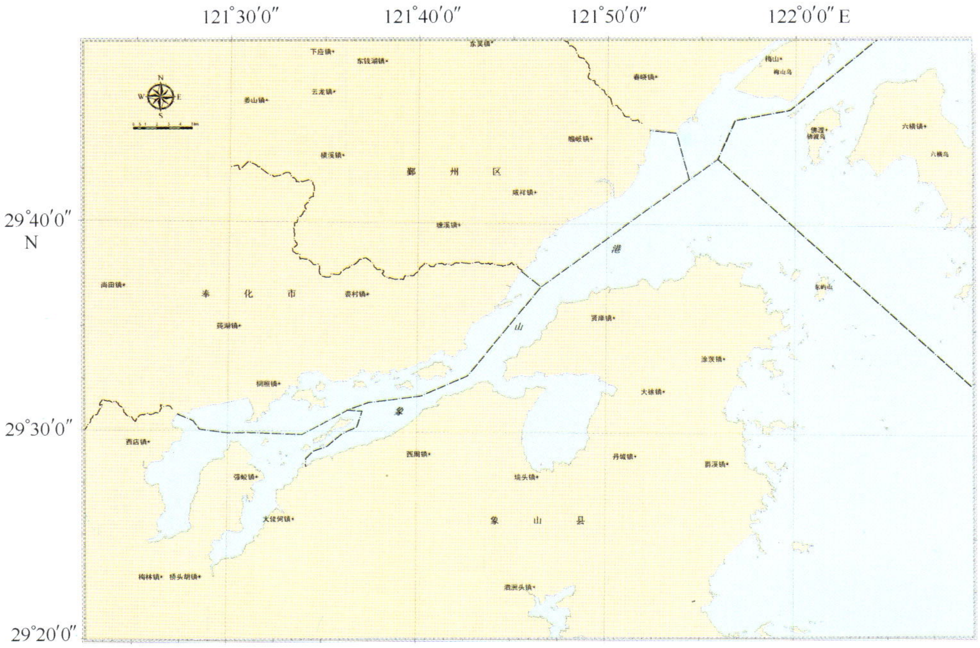

图 5.29　象山港海域范围示意图

洋旅游和湿地保护，同时具有一定的临港产业功能。重点功能区为：象山港海洋特别保护区、象山港养殖区、象山港增殖区和象山港港湾风景旅游区等。

5.4.2　海域使用现状

“海域使用现状调查”结果表明，象山港海域面积约 564 km^2，海域使用面积约为 116 km^2，海域使用率为 20.6%；海域利用面积约 204 km^2，海域利用率为 36.1%（附图 18）。

从用海面积来看，不考虑公共用海，渔业用海是本海域的主要用海类型（表 5.4），占用海总面积的 68.4%，其次为工业用海，占用海总面积的 17.7%，造地工程用海位居第三，所占比例为 10%。

表 5.4　浙江省象山港海域使用现状（不含公共用海）

一级类	用海面积/km^2	占本海域用海总面积比例/（%）	用海项目数/宗（个）	占本海域用海项目数比例/（%）
渔业用海	63.877 6	68.4	288	60.6
交通运输用海	0.271 8	0.3	16	3.4
工业用海	16.520 0	17.7	103	21.7
旅游娱乐用海	0.123 5	0.1	9	1.9
海底工程用海	0.506 3	0.5	3	0.6
排污倾倒用海	0.001 3	0.000 01	1	0.2
造地工程用海	9.306 6	10.0	9	1.9
特殊用海	2.843 7	3.0	46	9.7

从用海项目数来看，渔业用海最多，用海项目数多达288宗（个），占本海域用海项目数的60.6%；其次为工业用海，项目数为103宗（个），所占比例为21.7%；特殊用海项目数为46宗（个），所占比例为9.7%。

5.4.3 主要用海类型布局

5.4.3.1 渔业用海

象山港西、南、北三面群山环绕，口外有六横等岛屿掩护，港内浪小，是优良的避风港湾，除大型的中心渔港外（图5.30），沿岸还分布有各种规模的渔港码头。

图5.30 奉化市桐照渔港

象山港是浙江省重要的海藻和贝类养殖基地，对虾、大黄鱼放流也已取得一定成效，重点养殖方式为围塘养殖、滩涂养殖和网箱养殖，以开放式养殖用海中的滩涂养殖为主，主要布局于象山港港底、港北沿岸，港口及港南沿海基本无渔业用海，渔业用海呈连片区域性开发特征，用海分布较集中。

铁港、西沪港和黄墩港内涂质养分含量丰富，适宜鱼、虾、贝类养殖，是滩涂养殖集中分布的海域。

围海养殖主要分布在宁海县的西店镇、强蛟镇和大佳何镇外海域，象山县的西周和贤庠近岸海域，养殖品种以对虾为主（图5.31）。

象山港多年来大规模发展海水网箱养殖，养殖户投放养鱼网箱数量和密度急剧增加。港内网箱养殖区主要分布在奉化县桐照镇、象山县的墙头、丹城、大徐镇等沿海海域，养殖品种以鱼类为主（图5.32）。

作为一个半封闭式的狭长港湾，象山港水动力较弱，与外海的水体交换周期较长，海水自净化能力较小，港湾的环境容量有限，导致自身的生态环境比较脆弱。由于其特殊的自然地理条件，大规模的渔业用海开发使得象山港海洋环境受到了较大威胁。

图5.31 宁海县大佳何镇高湖塘养殖示范基地

图5.32 象山县西沪港黄鱼养殖基地

5.4.3.2 工业用海

象山港主要工业用海类型包括电力工业、船舶工业及其他工业。电力工业用海项目包括位于港底强蛟半岛的浙江国华宁海发电厂（图5.33）和位于港中部的乌沙山电厂（图5.34），用海方式为电厂建设填海造地、码头、候泊锚地及温排水取、排水口。这两个电厂的建设为全省的能源发展作出了巨大贡献，但同时电厂温排水对象山港海洋生态环境也带来了较大的影响。

船舶工业用海主要位于宁海县强蛟镇和大佳何镇海域，奉化莼湖镇鸿峙，以及象山县贤庠镇海域（图5.35）。其他工业用海均为临港产业服务的码头工程，主要用途为装卸物资、

图 5.33 浙江国华宁海发电厂

图 5.34 象山县乌沙山电厂

材料等，用海规模均较小。

2005 年 7 月 1 日起，《宁波市象山港海洋环境和渔业资源保护条例》正式实施，主旨为保护和合理利用象山港海洋和渔业资源，促进港域经济和社会的可持续发展。根据该条例，禁止在象山港内新建、扩建严重污染环境的项目，禁止在横山至西泽连线以西的象山港海域新建、扩建修造船、排污口项目，同时对象山港内其他工程建设、养殖捕捞等用海活动提出了严格的管理要求。象山港海域的工业用海逐渐向环保型、集约型用海转变。

5.4.3.3 交通运输用海

象山港具有深水港的自然条件，隐蔽条件好，港域水深 10 ~ 20 m，口门最浅点为 6.8 m，

图5.35　奉化市浙江造船厂

基本不受台风和涌浪的影响，是天然的避风港和锚地。象山港港区是宁波—舟山港区的重要功能组成，主导功能以散杂货运输和电厂煤炭接卸为主，远期兼顾集装箱运输。目前象山港区的发展速度相对较慢，尚未形成规模，仅有一些小型的客运码头及散货运输码头位于象山港两岸。

5.4.3.4　造地工程用海

由于土地资源日益紧张和围塘养殖等用海需要，象山港近年来实施了一些围填海造地工程，典型项目为位于港底的奉化红胜海塘围垦工程（图5.36）。

图5.36　奉化红胜海塘围填海工程

象山港与杭州湾等海湾相比，滩涂资源量相对较少，港内多数滩涂资源已处于渔业用海开发利用的现状，可供填海造地的滩涂资源不多，同时出于对象山港的生态环境保护，《宁波市象山港海洋环境和渔业资源保护条例》等地方法规、政策等对在象山港内开展围填海工程的控制力度较大，有效遏制了造地工程用海的发展。

5.4.4 海域使用特点

本海域用海特征为：港内主要的海洋开发活动是渔业养殖，单项目用海规模较小，沿港内海岸线连片开发；规模较大的工业用海项目为船舶工业及电力工业，利用港内的深水航道而建设，分布于港底、港中及港口深水岸线条件较好的岸段；造地工程集中于港底及港口滩涂资源丰富的海域，用海项目数较少，项目规模与所利用滩涂面积相关。

象山港港底主要为渔业用海、造地工程用海及工业用海。渔业养殖以铁港、黄墩港内的滩涂养殖为主，另有分布在宁海县西店镇、强蛟镇和大佳何镇外海域的围海养殖，呈连片区域性开发特征；造地工程用海主要是奉化市的红胜海塘围填海项目，用途为农业开发；工业用海主要是强蛟镇的国华电厂及个别原已存在的船舶工业用海，因象山港保护条例的限制，港底无新建船舶工业用海项目。

象山港中部主要为渔业用海、工业用海及交通运输用海。西沪港是滩涂养殖集中分布的海域，围海养殖主要分布在象山县的西周和贤庠近岸海域，离岸一定距离的海域还有大面积的网箱养殖；港中部的工业用海包括象山县西周镇的乌沙山电厂，以及奉化市的浙江船厂和鄞州区的东方船厂；交通运输用海主要是为象山港两岸服务的小型客货运码头。

象山港口门主要为渔业用海和工业用海。因避风条件较差，象山港口门的海洋开发活动与港底及中部比较相对较少，除位于南岸的少量围海养殖外，具有一定规模的海洋开发项目只有位于南岸的两个新建造船厂。

5.5 三门湾海域使用现状分析

5.5.1 海域特点及功能定位

三门湾位于浙东沿海海岸中段，是曲折度较大、地形复杂的半封闭式海湾。北与象山半岛相接，南邻台州湾，东与猫头洋毗邻，以金柒门—三门岛—牛头山的连线为界与东海相连，除石浦水道与外海相通外，三面环陆（图5.37）。湾内岛屿罗列，有大小岛屿130余个，湾口面向东南，湾内长约40 km，宽约10 km，低潮总面积超过390 km^2，平均水深约9 m。

三门湾受NNE和NNW两组断裂带控制，历经各历史时期的地貌发育演变，形成6个良好深水港汊和淤泥舌状滩地相间分布的格局，主要为岳井洋、胡陈港、沥洋港、蛇盘北港、蛇蟠水道和健跳港，构成了独特的港湾淤泥质地貌。湾顶潮差大，汊面广，纳潮量大，港汊受水深影响较稳定，湾顶滩地和港汊间舌状滩地缓慢淤涨。湾内水道锚地较多，湾口有东箕、渔山等列岛作屏障，口外海域水深宽广，是浙东海域较好的港湾。港湾纵横，风小浪缓，是鱼类产卵繁殖的良好场所。此外，海域内滩涂资源较多，生态环境保护较好，是浙江省重要的鱼、虾、贝、藻类养殖基地和生态湿地。

本海域在省级海洋功能区划中的功能定位主要为生态养殖、湿地保护、港口海运、临港产业和海洋旅游。重点功能区为：三门湾养殖区、台州港口区（健跳港区）、石浦渔港区、

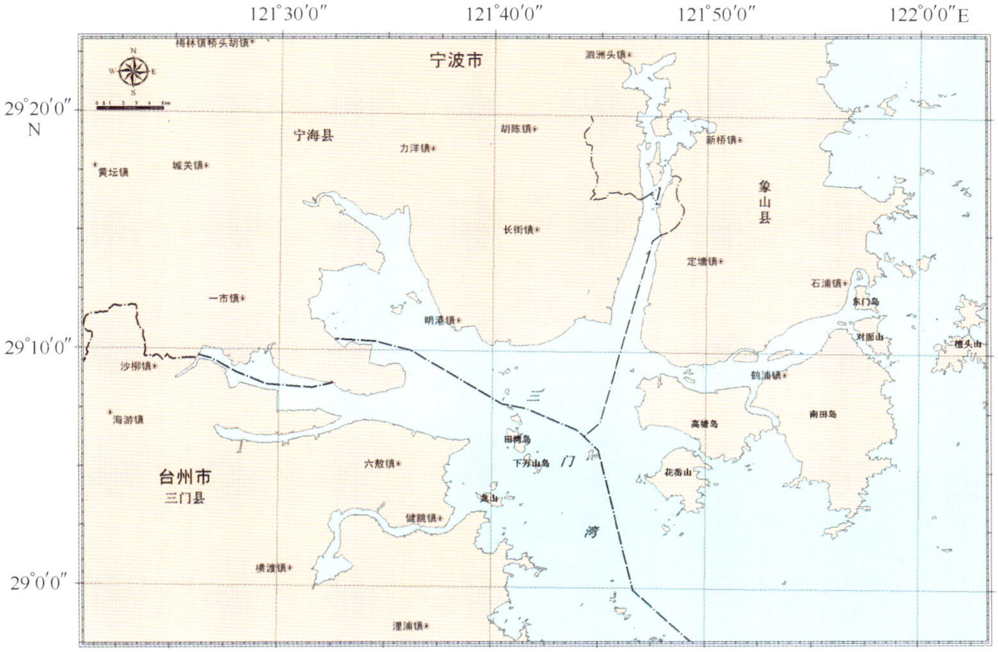

图 5.37　三门湾海域范围示意图

台州临港产业区（牛头嘴及猫头山等地）、三门湾风景旅游区等。

5.5.2　海域使用现状

海域使用现状调查结果表明，三门湾海域面积约 698 km^2，海域使用面积为 174 km^2，海域使用率为 24.9%；海域利用面积约 218 km^2，海域利用率为 31.2%（附图 19）。

从用海面积来看，不考虑公共用海，渔业用海是本海域的主要用海类型（表 5.5），占用海总面积的 75.7%；其次为造地工程用海，占用海总面积的 18.8%；工业用海位居第三，所占比例为 3.5%。

表 5.5　浙江省三门湾海域使用现状（不含公共用海）

一级类	用海面积/km^2	占本海域用海总面积比例/（%）	用海项目数/宗（个）	占本海域用海项目数比例/（%）
渔业用海	101.518 7	75.7	860	70.4
交通运输用海	0.450 7	0.3	73	6.0
工业用海	4.699 5	3.5	152	12.4
旅游娱乐用海	0.017 0	0.01	3	0.3
海底工程用海	0.262 7	0.2	3	0.3
造地工程用海	25.241 6	18.8	83	6.8
特殊用海	1.900 3	1.4	48	3.9

从用海项目数来看，亦是渔业用海最多，用海项目数多达 860 宗（个），占本海域用海项目数的 70.4%；其次为工业用海，项目数为 152 宗（个），所占比例为 12.4%；造地工程

用海项目数为83宗（个），所占比例为6.8%。

5.5.3 主要用海类型布局

5.5.3.1 渔业用海

渔业用海是三门湾的主要用海类型，由开放式养殖用海、围海养殖用海和渔业基础设施用海组成，具有用海项目数量多、分布广、规模大等特点。

三门湾内避风条件较好，湾内渔港众多，其中最为典型的是石浦渔港（图5.38）。石浦渔港位于宁波市象山县，呈东北西南走向，为月牙状封闭型港湾，是我国东南沿海著名的避风良港。

图5.38 象山县石浦渔港

开放式养殖用海是三门湾内渔业用海规模最大的用海类型，以滩涂养殖为主。主要分布区域为宁海县下洋涂、力洋镇以及健跳港北侧的滩涂海域。

湾内滩涂利用的围塘养殖用海近几年有过度开发的趋势，主要分布在宁海县下洋涂、海游港、健跳港、旗门港、力洋港及岳井洋（图5.39）。湾内养殖用海规模大，布局集中，占用了湾内大量的滩涂资源，大规模养殖用海产生的养殖废水是造成湾内无机氮和活性磷酸盐严重超标的主要原因，致使海洋环境质量日趋恶化。

5.5.3.2 造地工程用海

三门湾海域造地工程用海多为农业填海造地。淤泥舌状滩地为三门湾北侧的填海造地提供了有利资源条件。造地工程用海集中分布在宁海县下洋涂、鹤浦南田涂及高岙岛乡高岙涂区域。填海造地为三门湾农业发展提供了丰富的土地资源，但连片规模性开发对局部海域滩涂资源消耗过大，湾内小型海湾灭失，滩涂资源可再生能力减弱，影响了滩涂对海域生态环境保护的功能（图5.40）。

图 5.39　宁海县下洋涂围塘养殖

图 5.40　宁海县下洋涂围垦工程

5.5.3.3　工业用海

石浦修造船基地、三门能源基地、三门修造船基地和三门石化基地 4 个临港产业区是本海域的重要临港产业发展区。与之相一致，本海域工业用海类型主要为电力工业用海、船舶工业用海及其他工业用海。

电力工业用海主要为坐落在三门县健跳镇猫头山半岛上的三门核电工程（图 5.41），用海方式为电厂建设填海造地。三门核电规划建设 6 台 125×10^4 kW 的核电机组，总装机容量 750×10^4 kW。如此大规模的核电建设，其温排水对三门湾海域的海洋生态环境带来较大影响。

图 5.41　三门核电厂

船舶制造业蓬勃发展，整个海域在建的造船企业如果全部建成投产，将会形成600多万载重吨生产能力，年产值将达到上百亿元，将成为全省除舟山以外重要的船舶制造基地。本海域内的船舶工业用海以船排、船舶修造码头等用海方式为主，分布在象山县石浦镇、鹤浦镇，以及三门县的健跳港（图5.42）。

图 5.42　三门成洲船业有限公司船舶制造项目

其他工业用海主要为水产品加工、石化等企业专用码头用海，主要分布于三门健跳港和象山石浦港内。

5.5.3.4　交通运输用海

交通运输用海主要集中于石浦港和健跳港。

石浦港除具有渔港功能外，是宁波港区的重要组成之一，该港区北起象山县钱仓青湾山咀，南至宁海县与台州三门县交界处的旗门，以煤炭、杂货等物资运输为主，并为陆岛交通和沿海客运服务。

健跳港属台州组合港，是浙东最便捷的出海通道之一。整个港区航道为天然水道，水深在 10～30 m，最深处可达 47 m，万吨级船舶可乘潮自由进出港区，两岸可用来建码头的岸线长达 10 km。目前，健跳港内以其他工业用海的企业码头居多，交通运输用海主要为货运及油库码头（图 5. 43）。

图 5. 43　台州市健跳港

5. 5. 4　海域使用特点

本海域用海特征为：渔业养殖是湾内主要的海洋开发利用活动，多分布于滩涂资源丰富的海域；湾内避风条件良好，各个港汊内均分布有渔港码头、港口码头和企业码头；造地工程呈现大规模连片开发及填湾式建设的特点，多为农业填海造地，虽为支持农业发展提供了大量土地资源，但对所在海洋滩涂资源及海洋环境的影响较大；工业用海以船舶工业为主，且单项目规模较大，占用了湾内较多深水岸线资源。

湾顶各港汊及其附近海域主要以养殖用海为主，多为开放式养殖，具有规模小、分布广的用海特征；湾内各港汊的避风条件优良，是船舶停泊、避风的良港，建有规模不等的渔港码头及客运码头；造地工程主要为农业填海造地，集中于宁海下洋涂海域，为成片规模性开发。

湾中的健跳港和石浦港是三门湾内渔港用海、交通运输用海和工业用海开发的集中海域。其中健跳港及其附近海域拥有三门修造船基地、三门石化基地和三门能源基地，有较多工业及交通运输用海项目；石浦港是三门湾内工业用海和交通运输用海规模最大的港区，港口码头和企业码头广泛分布于港内。

湾口海域主要用海类型为渔业用海，受滩涂资源条件的限制，多数渔业用海项目为围塘养殖，且用海项目规模相对较小。

5.6 台州湾海域使用现状分析

5.6.1 海域简介及海域使用现状

台州湾位于浙江省中部椒江口外，系古代断裂河谷的一部分，呈喇叭状（图5.44）。东西长约26 km，南北宽约12 km，喇叭口弧长约47 km，平均水深3 m，平坦沙泥质湾底；外有台州列岛、东矶列岛为南北屏障，湾内有浙江中部最大港口—海门港，两岸为宽广的淤泥质滩涂。

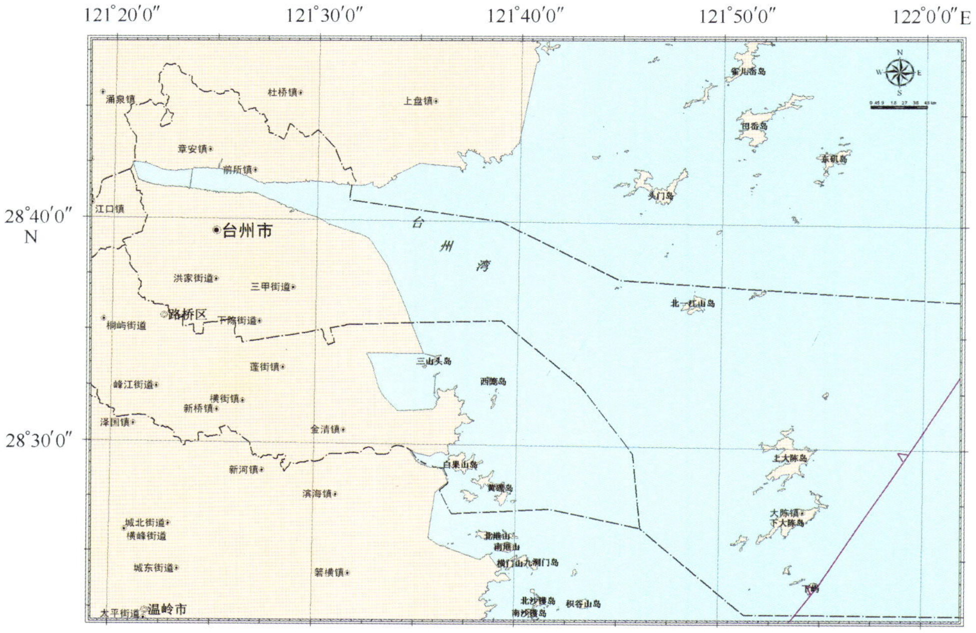

图5.44 台州湾海域范围示意图

台州湾海域为强潮海域，潮差大，潮汐动力强，湾口、浅滩海域拥有大量易于掀动的泥沙。湾南侧有台州浅滩，北侧有北洋海涂，滩面面向开阔海域，除受潮汐作用之外，还受强浪冲刷，使其滩面多有浪蚀坑。椒江口内高含沙水体的往返运移对湾内水域冲淤变化的影响甚小，造成该海区海床变化的泥沙主要来自于浙江东海岸沿岸的泥沙运动。随着来自长江口泥沙的逐年减少，该海域的海床形态基本趋于稳定，海域含沙量逐步降低。

台州列岛位于椒江口东南，由上、下大陈及其附近岛屿组成。列岛总体呈东北—西南走向，除西侧水深小于10 m，东、北、南侧水深均大于10 m，水下地形较平坦。上、下大陈两主岛中间为水深10~30 m的潮流槽。海岸以基岩岸为主，潮间带滩地以淤泥质潮滩为主，主要分布在上大陈岛西侧。

东矶列岛北临三门湾，南至台州湾口，东与渔山列岛相峙，以东矶岛等大小57个岛屿组成。列岛扼台州湾出海口，地势险要，田岙岛为东矶列岛第一大岛，位于东矶岛西北向约4 km，头门岛在田岙岛西南向约5 km，属东矶列岛重要岛屿，水深条件良好，可供建港的深水岸线长达 5 km。

本海域在省级海洋功能区划中的功能定位主要为临港产业、港口海运、海洋渔业和海洋旅游。重点功能区为：台州临港产业区、台州港口区（海门港区）、椒江中心渔港区、大陈列岛增殖区、大陈岛及东矶列岛养殖区、大陈岛森林公园风景旅游区等。

5.6.2　海域使用现状

“海域使用现状调查”结果表明，台州湾海域面积约 1 342 km^2，海域使用面积约 178 km^2，海域使用率为 13.3%；海域利用面积约 307 km^2，海域利用率为 22.9%（附图 20）。

从用海面积来看，不考虑公共用海，渔业用海是本海域的主要用海类型（表 5.6），占用海总面积的 96.0%；其次为工业用海，占用海总面积的 2.6%；交通运输用海位居第三，所占比例为 1.3%。

从用海项目数来看，交通运输用海最多，用海项目数为 63 宗（个），占本海域用海项目数的 41.7%；其次为工业用海，项目数为 46 宗（个），所占比例为 30.5%；渔业用海项目数为 35 宗（个），所占比例为 23.2%。

表 5.6　浙江省台州湾海域使用现状（不含公共用海）

一级类	用海面积/km^2	占本海域用海总面积比例/（%）	用海项目数/宗（个）	占本海域用海项目数比例/（%）
渔业用海	66.520 5	96.0	35	23.2
交通运输用海	0.904 3	1.3	63	41.7
工业用海	1.782 6	2.6	46	30.5
海底工程用海	0.042 3	0.06	2	1.3
特殊用海	0.079 9	0.1	5	3.3

5.6.3　主要用海类型布局

5.6.3.1　渔业用海

台州湾两岸宽广的淤泥质滩涂，为围海养殖提供了良好的资源条件，且具有连片开发的特点。台州湾北岸主要有北洋涂高涂养殖用海（图 5.45），南岸主要有台州浅滩围海养殖项目及高涂围海养殖项目。

渔业基础设施用海项目主要为渔港码头，多位于椒江中心渔港区和大陈渔港区。其中，椒江中心渔港位于椒江北岸，自小圆山东侧石油码头至华景河岸段；大陈渔港区（图 5.46）位于大陈岛，是国家一级渔港，水产码头遍及每个岙口，可停泊众多渔船。

开放式养殖用海主要为大陈岛海域的网箱养殖（图 5.47）、筏式养殖（图 5.48）和利用台州湾两岸、东矶岛及小东矶岛潮间带的贝类养殖。

5.6.3.2　交通运输用海

椒江口的海门港是台州港的重要组成部分，以承担台州市主城区的生活、生产物资中小

图 5.45　北洋涂高涂围海养殖

图 5.46　台州市大陈渔港

船运输为主，并发展旅游客运、城市观光、临港加工业和物流业，主要是为市区经济发展服务的综合性港区。海门港区岸线顺直，港域开阔，南北两岸规划港口岸线长 4 500 m，航道水深为乘潮 7 m，可通航 5 000 t 船舶和浅吃水万吨轮。本海域大部分的港口码头位于海门港内，主要为集装箱码头、装卸码头和客货码头。

头门港位于台州湾头门岛海域，距陆地 12 km，具有建设港口的良好自然条件，可供建港的深水岸线长约 5 km，通过连岛公路建设，可成为与大陆相连的近海岛港。目前，头门港尚处于规划阶段，无确权港口码头项目。在台州港总体规划中，头门港将作为综合性枢纽港区进行规划建设，以发展深水泊位为主，为台州市及周边腹地内外贸运输服务，并具有发展临港工业和物流园区功能，是海门港功能的外延和转移，其规划建设将实现海门港的河口港

图 5.47 大陈岛深水网箱规模化养殖基地

图 5.48 台州市金瓯水产开发合作社筏式养殖用海

向临海（头门）港区海港的转变。

5.6.3.3 工业用海

本海域工业用海主要包括船舶工业用海、电力工业用海和其他工业用海。

其中电力工业用海为台州发电厂项目，位于椒江小圆山西侧海域，主要用海方式为码头、电厂进水口及排水口用海（图 5.49）。船舶工业用海位于椒江两岸，形成了椒江造船产业带，以船舶修造厂船排、码头等用海为主。其他工业用海主要为企业专用码头，如水产品加工码头、制冰厂码头等。

图 5.49　台州发电厂

5.6.4　海域使用特点

本海域用海特征为：渔业养殖是本海域主要的海洋开发利用活动，以围海养殖为主，具有规模大、连片开发的特点，渔港码头集中分布于几个主要的渔港区；工业用海以船舶工业和电力工业为主，开发密度较大，尤其是船舶工业已形成造船产业带；交通运输用海以港口码头为主，多分布于岸线顺直、港域开阔的河口海域。

椒江口集中了本海域大部分工业用海和交通运输用海项目，是台州港建设的核心功能区。工业用海以分布在椒江近海口两岸的船舶工业为主，其次为电力工业；海门港是台州港的重要组成部分，分布着数十个集装箱码头、装卸码头和客货码头；渔业用海以围海养殖为主，成片分布于椒江口两岸，随着椒江口临港产业区的发展，有转为工业填海造地的趋势；渔业基础设施用海主要为渔港码头，多分布于椒江口中心渔港。

台州列岛和东矶列岛海域渔业资源丰富，是浅海养殖、滩涂养殖的集中区域，同时有少量人工鱼礁项目。其中，台州列岛的大陈渔港是国家一级渔港，水产码头遍及每个岙口；上、下大陈岛附近海域分布着大面积的网箱养殖和筏式养殖，以及人工鱼礁用海；东矶列岛的东矶岛及小东矶岛拥有丰富的潮间带滩涂资源，贝类养殖较为发达，头门岛在台州港总体规划中为综合性枢纽港区，未来将是台州港的核心港区。

5.7　乐清湾海域使用现状分析

5.7.1　海域特点及功能定位

乐清湾分属台州市和温州市，位于浙江南部瓯江入海口北侧，是深入内地的半封闭型海湾（图 5.50）。南北长 47 km，东西宽 15 km，湾内水深港阔，岛屿错列。沿岸有清江、白溪、水涨、灵溪、江厦等 30 余条大小溪流入注湾内。

图 5.50　乐清湾海域范围示意图

湾内滩涂资源丰富，分为淤涨型或相对稳定型两类。其中淤涨型海涂主要位于乐清市东部黄华岐头至蒲岐打水湾，纵长约 24 km，最宽达 5.5 km。此处泥沙来源丰富，是乐清湾南口来沙和瓯江北口分支输入湾内泥沙的主要淤积场所，滩面逐渐淤高，岸线不断外推；湾北由于入湾泥沙量减少，滩涂趋于稳定。

乐清湾水体容量较大，陆地山势与海岸平行，为陆域港湾小气候。湾内冬季温暖，春季气温回升早，沿岸地区气候条件优越。水质肥沃，饵料生物丰富，十分利于海水养殖，主要经济鱼类 20 余种，是浙江省蛏、蚶、牡蛎 3 大贝类的养殖基地和苗种基地。

本海域在省级海洋功能区划中的功能定位主要为海洋渔业、港口海运、临港产业和湿地保护。重点功能区为：乐清湾养殖区、台州港口区（大麦屿港区）、温州港口区（乐清湾港区）、台州临港产业区和温州临港产业区（乐清湾部分）、海山及江厦潮汐能区、西门岛海洋特别保护区、乐清湾海洋风景旅游区等。

5.7.2　海域使用现状

“海域使用现状调查”结果表明，乐清湾海域面积约 417 km^2，海域使用面积为 212 km^2，海域使用率为 50.8%；海域利用面积约 285 km^2，海域利用率为 68.3%（附图 21）。

从用海面积来看，不考虑公共用海，渔业用海是本海域的主要用海类型（表 5.7），占用海总面积的 89.1%；其次为造地工程用海，占用海总面积的 4.2%；交通运输用海位居第三，所占比例为 3.6%。

表 5.7 浙江省乐清湾海域使用现状（不含公共用海）

一级类	用海面积/km^2	占本海域用海总面积比例/（%）	用海项目数/宗（个）	占本海域用海项目数比例/（%）
渔业用海	144.955 3	89.3	557	81.6
交通运输用海	4.564 1	3.6	41	6.0
工业用海	5.924 6	2.8	46	6.7
旅游娱乐用海	0.071 5	0.04	2	0.3
海底工程用海	0.050 4	0.03	21	3.0
造地工程用海	6.795 1	4.1	8	1.2
特殊用海	0.412 5	0.02	8	1.2

从用海项目数来看，渔业用海最多，用海项目数多达557宗（个），占本海域用海项目数的81.6%；其次为工业用海，项目数为46宗（个），所占比例为6.7%；交通运输用海项目数为41宗（个），所占比例为6%。

5.7.3 主要用海类型布局

5.7.3.1 渔业用海

乐清湾的大麦屿渔港是国家二级渔港，港口条件较好，长期以来是玉环县渔船的避风良港，台风期和寒潮期大量渔船在此锚泊、避风。目前，大麦屿渔港扩建工程已开工建设，工程的建设将初步改善避风锚地不足的情况，对保障渔民生命财产安全，促进渔业生产和经济持续发展具有重要意义。

乐清湾海洋渔业资源丰富，是浙江省重点的海水养殖和苗种基地。湾内滩涂资源丰富，土质肥沃，同时是水体交换良好的隐蔽性海湾，水深、水温、盐度、营养物质和生物饵料均适合于鱼、虾、贝、藻类的生长，具有得天独厚的海水养殖条件。

乐清湾内开放式养殖包括滩涂养殖和网箱养殖。其中滩涂养殖主要分布在内湾和外湾西侧滩涂资源丰富的海域（图5.51）；网箱养殖主要位于乐清市的南塘和清江、玉环县海山和芦浦等区域的浅海海域（图5.52）。

5.7.3.2 造地工程用海

乐清湾海域造地工程用海规模不大，主要农业填海造地，形成的土地多用于发展水产养殖业。适度的造地工程用海充分利用了湾内良好的滩涂自然条件，满足了本地区水产养殖业的发展需求。

5.7.3.3 交通运输用海

大麦屿港区位于玉环岛西南乐清湾东岸，是台州市可建万吨级以上泊位的深水港址。该港区具有满足第五代以上集装箱船自由进出的资源优势。港区航道顺直，水深均在13.5 m以上，航道宽度达4.5 km，3～10万吨级船舶可自由进出。由于位于乐清湾中部，港区三面环山，湾口外又有岛屿掩护，是天然的避风良港。

图 5.51 乐清湾内海水网箱养殖

图 5.52 玉环海山乡滩涂养殖

目前，大麦屿港区建有以多用途 5 万吨级码头工程（图 5.53）为代表的码头 13 座，分别开通了 5 条集装箱内支线，开辟了至印尼、日本、韩国、越南、挪威的航线。作为玉环打造的三大新平台之一，大麦屿港的港口物流平台将辐射金华、义乌乃至江西，水水中转的优势腹地可衔接到上海甚至长江沿线的诸多城市。

乐清湾港区位于乐清湾西侧乐清市南岳镇和蒲歧镇的乐清湾沿岸，港区规划范围北起南塘镇黄家里，南至西干河，岸线全长约 16.6 km。乐清湾港区属远期温州港口重点发展区域，目前建有浙能乐清电厂 2 个 5 万吨级煤炭泊位。

图 5.53　台州港大麦屿港区多用途码头一期工程 5 万吨级码头工程

5.7.3.4　工业用海

乐清湾海域的工业用海主要集中在玉环县大麦屿港区和乐清市乐清湾港区内，用海类型包括船舶工业、电力工业及其他工业。

电力工业用海主要为位于乐清湾东岸的华能玉环电厂（图 5.54）和西岸的浙能乐清电厂，以厂区建设填海工程和电厂专用码头为主。

图 5.54　华能玉环电厂码头

船舶工业用海主要为位于大麦屿港区及乐清湾港区的修造船厂；其他工业用海主要为企业专用码头，如钢铁业多用途码头、制冰厂码头、砂场码头等。

5.7.4　海域使用特点

本海域用海特征为：渔业用海在本海域海洋开发利用中占主导地位，多集中于湾顶及湾中海域，沿岸均分布有规模各异的滩涂养殖和围海养殖，另有网箱养殖位于湾中水深条件适宜的海域；工业用海、造地工程用海和交通运输用海多分布于湾中及湾口水深条件较好的海域，具有成片开发的特征，其中湾口开发强度较大。

湾顶滩涂资源丰富，涂质良好，是乐清湾内渔业用海最集中，开发规模最大的海域。用海类型单一，以滩涂养殖为主，另有少量的围海养殖存在。

湾中海域以养殖用海为主，兼顾工业用海及造地工程用海。养殖用海项目单项用海面积不大，但沿岸开发较为密集，主要为位于乐清市及玉环县茅延岛、茅坦岛沿岸海域的滩涂养殖及围海养殖，离岸一定距离的湾中海域密布网箱养殖。工业用海、造地工程用海项目数及规模均较小，其中以乐清市船舶工业用海规模最大。

湾口集中了乐清湾主要的工业用海、交通运输用海及造地工程用海。其中，工业用海主要为电力工业及其他工业用海，规模最大的包括湾口东侧的华能玉环电厂及湾口西侧的浙能乐清电厂，用海方式以码头及围填海为主。交通运输用海主要位于大麦屿港区，港区水深条件和避风条件良好，是乐清湾最重要的港口航运区。造地工程位于湾口的乐清蒲岐镇沿岸，该海域滩涂资源丰富，属于淤涨型岸滩。

5.8　瓯江口及洞头列岛海域使用现状分析

5.8.1　海域特点及功能定位

瓯江口及洞头列岛海域（图 5.96）位于温州市区沿海，区位条件优越，岛屿众多，海岸线较长，拥有丰富的港口、滩涂、渔业和旅游等得天独厚的资源。

瓯江口是我国列长江口、黄河口、珠江口、钱塘江口之后的又一大主要河口，与这些河口一样，亦是感潮河口，潮波进入浅海后，水深、地形不断变化加上径流的作用，浅海分潮由东向西、由湾口到湾顶渐增。作为强潮河口，瓯江口具有潮差大、含沙量大、潮流动力作用强劲、滩槽变化频繁、边滩与深槽犬牙交错等特点，泥沙在强潮作用下，主要向南北扩散。灵昆岛将口门分为南北两口，南口宽浅顺直，自 1979 年潜坝建成后全面淤积；北口为微弯河段，河岸抗冲性好，河势稳定，是进入瓯江的深水航道。

瓯江口外的洞头列岛，散布于东海大陆架上，群山环抱，地势险要。列岛岸线绵长，沿岸形成众多的天然港湾和岬角，比较成规模的港湾有 31 处，大多为规则半日潮港，比较大的岬角有 21 处。各岛西北岸边及部分港湾，来自瓯江等河流通道冲积和岛屿上冲刷下来的泥沙形成滩涂，具有较丰富的滩涂资源。

瓯江口及洞头列岛海域有良好的建港条件，是实施温州中心城市东扩的战略重地。该海域岸线长达 30 km，可建万吨级以上泊位的深水岸线达 15 km，有多处具备建设 5×10^4 t 以上泊位的条件，其中大门岛港区可建 30×10^4 t 泊位，状元岙港区最大可达 20×10^4 t，是浙南、闽北地区和温州都市经济圈及其腹地地区建设内外贸海上口岸的最佳地之一。

本海域在省级海洋功能区划中的功能定位主要为港口海运、临港产业、海洋渔业和海洋旅

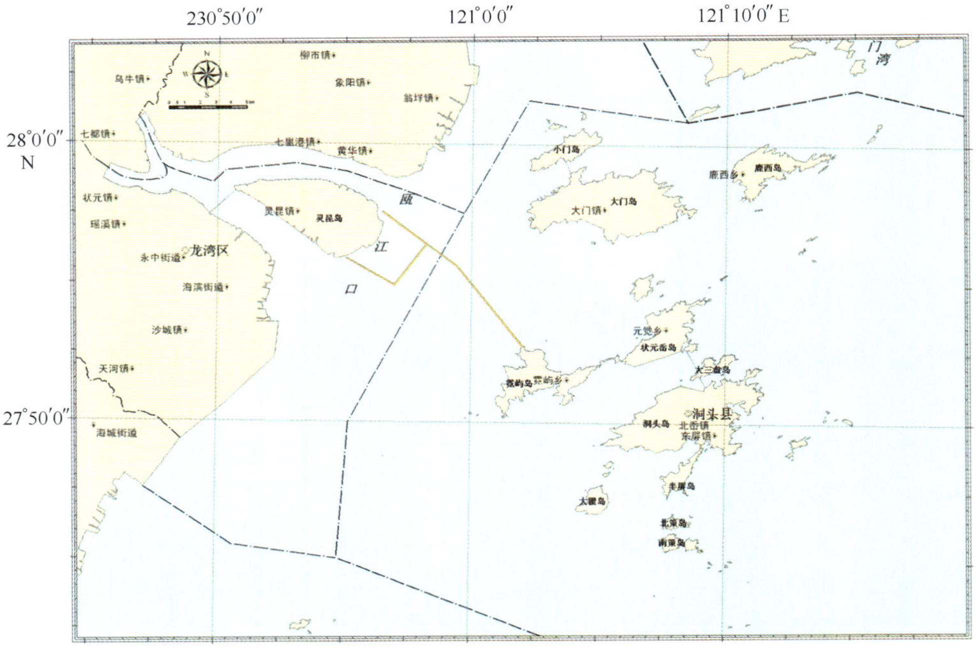

图 5.55 瓯江口及洞头列岛海域范围示意图

游。重点功能区为：温州港口区（不含乐清湾港区）、温州临港产业区、温州沿海围海造地区、洞头围海造地区、洞头半岛工程跨海桥梁区、洞头养殖区、洞头东部海域增殖区、洞头渔场、洞头列岛风景旅游区、洞头海岛珍稀与濒危植物自然保护区和典型海蚀地貌保护区等。

5.8.2 海域使用现状

“海域使用现状调查”结果表明，本功能区海域面积约 1 039 km^2，海域使用面积为 208.878 4 km^2，海域使用率为 20.1%；海域利用面积约 400 km^2，海域利用率为 38.4%（附图 22）。

从用海面积来看，不考虑公共用海，渔业用海是本海域的主要用海类型（表 5.8），占用海总面积的 54.7%；其次为造地工程用海，所占比例为 29%；工业用海位居第三，占用海总面积的 8.2%；第四为交通运输用海，所占比例为 3.9%。

表 5.8 浙江省瓯江口及洞头列岛海域使用现状（不含公共用海）

一级类	用海面积/km^2	占本海域用海总面积比例/（%）	用海项目数/宗（个）	占本海域用海项目数比例/（%）
渔业用海	58.799 5	54.7	141	35.3
交通运输用海	4.192 8	3.9	73	18.3
工业用海	8.798 6	8.2	112	28.0
旅游娱乐用海	1.900 9	1.8	5	1.3
海底工程用海	1.492 8	1.4	7	1.8
排污倾倒用海	1.039 4	1.0	2	0.5
造地工程用海	31.220 5	29.0	53	13.3
特殊用海	0.100 01	0.1	7	1.8

从用海项目数来看，渔业用海最多，用海项目数为 141 宗（个），占本海域用海项目数的 35.3%；其次为工业用海，项目数为 112 宗（个），所占比例为 28.0%；交通运输用海项目数为 73 宗（个），所占比例为 18.3%；造地工程用海项目数为 53 宗（个），所占比例为 13.3%。

5.8.3　主要用海类型布局

5.8.3.1　渔业用海

本海域渔业基础设施用海多集中在洞头中心渔港内，该渔港位于洞头南部黑牛湾海域，是国家一级渔港（图 5.56），是浙南地区最大规模的集渔船避风、水产品加工、流通、渔需物质补充及休闲渔业基地于一体的海港。

图 5.56　洞头中心渔港

养殖用海主要位于洞头县附近海域。洞头县渔业养殖规模较大，“两菜一箱”（羊栖菜、紫菜、深水网箱）特色明显，其中，浅海养殖区域主要分布于洞头岛、鹿西岛和大门岛附近海域（图 5.57）；滩涂养殖区域主要分布于大门岛西部和霓屿岛（图 5.58）四周；围海养殖区域主要分布在双朴、大门、霓北和北沙等地（图 5.59）。目前除鹿西岛渔业养殖开发规模较小外，其余地区均具有较大规模的发展。

5.8.3.2　造地工程用海

瓯江口及洞头列岛海域拥有丰富的可开发利用滩涂资源，理论深度基准面以上的滩涂资源约 33×10^4 亩，主要集中在瓯江南口、大小门岛和龙湾沿海海域，与瑞安沿海滩涂连成一片。

“温州浅滩”围涂工程是温州市建设规模最大的滩涂围垦工程（图 5.60）。该项目位于龙湾区灵昆岛东侧与洞头县霓屿岛之间，由南、北两条围涂大堤构成，将灵昆岛与霓屿岛之间的高滩连成一片。长 14.5 km 的灵霓北堤工程已于 2006 年 4 月建成，围涂面积 3.05×10^4 亩

图 5.57　洞头岛浅海养殖

图 5.58　大门岛滩涂养殖

的一期围涂工程于2010年底全面完工，温州浅滩二期围涂促淤堤工程于2010年6月开工，东连正在建设中的一期围涂的南围堤，西连小霓屿山，将建设一条全长9.397 km、堤顶高程0.20 m，宽4 m的促淤坝。随着该工程的建设实施，温州城市发展空间将向东延至洞头诸岛，可新增包括洞头诸岛在内的超过200 km^2 的发展空间。

瓯江南口也分布着一些大规模围垦区，如龙湾区滨海围垦、永兴围垦南、北片、天城围垦、丁山围垦一期等，工程建成后，围区内主要开发方向为农业（含水产养殖）。同时，建成的标准海堤能抵御较大的台风暴潮，有效保护当地人民生命财产安全，效益巨大。

洞头各岛西北岸边及部分港湾，由于河流的冲积而积聚的泥沙形成了丰富的滩涂资源，为围垦造地工程提供了有利条件。其中，面积较大的有洞头状元岙南片围垦、北岙围垦、杨

图5.59　洞头县大门镇虾塘养殖

图5.60　“温州浅滩”围涂工程

文围涂、洞头大门岛黄岙二期围涂、温州石化基地小门岛西片围填海等工程。

5.8.3.3　工业用海

瓯江口及洞头列岛的海洋产业发展，依托独特的海洋资源优势和轻工产业基础，将构建“一轴、两环、两岛”的产业格局，打造具有较强竞争优势的新型临港产业集聚区，建设浙江海洋经济发展示范区。

“一轴”即灵昆岛—温州浅滩围垦—状元岙港区发展轴。主要作为温州口外深水港的产业延伸带和温州城市东拓的发展轴，发展临港工业、港口物流、出口加工、港航服务等带有明显港口经济特色的第二、三产业。

“两环”即环海中湖发展圈，通过五岛连桥和高速公路连接线工程建设、城市岸线景观资源开发，紧密围合洞头本岛北部、状元岙岛南部和三盘岛、花岗岛，成为城市发展的核心和以海岸风光、海上娱乐、海上运动、滨海人居和休闲度假为特色的滨海综合旅游产业带，成为“海上西湖”；环洞头渔港经济带以温州（洞头）中心渔港和东沙港为核心，以连港环岛公路为纽带，以水产品加工基地为依托，集渔船避风补给、水产贸易、加工制造、旅游休闲为一体的特色经济带。

“两岛”即大小门石化产业岛，依托大（小）门岛油气中转储运基地的产业基础以及大小门岛与乐清连陆工程，抓住新一轮东海油气开采和上岸的机遇，大力引进大型石化工业项目，建设温州石化产业基地，成为“温州石化产业岛”。鹿西渔业产业岛，作为温州主要的渔业捕捞基地和重要的水产品交易基地。合理利用岸线优势，积极引进发展大型船舶修造基地，成为浙南船舶修造基地的重要组成部分。

本海域工业用海包括船舶、电力、其他工业用海等，其中电力工业用海主要为龙湾调峰电厂燃油码头和温州发电厂，分别位于龙湾区瑶溪镇龙东村炮台山东侧和瓯江口北侧的乐清市磐石镇；船舶工业用海主要位于瓯江口乐清沿岸；其他工业用海主要分布在龙湾和鹿西岛海域。布局基本符合“一轴、两环、两岛”的产业格局。

5.8.3.4 交通运输用海

2005年，由多个跨海大桥组成的洞头连岛工程全线竣工，洞头县公路网络趋于完善。2006年4月，灵霓北堤正式通车，标志着洞头县“半岛”工程全面完成。该大堤一端连接洞头县霓屿岛，一端经灵昆岛连接陆地，是国内目前最长的跨海大堤。

本海域的港口码头用海项目多分布在温州港的龙湾港区和状元岙港区，半岛工程建成后，使状元岙深水港（图5.61）的开发建设成为可能，并使温州港由河口型港口转为以海湾为主的综合型港口。状元岙深水港是温州港总体规划“一港七区”中的核心港区，是以外贸集装箱和大宗散杂货为主，集港口物流和临港工业为一体的综合性港区。

图5.61 状元岙深水港

状元岙位于洞头列岛中部，具有万吨级以上可建港岸线 6.5 km，水深 10 m 至 15 m，且具有较好的陆域纵深，是建 5×10^4 t 以上泊位的理想岸线。2008 年 6 月，状元岙港区工程一期 2 个 5×10^4 t（兼靠 10×10^4 t）码头建成，并于 2010 年投入营运。状元岙深水港的建设，开创了温州港口建设的新纪元，为区域性枢纽港的打造奠定了坚实的基础设施条件。

5.8.4 海域使用特点

本海域用海特征为：渔业养殖用海以网箱养殖为主，充分利用了洞头列岛邻近海域的优质海水资源；工业用海以船舶工业为主，其次为石化产业，呈现出组团式开发的特征；造地工程用海项目较多，除利用近岸滩涂资源的围填海项目，还有大规模的连岛造地工程；交通运输用海以洞头“半岛”工程的诸多跨海桥梁为主，海域内深水岸线均有港区建设。

瓯江口两侧主要为工业用海和交通运输用海。工业用海中用海面积较大的为船舶工业用海，主要分布于瓯江口北侧，已形成产业带；交通运输用海主要为港口码头，多位于乐清七里港镇的温州港七里港区和龙湾状元镇的温州港龙湾港区。造地工程用海主要位于瓯江出海口，“温州浅滩”围涂工程是温州市建设规模最大的滩涂围垦工程，位于瓯江南口的龙湾区滨海围垦、永兴围垦南、北片、天城围垦、丁山围垦一期等围涂工程，为温州瓯江新区发展提供了大量的土地空间。

洞头列岛主要为渔业用海、工业用海、造地工程用海和交通运输用海。渔业基础设施用海以国家一级渔港洞头中心渔港为核心，养殖用海以“两菜一箱”为特色，养殖发展规模较大，主要分布于洞头岛、鹿西岛、大门岛附近海域；工业用海项目和围海造地工程项目包括大小门岛石化工业产业基地、状元岙深水港区、杨文三期物流基地、鹿西船舶修造基地等；交通运输用海主要为洞头五岛相连的交通基础建设工程，另外状元岙深水港区工程为区域性枢纽港的打造奠定了坚实的基础设施条件。

5.9 南麂、北麂列岛海域使用现状分析

5.9.1 海域特点及功能定位

南麂列岛和北麂列岛海域的海洋渔业资源和海洋旅游资源较为丰富，海洋生态保护较好，具有重要的海洋生态保护价值（图 5.62）。

北麂列岛位于浙江省东南沿海，北与洞头列岛峙头洋相接，南与南麂列岛相邻，距大陆岸线约 50 km。主要由北麂岛、大明甫岛、小明甫岛、下岙岛、关老爷岛等 16 个岛屿组成。附近海域宽广，天然水深条件好，周边自然水深均在 20 m 以上。浙江传统渔场之一的北麂渔场也位于该海域。

南麂列岛位于浙江省平阳县鳌江口外 56 km 的东海海面上，主要由南麂岛、竹屿、大小柴屿、上下马鞍岛等大小 52 个岛屿组成。附近海域海洋生物资源丰富，有贝类 403 种，藻类 174 种，鱼类 397 种，贝类和藻类数量均占我国海洋贝藻类总数的 20% 以上，誉之为“贝藻王国”。1990 年 9 月，经国务院批准南麂列岛成为我国首批 5 个国家级海洋类型自然保护区，是我国唯一的国家级海洋自然保护区，其在海洋生态方面有着重要的研究价值，是海洋生物“南种北移，北种南移”的资源库，1998 年成为我国目前唯一纳入联合国教科文组织世界生

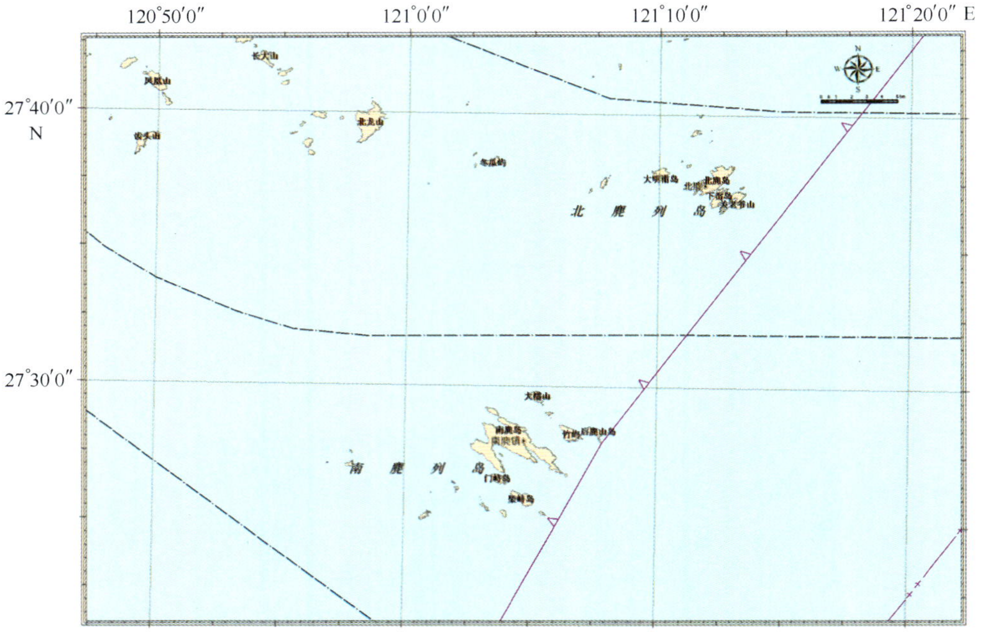

图 5.62　南麂、北麂列岛海域范围示意图

物圈保护区网络的海洋类型自然保护区。2002 年被联合国开发计划署列为全球环境基金“中国南部海域生物多样性保护示范区”，成为一个以保护海洋生物多样性为目标，以海洋贝藻类及其生态环境为主要对象的特定海洋生态保护区。

本海域在省级海洋功能区划中的功能定位主要为海洋生态保护、海洋渔业和海洋旅游。重点功能区为：南麂列岛国家级海洋自然保护区、南麂列岛海域汇聚流生态保护区、南北麂岛风景旅游区、南北麂渔场捕捞区、南麂列岛增殖区、南麂列岛养殖区等。

5.9.2　海域使用现状

“海域使用现状调查”结果表明，本功能区海域面积为 611.021 3 km^2，海域使用面积为 37.339 1 km^2，海域使用率为 6.1%；海域利用面积约 100 km^2，海域利用率为 16.3%（附图 23）。

从用海面积来看，不考虑公共用海，本海域只有两种用海类型（表 5.9）：渔业用海和特殊用海，其中，渔业用海占用海总面积的 66.8%，用海项目数为 19 宗（个），占本海域用海项目数的 73.1%；特殊用海占用海总面积的 33.2%，项目数为 7 宗（个），占本海域用海项目数 26.9%。

表 5.9　浙江省南麂、北麂列岛海域使用现状（不含公共用海）

一级类	用海面积/km^2	占本海域用海总面积比例/（%）	用海项目数/宗（个）	占本海域用海项目数比例/（%）
渔业用海	15.5325	66.8	19	73.1
特殊用海	7.7132	33.2	7	26.9

5.9.3　主要用海类型布局

本海域的用海项目全部集中的南麂列岛周边，主要有南麂列岛人工鱼礁生态渔业建设和海珍品养殖基地建设的渔业用海，以及南麂列岛国家海洋自然保护区的海洋保护用海等。

5.9.3.1　渔业用海

南麂列岛附近海域地理位置优越，生态环境良好，自然资源十分丰富，具有重要的保护价值和很大的开发潜力。利用南麂列岛生态环境多样，物种资源丰富，浅海水域广阔，无公害环境，海水无污染，水温、盐度稳定，海水透明度较高，水质肥沃，浮游生物丰富等自然条件，建设海珍品苗种研究、生产及养殖技术示范基地，能较好地体现特色，同时减轻环境负荷，促进保护区保护和开发协调发展。在南麂岛的西北和南面分布着 4 个较大的海珍品及深水网箱养殖基地（图 5.63）。

图 5.63　南麂岛海珍品及深水网箱养殖基地

南麂列岛的人工鱼礁建设也具有得天独厚的优势，其海洋自然条件优越，海洋生物、特别是贝藻类生物资源丰富，不仅海洋生物物种繁多而且还具有热带、亚热带、温带 3 种区系和地域上的断裂分布现象，呈现多种流系交替影响下的物种资源特征，来自南部高温、高盐的台湾暖流及其所形成的上升流，为南麂列岛海域的海洋生物的繁殖和生长提供了丰富的饵料。南麂列岛国家级海洋自然保护区先后投放 70 座各类人工鱼礁，达 9.1×10^4 空立方，是浙江省人工鱼礁区中最大的一处，为贝藻、鱼类建起了一个大型海底“别墅群”。

5.9.3.2　特殊用海

该海域的特殊用海为南麂列岛国家级海洋自然保护区（图 5.64）。南麂列岛国家级海洋自然保护区是我国唯一的以海洋贝藻类及其生态环境为保护对象的海洋类型保护区，其贝藻类资源多样性、特异性的独特区系分布特征，有着重要的科研和学术价值。保护区实现三级分区管理，划分为核心保护区、缓冲区、实验区。其中，核心区位于大擂山、后麂山、稻挑山、小柴屿、上、下马鞍及其南麂岛南部的近岸 200 m 以内海域，包括龙船礁、虎屿、大沙岙（2/3 海滩）等区域。核心保护区中的大擂岛以保护水仙花为主，下马鞍以保护藻类为主。

图 5.64　南麂列岛自然保护区

5.9.4　海域使用特点

本海域用海特征为：由于距离大陆较远、已被设为国家级海洋自然保护区等原因，南、北麂列岛海域的海洋开发活动以保护为主，除深水网箱养殖和具有养护性质的人工鱼礁，以及海洋特别保护区用海，本海域无其他类型的海洋开发活动。

用海项目在本海域的分布特点表现为：南麂列岛附近海域主要为渔业用海和特殊用海。南麂列岛附近渔业用海主要为海珍品及深水网箱养殖和人工鱼礁建设用海；南麂列岛为我国首批五个国家级海洋类型自然保护区，是我国唯一的国家级海洋自然保护区（贝藻类），在海洋生态方面有着重要的研究价值。

北麂列岛附近海域宽广，天然水深条件好，但由于海岛远离大陆，岛上居民较少，渔业生产不发达。目前，当地政府正加强北麂避风港防浪堤、渔用码头的建设，并积极开展深水网箱养殖基地工程。

5.10　典型功能区用海特点分析

5.10.1　功能区海洋开发强度

9 个典型功能区海洋开发强度的统计分析结果表明（表 5.10），宁波—舟山海域和乐清湾海域的海洋开发强度最高，海域利用率分别为 60.5% 和 68.3%。宁波—舟山海域是宁波—舟山港所在地，用海项目众多，海岸线密布着港口码头、临港产业、造地工程等用海项目，各港区之间航道、锚地交错纵横，大陆与海岛、海岛与海岛之间分布着众多跨海桥梁及海底电缆管道；乐清湾海域滩涂资源丰富，气候条件较好，是浙江省蛏、蚶、牡蛎三大贝类的养殖基地和苗种基地，渔业用海是其主要的海洋开发活动，除此以外还有利用湾内滩涂资源的造地工程、依深水岸线而建的港口码头及工业用海。

表 5.10　浙江省 9 个典型功能区海域使用率及海域利用率

地区	海域总面积 /km²	已使用海域面积 /km²	海域使用率 (%)	海洋开发总面积 /km²	海域利用率 / (%)
杭州湾海域	1 888.676 3	270.430 0	14.3	497.847 6	26.4
宁波—舟山海域	2 419.688 9	499.578 0	20.7	1 462.782 6	60.5
岱山—嵊泗海域	6 344.793 5	762.886 3	12.0	1 886.207 8	29.7
象山港海域	564.472 8	116.419 5	20.6	203.963 8	36.1
三门湾海域	697.711 4	173.771 7	24.9	217.764 9	31.2
台州湾海域	1 341.931 0	178.147 4	13.3	306.789 6	22.9
乐清湾海域	417.305 4	211.917 3	50.8	284.826 7	68.3
瓯江口及洞头列岛海域	1 039.270 3	208.878 4	20.1	399.533 7	38.4
南麂、北麂列岛海域	611.021 3	37.339 1	6.1	99.739 6	16.3

象山港海域、瓯江口及洞头列岛海域海洋开发强度相当，海域利用率分别为 36.1% 和 38.4%。象山港海域的自然、资源条件都适合进行各类海洋开发活动，受《宁波市象山港海洋环境和渔业资源保护条例》的限制，象山港海域渔业养殖、工业开发、造地工程用海均得到了有效的控制；随着洞头列岛半岛工程的实施，瓯江口及洞头列岛海域的海洋开发活动由传统的渔业用海为主，向工业用海、造地工程用海逐渐增大的方向转变，实现半岛工程的跨海桥梁是其交通运输用海的主要组成部分。

杭州湾海域、岱山—嵊泗海域、三门湾海域、台州湾海域的海域利用率分别为 26.4%、29.7%、31.2% 和 22.9%（图 5.65）。这 4 个功能区的共同特点是开发利用条件相对成熟的近岸海域面积较小，造成海域海洋开发利用强度相对较低。

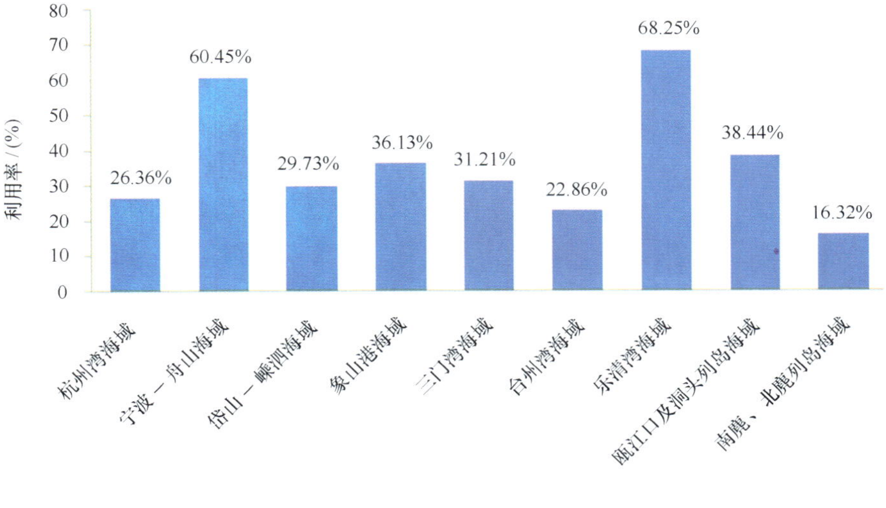

图 5.65　浙江省 9 个典型功能区海域利用率图

9 个典型功能区中，南、北麂列岛海洋开发利用强度最低，海域利用率仅为 16.3%。主要原因为该海域离大陆距离较远，且南麂列岛已设立了国家自然保护区，使海洋开发利用活动受到限制。

5.10.2 功能区海域使用特点分析

浙江省 9 个典型功能区主要的用海类型为渔业用海、造地工程用海、交通运输用海、工业用海，以下对这 4 大用海类型在各个功能区的分布特点加以分析。

5.10.2.1 渔业用海

9 个功能区中，台州湾海域、乐清湾海域、三门湾海域和象山港海域的渔业用海占本海域用海总面积的比例较高，分别为 96.0%、89.1%、75.7%、68.4%（图 5.66），该 4 大港湾皆为水产资源、滩涂资源富集的海域，港湾内海岸线多为淤泥或沙质泥岸，且避风条件较好，适合进行围海养殖、开放式养殖等海洋开发，及渔业基础设施的建设。

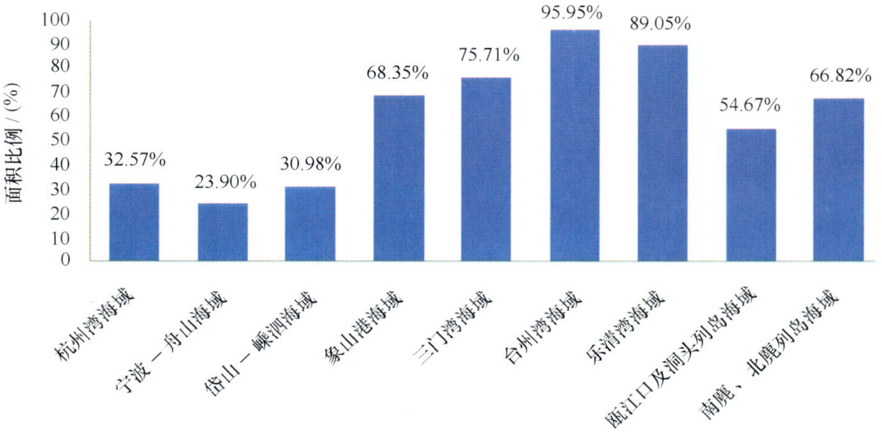

图 5.66 浙江省 9 个典型功能区渔业用海占本海域用海总面积比例图

南麂、北麂列岛海域水深条件、水质条件较好，是国家级海洋类型自然保护区，为浙江省海珍品、深水网箱养殖、人工鱼礁建设的天然基地。

瓯江口及洞头列岛海域的渔业用海主要集中在洞头列岛附近。洞头渔业生产历史悠久，规模较大，在整个海岛经济中占据重要地位，目前洞头县正通过壮大海水养殖规模、调整优化捕捞结构、拓展水产品加工流通业，促进海岛渔业经济更好更快地发展。

杭州湾海域、宁波—舟山海域、岱山—嵊泗海域海洋开发利用活动主要以发展港口海运和临港产业为主，仅在近岸浅滩或岛屿港湾中有小面积的围海养殖和开放式养殖。

5.10.2.2 造地工程用海

9 个功能区中，杭州湾海域、瓯江口及洞头列岛海域、宁波—舟山海域的造地工程用海占本海域用海总面积的比例较高，分别为 57.8%、29.0% 和 26.6%。杭州湾海域滩涂资源丰富，随着陆域经济发展、产业集聚提升，经济社会发展与土地资源供需矛盾日益突出。围海造地工程为临港产业建设的土地资源储备提供了有力保障；瓯江口及洞头列岛海域的“温州浅滩”围涂工程是温州市建设规模最大的滩涂围垦工程，另有状元岙港区围垦工程、黄岙二期围涂等围海造地工程，为温州产业新区、临港产业基地的建设提供了充足的土地资源；宁波—舟山海域的造地工程用海主要是为临港产业发展提供土地资源的城镇建设填海造地项目，集中分布在宁波大榭岛、六横小郭巨以及小干山岛等海岛附近海域。

受《宁波市象山港海洋环境与资源保护条例》限制，象山港海域围海造地海洋开发活动受到了有效的遏制，仅为 10%；三门湾、乐清湾、台州湾海域虽有一定的滩涂资源，主要海洋开发活动为滩涂养殖及围海养殖，造地工程用海比例相对较低（图 5.67）；岱山—嵊泗海域造地工程用海比例较低，仅为 3.9%，主要原因为滩涂资源较少。

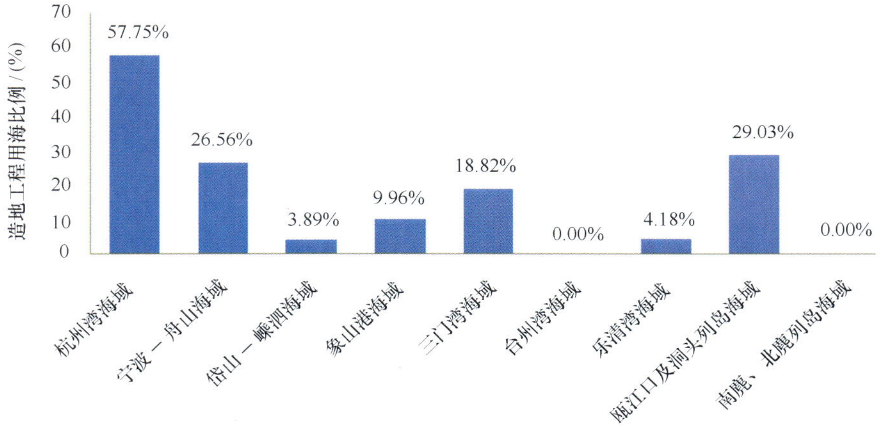

图 5.67　浙江省 9 个典型功能区造地工程用海占本海域用海总面积比例图

5.10.2.3　交通运输用海

岱山—嵊泗海域的交通运输用海占本海域用海总面积比例为 52.7%，港口开发是该海域主要的海洋开发利用活动。其中，“上海国际航运中心洋山深水港区工程”是浙江省占用海域面积最大的交通运输用海项目，海域使用面积占到了该海域同类型用海的 90% 以上，使其交通运输用海所占比例偏高（图 5.68）。

宁波—舟山海域交通运输用海比例为 19.5%，主要为港口用海和路桥用海，集中于宁波—舟山港口区下属的各个港区。该海域岛屿众多、港湾纵横、水道深切，是九个功能区中港口资源最为丰富的海域，其功能定位主要为港口海运和临港产业。交通运输用海以港口码头为主，还有数目较多的跨海桥梁。

杭州湾海域、象山港海域、三门湾海域、台州湾海域、乐清湾海域、瓯江口及洞头列岛海域的交通运输用海相对较少，所占比例均小于 4%，南麂、北麂列岛海域无交通运输用海。

5.10.2.4　工业用海

宁波—舟山海域的工业用海占本海域用海总面积比例最高，为 21.4%（图 5.69）。宁波市与舟山市同属于浙江海洋经济发展示范区的核心区，其发展方向是依托宁波—舟山组合港、北仑—镇海—慈溪东部产业区和舟山产业区，结合舟山半岛工程和杭州湾跨海大桥建设，通

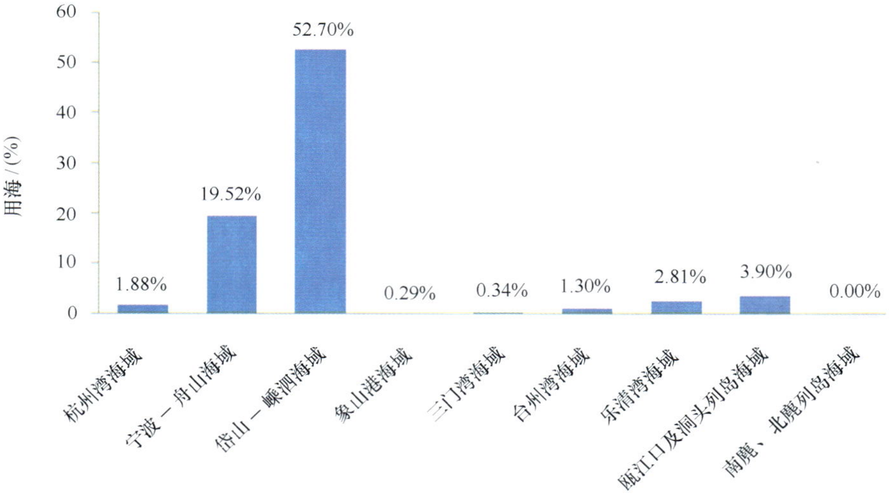

图 5.68　浙江省 9 个典型功能区交通运输用海占本海域用海总面积比例图

过陆海统筹、经济联动，提升石化、船舶、钢铁、装备制造等临港产业，打造全国重要的石化基地、能源基地和华东地区重要的钢铁基地、修造船基地和造纸基地。该海域的工业用海主要为船舶修造工业和企业专用码头，主要分布在宁波北仑港区、舟山本岛西北部以及六横岛北部等海域。

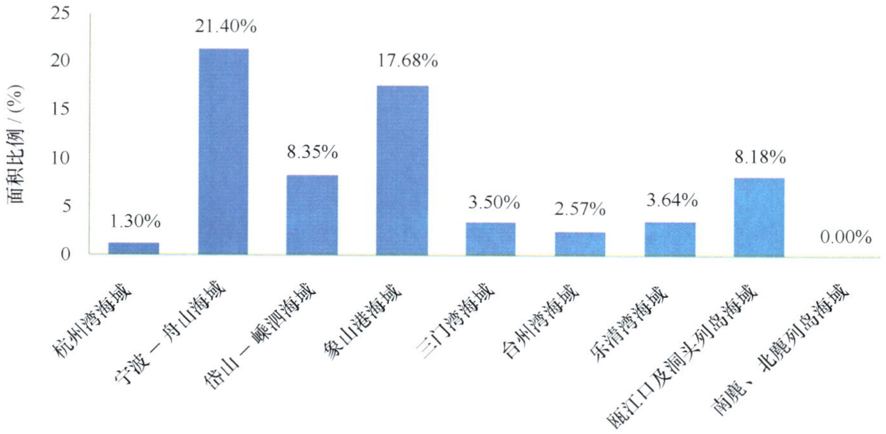

图 5.69　浙江省 9 个典型功能区工业用海占本海域用海总面积比例图

象山港海域的工业用海比例为 17.7%，象山港海域功能定位主要为生态养殖，同时具有一定的临港产业功能。规模较大的工业用海项目为船舶工业及电力工业，为保护象山港海洋生态环境，新建船舶工业仅限于港中部及港口，均为规模较大的造船厂。已建的两个大型电厂为全省的能源发展作出了巨大贡献，但同时电厂温排水对象山港海洋生态环境也带来了较大的影响。

其余 7 个功能区工业用海比例均低于 10%，除个别具有一定规模的船舶工业用海和电力工业用海项目外，大多为企业专用码头。

第 6 章　结论与建议

6.1　结论

6.1.1　海域使用背景评价

自然环境：浙江省海域位于东海海区，岸线曲折，港湾、岛屿众多，适宜于进行各类海洋开发活动；海域近岸均为中强潮区和强潮区，水道、湾口受地形制约潮流流速大，形成了多处天然港口、深水航道，具有港口开发的优越条件；入海河流带来的泥沙和来自内陆架海底的掀沙共同组成了海域的淤积物质，淤积形成的滩涂为渔业养殖、围海造地提供了良好的资源条件；大量的用海活动使海洋环境质量不容乐观，杭州湾、甬江口、象山港、椒江口、瓯江口和鳌江口等港湾和河口海域受到较严重的污染，反映出近岸海域开发强度过大的问题；海域处于亚热带季风气候区，季风区中气流的不稳定性常造成一些自然灾害，如台风、强冷空气、雾、大浪等，对海洋开发活动造成了较大的影响。

海洋资源：浙江省深水岸线和航道资源丰富，前沿水深 10 m 以上的深水岸线资源有 100 多处，主要航道约 100 条，且大多数航道的水深条件较好，具有优良的通航条件，已形成的宁波—舟山港为首的众多港口开发区；沿海潮间带多属开敞式岸滩，主要为泥沙来源丰富的淤涨型滩涂，重点分布于各海湾及通海河口。滩涂资源的开发利用以渔业养殖为主，同时作为重要的土地后备资源，用于围海造地工程的建设；全省海域水质肥沃、饵料丰富，生物种类繁多，渔业资源具有明显优势，渔业用海是全省最主要的海洋开发利用方式；沿海旅游资源兼具自然和人文、海域和陆域、古代和现代、观赏和品尝等多种类型，旅游开发活动多位于滨海陆域，占用海域的项目并不多。

海洋经济：作为一个海洋大省，浙江省在发展海洋经济上具有多方面的条件与优势。目前，海洋产业集群优势已逐步形成，海洋产业结构和布局正在逐步优化，相继开工和建设的重大海洋基础设施和重点工程，使海洋经济基础保障能力得到较大提高；以沿海港口城市为中心、以海岸带为主要依托而大力发展的海洋捕捞业和海洋运输业，使海洋经济取得了快速发展；海洋电力业、海洋船舶工业、海洋生物医药业和海洋交通运输业等海洋主要产业发展比较稳定，海洋渔业结构调整逐渐向纵深发展，呈现出由捕捞向养殖转变、由近海向深海远洋转变、数量型向效益型转变的良性发展趋势。

海域管理：经过近 10 年的努力，浙江省的海域使用管理工作取得了长足的发展，海域使用权在经济社会发展中的作用和地位日益增强；历经了纳入管理、规范提高、规范管理、快速发展等阶段之后，当前的海域使用管理工作、管理制度日趋完善，呈现出管理方式多样化、管理涉及面广的特点，逐步形成了规范用海、科学用海的海域使用秩序；海洋经济发展的同时也给海域管理带来了诸多问题，沿海经济的快速发展使建设用海需求大增，大量区位条件较好的近岸海域存在无序无度开发利用的现象，局部地区海域资源紧缺使得海域使用纠纷和矛盾逐渐增多。海域资源亟需科学配置、海域使用有待合理规划对管理工作提出了更高的要求。

6.1.2 海域使用现状评价

全省海域开发总面积为7 159.483 7 km^2，海域利用率为16.1%，5个沿海市中，海洋开发强度最高的是嘉兴市，其余依次为舟山市、宁波市、温州市和台州市；全省海洋开发利用活动集中于近岸、浅海海域，可持续利用空间已明显不足，亟需通过合理规划近岸海域的海洋开发布局、努力提升深远海开发利用能力、大力发展海洋战略性新兴产业等方式，达到科学用海及可持续发展的目的。

海洋开发利用活动中渔业用海占有绝对优势，用海项目密集分布于滩涂资源丰富、浅海渔业资源丰富和传统渔业发达的海域；宁波—舟山港、温州港、嘉兴港和台州港等几大港口区，是交通运输用海项目主要分布的海域；工业用海多位于以港口发展为依托的临港产业区内，用海类型以船舶工业、电力工业和其他工业为主；造地工程用海集中于滩涂资源丰富、土地需求量较大的海域，近年来呈现出过度发展的趋势；海底工程用海全部为海底电缆管道，多位于社会经济发展较快的群岛型海域；特殊用海以海岸防护工程为主，均为沿海岸线的海堤和防洪闸。

随着海洋开发利用能力的提高和近岸海域空间资源的减少，全省海洋开发利用活动正逐渐从近岸海域向近海海域拓展，海域使用的类型也逐渐增多。自2002—2008年，浙江省海域使用类型多样性指数从0.53增长至0.7，侧面反映了海域使用结构不断优化的历程，从以简单的渔业用海、造地工程用海为主，逐渐优化为渔业用海、造地工程用海、交通运输用海及工业用海并重，其他各类用海共同发展的用海格局；沿海各市中，宁波市和舟山市海域使用多样性指数最高，说明其海洋资源更具组合优势，嘉兴市海域使用多样性指数最低，岸线类型单一、海岛数量较少是其海域使用多样性较低的主要原因。

对全省经济社会发展具有重要意义的优势资源主要为深水岸线资源、海岛资源、滩涂资源、旅游资源和渔业资源。深水岸线资源和海岛资源的开发促进了海洋经济发展，提高了海域开发利用潜力，主要以舟山市的开发为主；滩涂资源开发对海洋经济发展有重大作用，其过度开发的趋势对今后海洋经济可持续发展影响较大；渔业资源衰退现象严重，但海水增养殖业发展较为迅速，已逐渐形成近海、外海、滩涂、海面、海底、陆地立体化多品种养殖的基地化、规模化生产格局；旅游资源特别是海岛旅游资源开发将是今后海洋经济发展的一大亮点；除风能资源可规模化利用外，其他海洋能资源的开发尚存在一定困难。

6.1.3 海域使用区域特点评价

全省9个典型功能区海域特点各异，功能定位各不相同。杭州湾海域和台州湾海域是喇叭口型海湾，滩涂资源较为丰富；宁波—舟山海域和岱山—嵊泗海域为近岸群岛型海域，港口岸线是其优势资源；三门湾海域和乐清湾海域为港汊众多的半封闭型海湾，是浙江省重要的渔业养殖基地；象山港海域是深入内陆的狭长型半封闭海湾，水体交换能力不足使其海洋生态系统较为脆弱；瓯江口 - 洞头列岛海域由感潮河口和近岸海岛组成，是实施沿海中心城市东扩的战略重地；南、北麂列岛海域是离岸较远的群岛型海域，具有重要的海洋生态保护价值。

以海域开发利用面积计，宁波—舟山海域和乐清湾海域的海洋开发强度最高，海域利用率分别为 60.5% 和 68.3%；象山港海域、瓯江口及洞头列岛海域海洋开发强度相当，海域利用率分别为 36.1% 和 38.4%；杭州湾海域、岱山—嵊泗海域、三门湾海域、台州湾海域的海域利用率分别为 26.4%、29.7%、31.2% 和 22.9%；南麂、北麂列岛海洋开发利用强度最低，海域利用率仅为 16.3%；对 9 个典型功能区的海域特点分析表明，功能区近岸海域面积、海域区位条件及空间资源特征是决定海洋开发利用强度的主要原因。

宁波—舟山海域和岱山—嵊泗海域同属于宁波—舟山港区，在 9 个功能区中交通运输用海占比最高，用海项目由数量众多的港口码头、航道、锚地和跨海桥梁组成；港口的高度开发带动了临港产业的发展，加上处于浙江海洋经济发展示范核心区的优越区位条件，使这两个功能区的工业用海同样较为发达，形成了北仑—镇海—慈溪东部临港产业区，和由舟山本岛、金塘岛、六横岛、岱山、衢山及大小洋山组成的舟山临港产业区；宁波—舟山海域和岱山—嵊泗海域在省级海洋功能区划中的功能定位主要为港口海运和临港产业，海域使用特点与其功能定位是相符合的。

象山港海域、三门湾海域、台州湾海域、乐清湾海域等功能区均以渔业用海为主。该四大港湾皆为水产资源、滩涂资源富集的海域，港湾内海岸线多为淤泥或沙质泥岸，且避风条件较好，适合进行围海养殖、开放式养殖等海洋开发活动，及渔业基础设施的建设。其中象山港海域、三门湾海域和乐清湾海域在省级海洋功能区划中的功能定位主要为生态养殖、海洋渔业及湿地保护，海域使用特点与功能定位是符合的；台州湾海域的功能定位以临港产业和港口海运为主，其渔业用海主要是椒江口两岸大规模的高涂围塘养殖项目，随着临港产业的发展，有转为工业用海的趋势。

杭州湾海域、瓯江口及洞头列岛海域造地工程用海占本海域用海总面积的比例较高。这两个功能区在省级海洋功能区划中的功能定位均以港口海运和临港产业为主，杭州湾新区位于杭州湾南岸，是环杭州湾地区生态型现代化工业新城，随着陆域经济发展、产业集聚提升，经济社会发展与土地资源供需矛盾日益突出，杭州湾南岸的围海造地工程为临港产业建设的土地资源储备提供了有力保障；温州浅滩是瓯江口海域规模最大、发育最为完整的拦门沙滩，温州浅滩围海造地工程的建设对缓解温州市城市建设中出现的土地需求矛盾起到重要作用，开发利用洞头状元岙等岛屿的深水港岸线具有重要意义。

南麂、北麂列岛海域的海洋开发活动以保护为主，除深水网箱养殖和具有养护性质的人工鱼礁，以及海洋特别保护区用海，功能区无其他类型的海洋开发活动。本功能区在省级海洋功能区划中的功能定位为海洋生态保护、海洋渔业和海洋旅游，用海特点完全符合其功能定位。

6.2 建议

6.2.1 科学规划近岸海域，优化海岸带功能布局

浙江省绝大部分的海洋开发利用活动发生在近岸海域，近岸海洋开发呈现明显的过度状态，同时还存在区域间产业同构与重复建设，各类型开发活动相互交叉、资源需求无法满足

等问题。随着“浙江省海洋经济发展示范区规划”的实施，新一轮的海洋开发热潮随之到来，迫切需要科学规划近岸海域的海洋开发活动、优化海洋产业布局，使近岸海域开发取得最佳的生态、社会和经济综合效益，满足不断增长的社会经济发展需求。已编制完成的《浙江省海洋功能区划（2010 年—2020 年）》综合考虑了环境、资源等自然条件及相关规划的要求，对各功能区的主导功能和海洋产业发展方向进行了规定。在今后的实施过程中，应进一步综合评价海域开发利用的适宜性和海洋资源环境承载能力，明确近岸海域范围内各种资源的开发需求和先后顺序，并对现有海洋产业布局进行优化，实现错位发展。以整体和综合的理念进行全省近岸海域海洋开发利用规划，建立海岸带及近海资源合理开发的战略性新布局。

6.2.2 合理配置海域资源，提高资源调控能力

海域作为一种资源，是海洋经济发展的物质基础和载体，在全面建设小康社会、促进沿海地区经济社会发展方面占有重要地位。近几年，随着海洋经济的快速发展，浙江省已出现部分海域资源过度开发的现象。随着工业化、城镇化进程不断加快，人口和产业进一步向沿海聚集，必将掀起新一轮海洋开发利用的高潮和热潮。在现阶段以及今后一段时期内，用海需求将更加旺盛，用海矛盾将更加突出，海域、海岸线等空间资源的稀缺性将进一步加剧。坚持陆海统筹，合理配置海域资源，充分发挥海域管理的统筹协调作用，方能持续推进海洋经济健康发展。海域资源是稀缺和不可再生的，在保障发展的同时，更要严格管理，坚持节约集约开发，避免破坏和浪费，实现可持续利用。首先要加强围填海管理，按照海洋功能区划的保护要求，严格围填海审批程序，重点保护重要的海湾、海岸线、海岛、河口和湿地等资源；其次要积极参与行业主管部门对港口、海上风电、重化工等产业规划的审查，引导这些产业项目科学合理用海；最后要进一步加强对单个建设用海项目的管理，提高节约用海水平和资源利用效率。

6.2.3 提升深远海开发能力，拓展海洋资源利用空间

随着海洋科技的发展，“深远海”这一地理区域以其巨大的资源蕴藏量走入人们的视线，成为人类最后的资源宝库和地球上未被开发利用的战略性资源基地。根据目前深海勘探所知，具有战略性意义和广阔开发前景的深海资源种类主要有深海油气、多金属结核、富钴结壳、海底热液硫化物、深海生物基因等。深海战略性资源以其巨大的资源量、丰富的资源种类和独特的资源价值，成为打破人类社会经济发展资源瓶颈的重要依托。自 20 世纪 90 年代以来，发达国家对深海战略性资源开发的投资力度不断加大，全球范围内深海战略性资源争夺不断升级。实施由近海向远洋、由浅海向深海，开发深远海资源、发展深远海经济的重要战略，已经成为世界主要海洋国家的普遍选择，《国家“十二五”海洋科学和技术发展规划纲要》也多次指出今后要重视对深远海资源的开发。受海洋装备技术、海洋科技能力等因素制约，浙江省目前对深远海海洋资源的开发活动较少。未来的海洋开发活动须提升深远海海洋开发能力，尤其是加强远海渔业、油气等资源的开发力度，以缓解近海资源的过度消耗，使近岸海洋资源得到有效恢复。

6.2.4 开展海岛、海岸带生态修复，加强海洋环境保护

目前，浙江省沿海地区正面临大规模工业化和城市化进程。一些高能耗、高污染的资源消耗型、劳动密集型产业给海洋环境带来较大污染，陆源污染物排海不断加重，海洋生态系统趋于恶化，近岸海域富营养化日益严重，大中型河口、海湾和部分大中城市近岸海域，局部区域生态系统处于不健康状态。海洋开发和海洋生态、资源及环境的矛盾表现得越来越激烈和复杂。不合理的海洋开发，造成生态系统结构失衡与整体功能退化，生物多样性和珍稀濒危物种减少，海湾、河口及滨海湿地等典型生境丧失或改变，生态灾害事件爆发的频率和强度持续增加。为改善海洋生态环境现状，营造海洋经济更好的发展环境，今后应大力开展海岛、海岸带生态修复工作，同时改造升级高污染的传统产业，加强近岸海域、陆域和流域环境协同综合整治，对重点海域进行排污总量控制，推进各类海洋保护区选划建设与规范化管理，健全完善沿海及海上主要环境风险源和环境敏感点风险防控体系和海洋环境监测、监视、预警与防灾减灾体系。

6.2.5 优化重点海域功能布局，维护区域生态系统

建议对具有典型生态系统的重点海域进行区域综合开发规划的论证，通过研究区域内各种开发功能（各类产业和基础设施）之间相互依赖、相互制约的关系，经济开发活动对环境的影响，本区与内陆、省外、国际的经济技术联系，并在经济效益、社会效益、生态效益等综合评价的基础上提出区域开发的规划，主要对构成一个完整自然地理单元的河口、港湾，分析论证各种开发功能间的关系与环境影响，作出优化的开发规划。同时设立充足的保留区，限制一切海洋开发活动，保护资源及生态环境，促进已开发区域进行资源整合，抑制过度、无序、投机的海洋开发活动，进一步提高海洋资源利用率。保留区的设立可为今后海洋开发预留后备空间资源，也是海洋开发可持续发展的重要保障。

6.2.6 加强海域管理能力，保障海洋经济健康发展

近年来，浙江省海域使用管理工作在各级政府工作中的彰显度越来越高，各级海洋管理部门的地位进一步加强。但随着沿海各地的海洋开发力度进一步加大，用海需求量明显增加，如何合理安排用海指标，最大限度地支持地方经济发展，成为各级海洋管理部门的新课题。今后的海域使用管理工作应以科学发展观为统领，坚持以海域资源可持续利用为根本出发点，促进海域资源集约、高效利用。配合做好资源要素宏观调控，逐步向市场配置海域资源的供海方式转变。实施围填海总量指标管控，在各项发展与海域资源的承载力相协调的基础上，统筹安排各类用海，优先保证国家和省重点项目及港航强省建设用海，保障海洋经济健康发展。具体包括以下工作内容：海域使用规划编制、海域管理支撑体系建设、围填海计划指标管理、区域围填海管理、海域资源市场化配置、海域使用权抵押贷款管理、海底管线管理和海域使用论证监管。

参考文献

HY/T123－2009　中华人民共和国海洋行业标准－海域使用分类.

HY/T124－2009　中华人民共和国海洋行业标准－海藉调查规范.

财政部：国家海洋局关于海域使用金减免管理等有关事项的通知. 财综［2008］71 号.

财政部：国家海洋局关于加强海域使用金征收管理的通知. 财综［2007］10 号.

财政部：国家海洋局关于印发《海域使用金减免管理办法》的通知. 财综［2006］24 号.

国家海洋局：关于印发《海籍调查规程》的通知. 国海管字［2002］222 号.

国家海洋局：关于印发《海洋功能区划管理规定》的通知. 国海发［2007］18 号.

国家海洋局“908 专项”办公室. 2005. 我国近海海洋综合调查与评价专项海域使用现状调查技术规程［M］. 北京：海洋出版社.

国家海洋局. 2001. 中华人民共和国海域使用管理法［S］.

国家海洋局. 2010.《中国海洋统计年鉴》.

国家海洋局第二海洋研究所. 2011.《浙江省海洋经济可持续发展战略与海洋管理研究总报告》.

嘉兴市人民政府. 2008. 嘉兴市海洋功能区划［G］.

苗丽娟等. 2004. 海域使用分类定级主导因素的确定［J］. 海洋经济.（2～3）：42－44.

苗丽娟等. 2005. 海域使用分类定级方法初探［J］. 国土资源科技管理. 22（4）：75－77.

宁波市人民政府. 2006. 宁波市海洋功能区划［G］.

台州市海洋与渔业局. 2006. 台州市海洋功能区划［G］.

台州市海洋与渔业局. 2009.《台州市海洋功能区划实施情况评估报告》.

温州市人民政府. 2006. 温州市海洋功能区划［G］.

张宏声. 2004. 海域使用管理指南［M］. 北京：海洋出版社.

浙江理工大学. 2011.《海洋产业发展状况及临港工业区的选划与评价》.

浙江省“908 专项”工作协调小组办公室. 关于统一使用省“908 专项”调查地理统计数据的通知. 浙 908 办［2011］4 号.

浙江省海洋与渔业局. 2006. 2005 年浙江省海洋环境公报［G］.

浙江省海洋与渔业局. 2006. 浙江省海洋功能区划（修编）［G］.

浙江省海洋与渔业局. 2007. 2006 年浙江省海洋环境公报［G］.

浙江省海洋与渔业局. 2008. 2007 年浙江省海洋环境公报［G］.

浙江省海洋与渔业局. 2009. 2008 年浙江省海洋环境公报［G］.

浙江省人民政府：关于印发浙江省海域使用金征收管理暂行办法的通知. 浙政发［2001］31 号.

浙江省人民政府. 2005. 浙江海洋经济强省建设规划纲要［G］.

浙江省人民政府. 2006. 浙江省滩涂围垦总体规划（2005—2020 年）［G］.

浙江省人民政府. 2006. 浙江省沿海港口布局规划［G］.

浙江省人民政府. 2009. 宁波—舟山港总体规划［G］.

浙江省人民政府. 2011. 浙江省国民经济和社会发展第十二个五年规划纲要［G］.

浙江省人民政府. 2011. 浙江海洋经济发展示范区规划［G］.［13］

浙江省人民政府.《浙江省海域使用管理办法》. 浙政令第 221 号.

浙江省统计局. 2009. 浙江省海洋经济发展状况研究［G］.

舟山市海洋功能区划修编工作领导小组. 2006.《舟山市海洋功能区划》.

舟山市人民政府. 舟山群岛新区发展规划［G］.［36］

周瑞荣等. 2009. 对“海域使用分类体系”的几点思考［J］. 海洋开发与管理. 26（3）：71－77.

附图

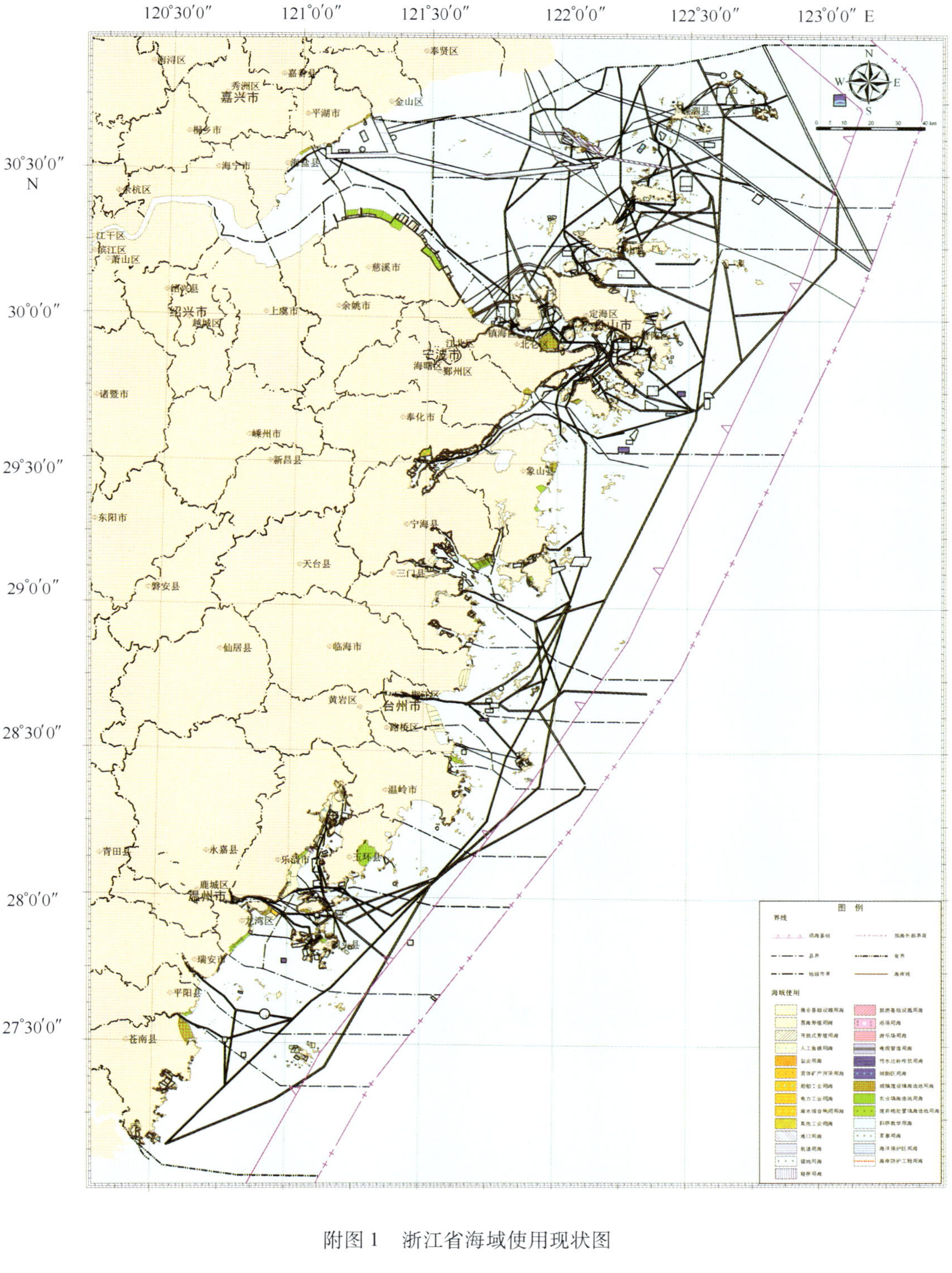

附图 1　浙江省海域使用现状图

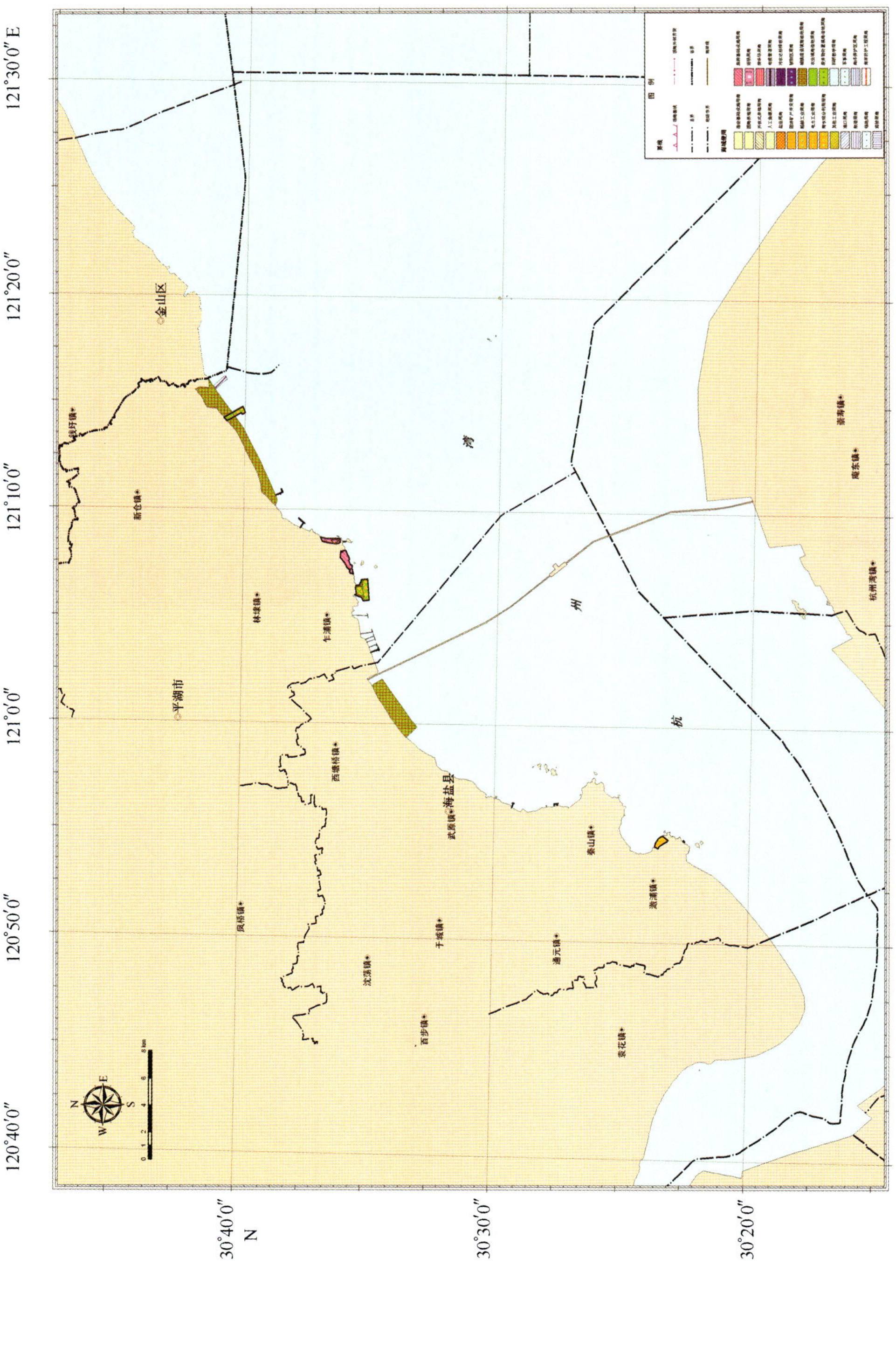

附图2 浙江省嘉兴市海域使用现状图

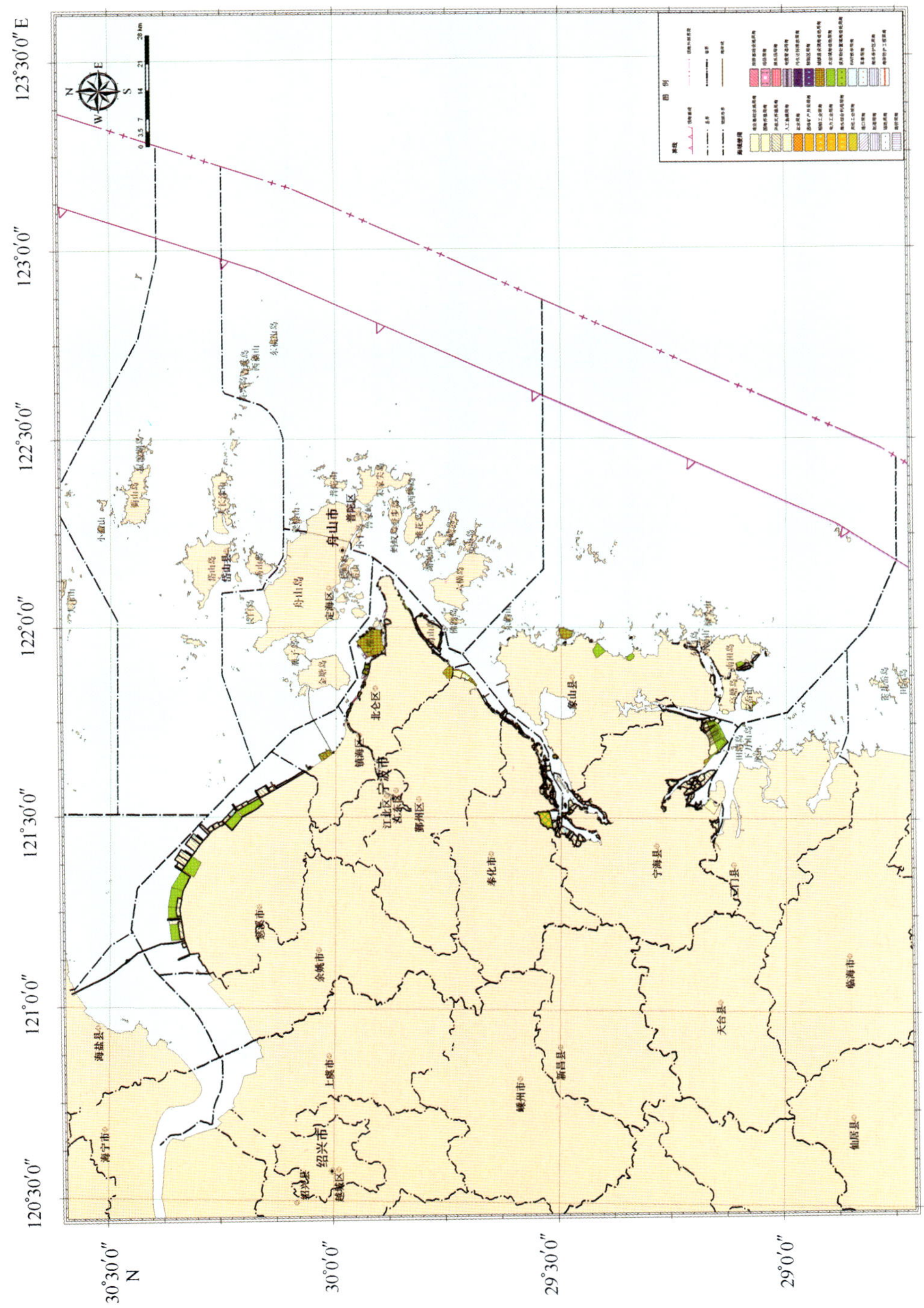

附图 3 浙江省宁波海域使用现状图

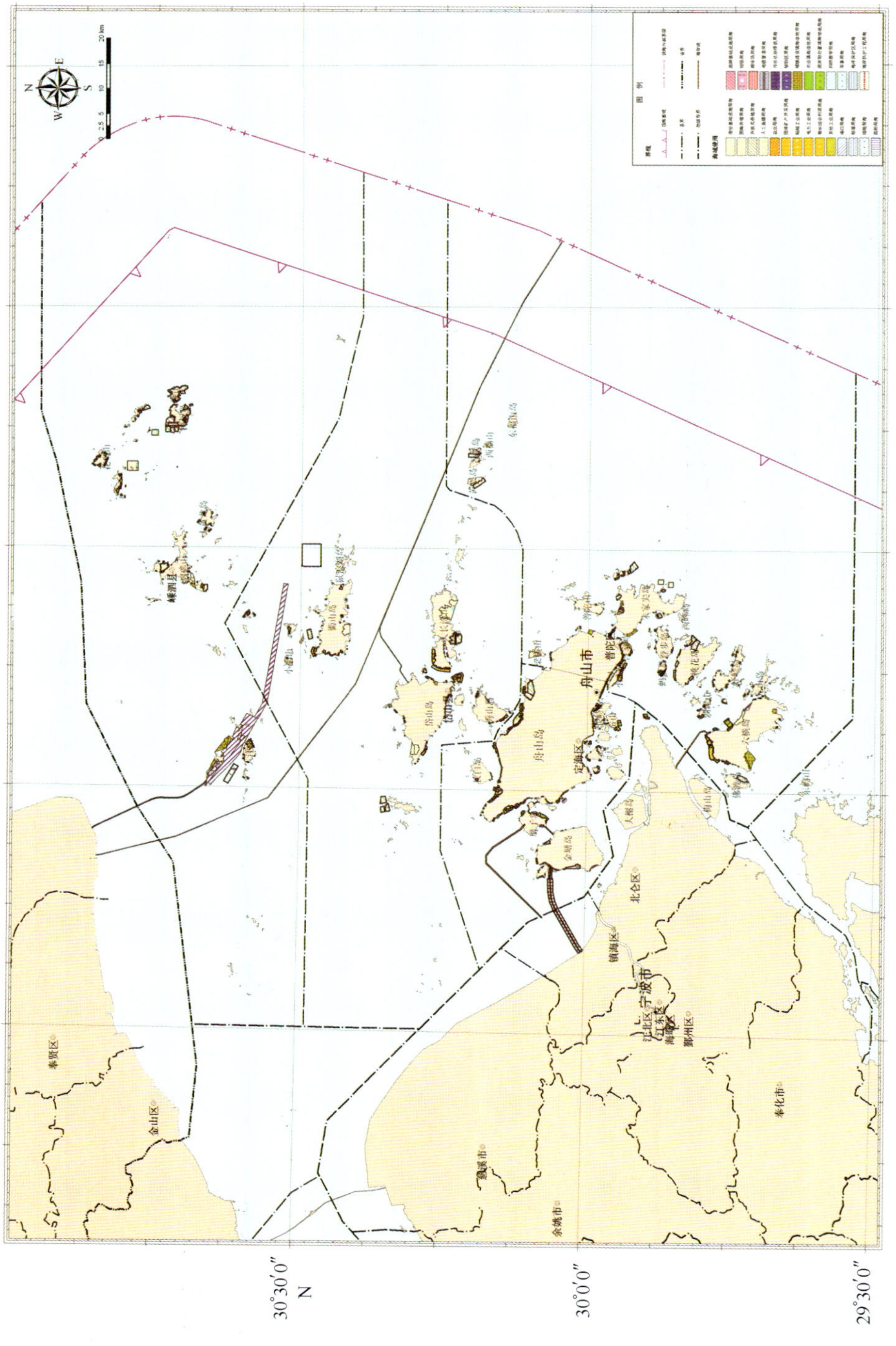

附图 4　浙江省舟山市海域使用现状图

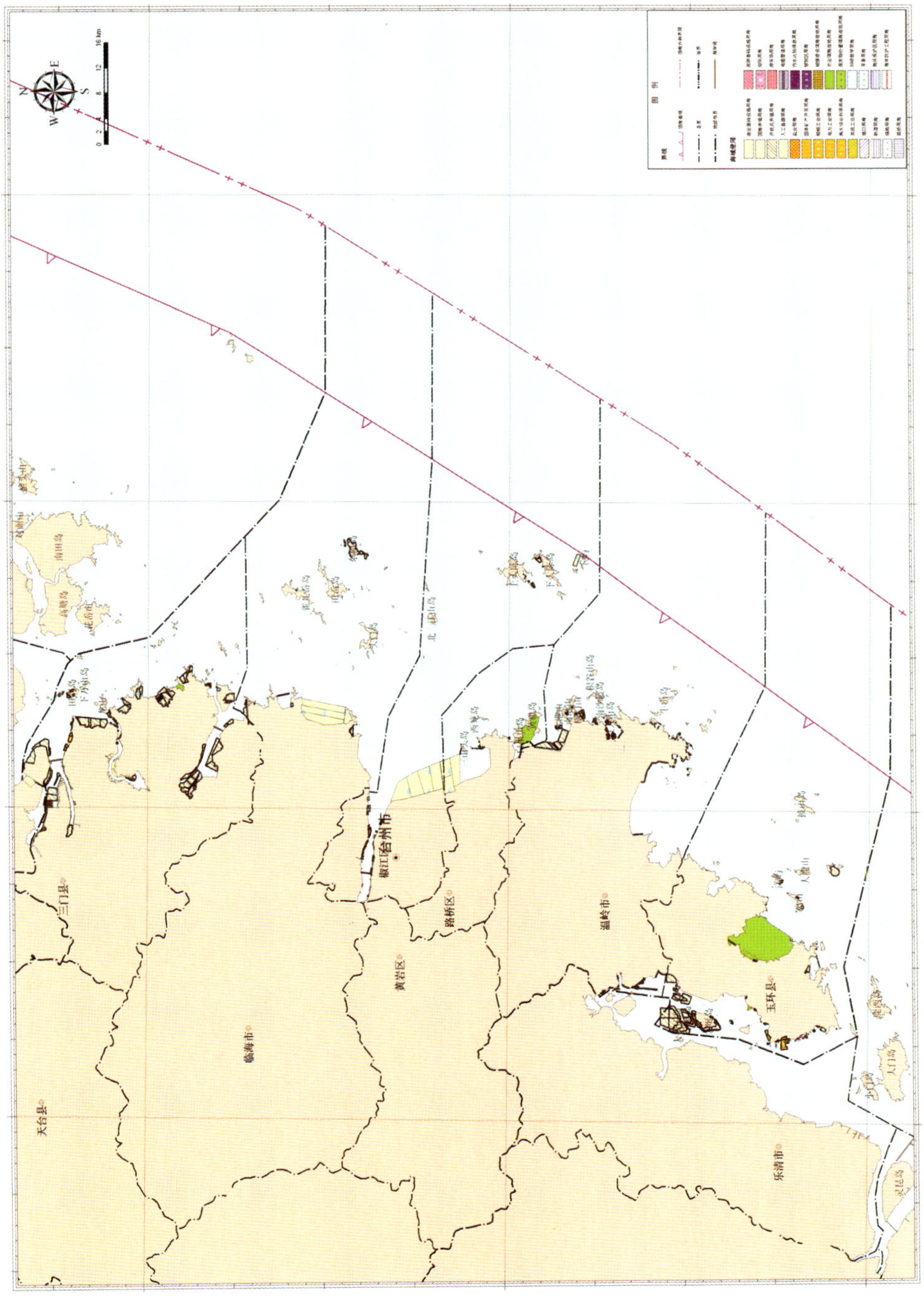

附图5 浙江省台州市海域使用现状图

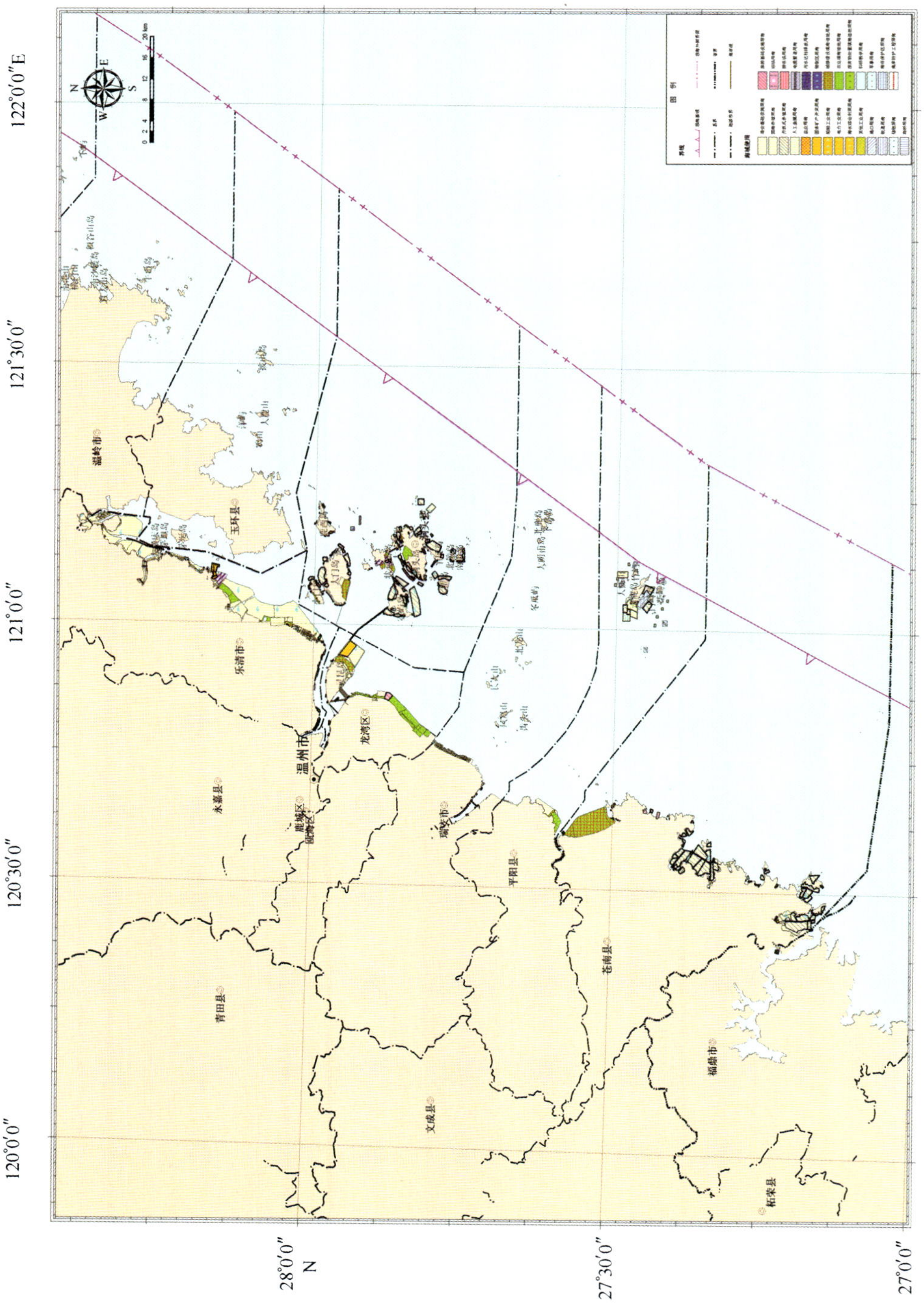

附图6 浙江省温州市海域使用现状图

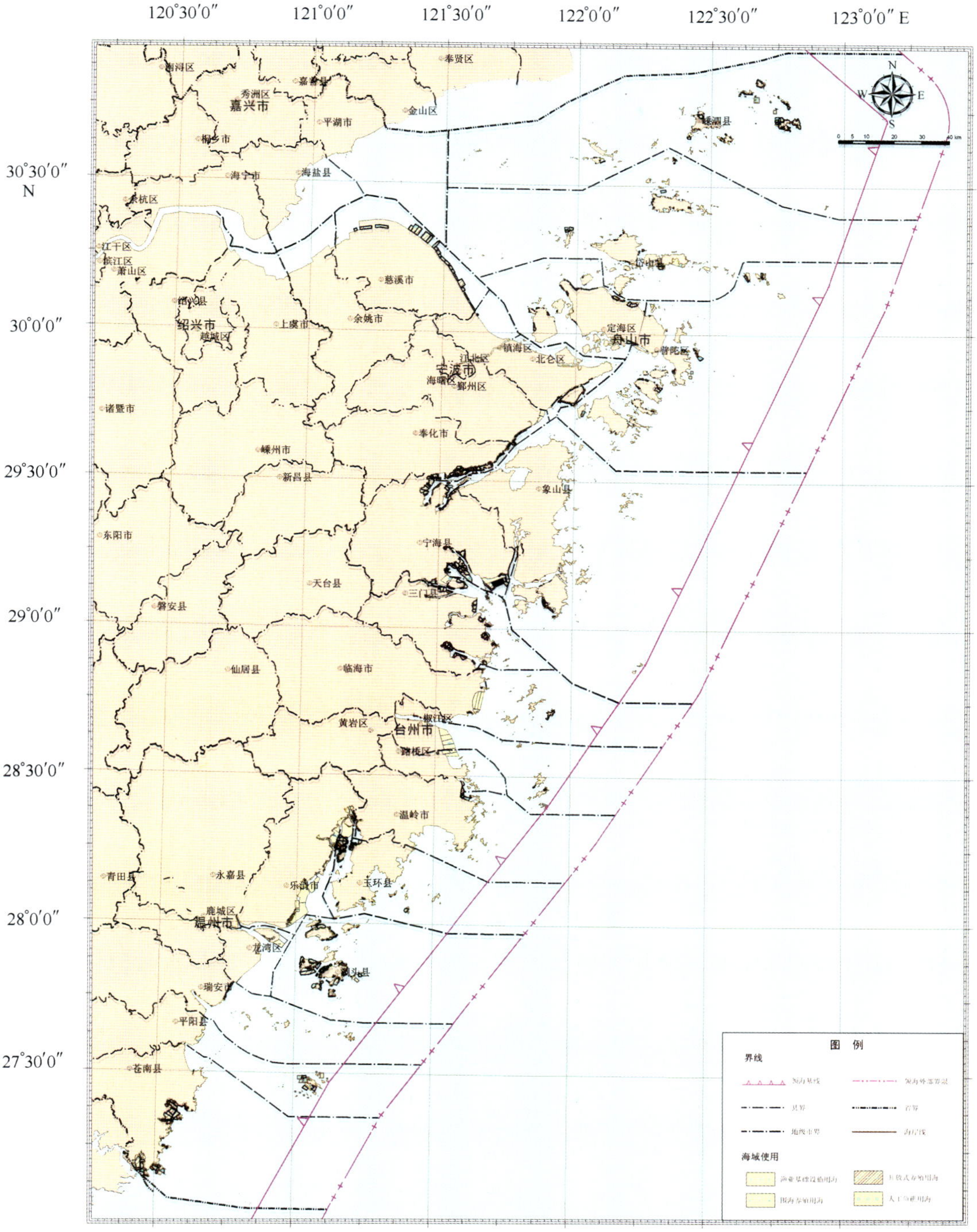

附图 7　浙江省海域使用现状图——渔业用海

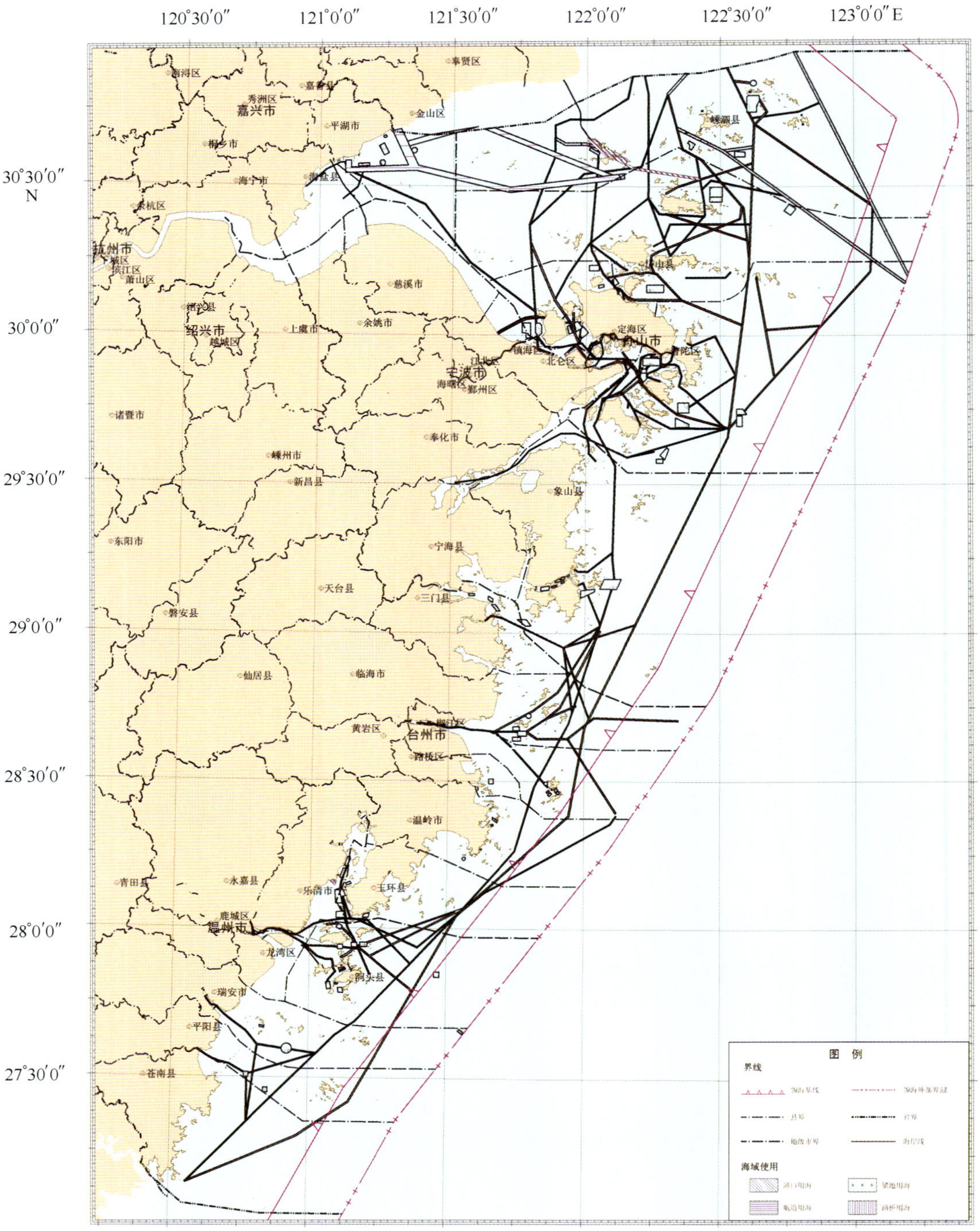

附图 8 浙江省海域使用现状图——交通运输用海

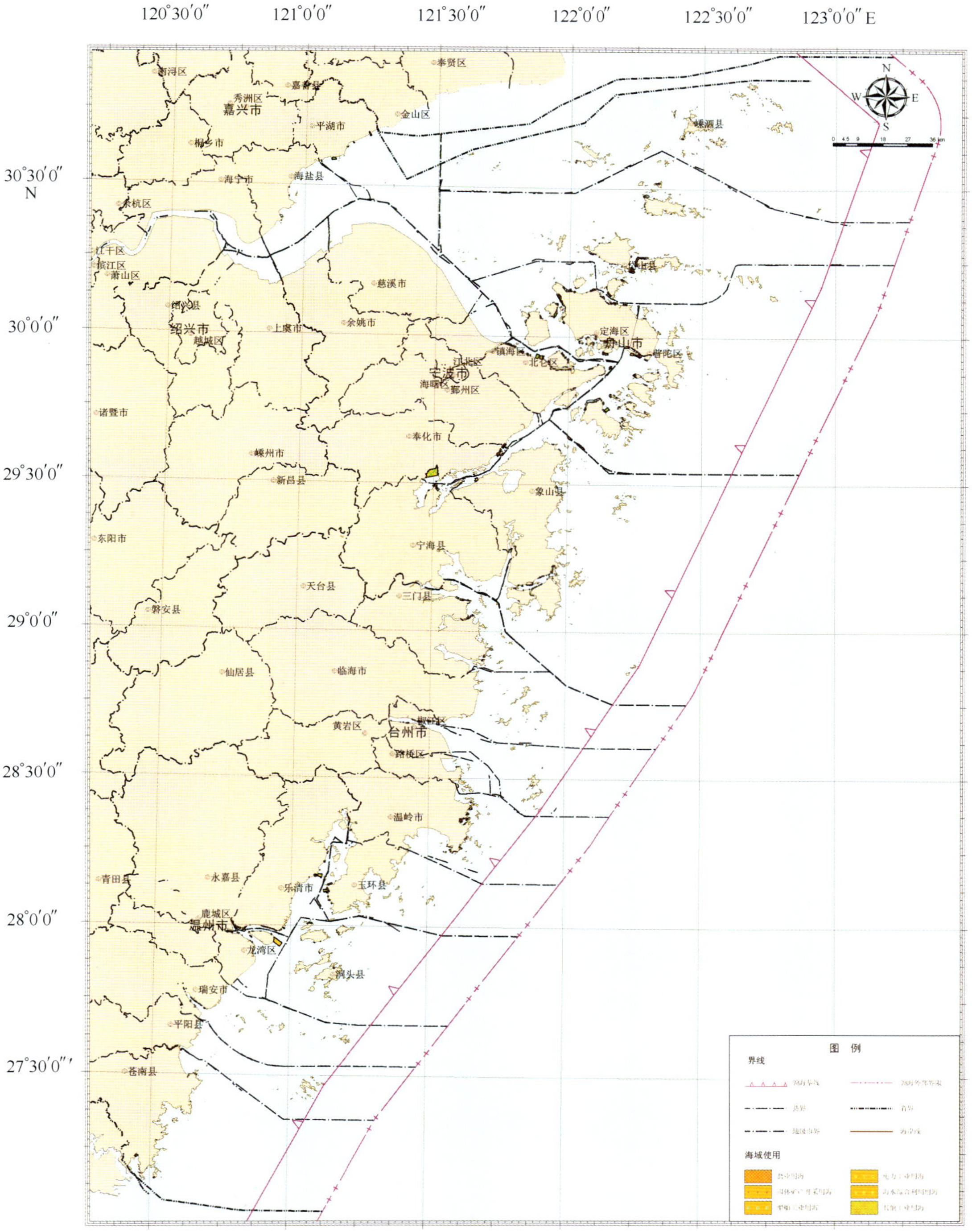

附图 9　浙江省海域使用现状图——工业用海

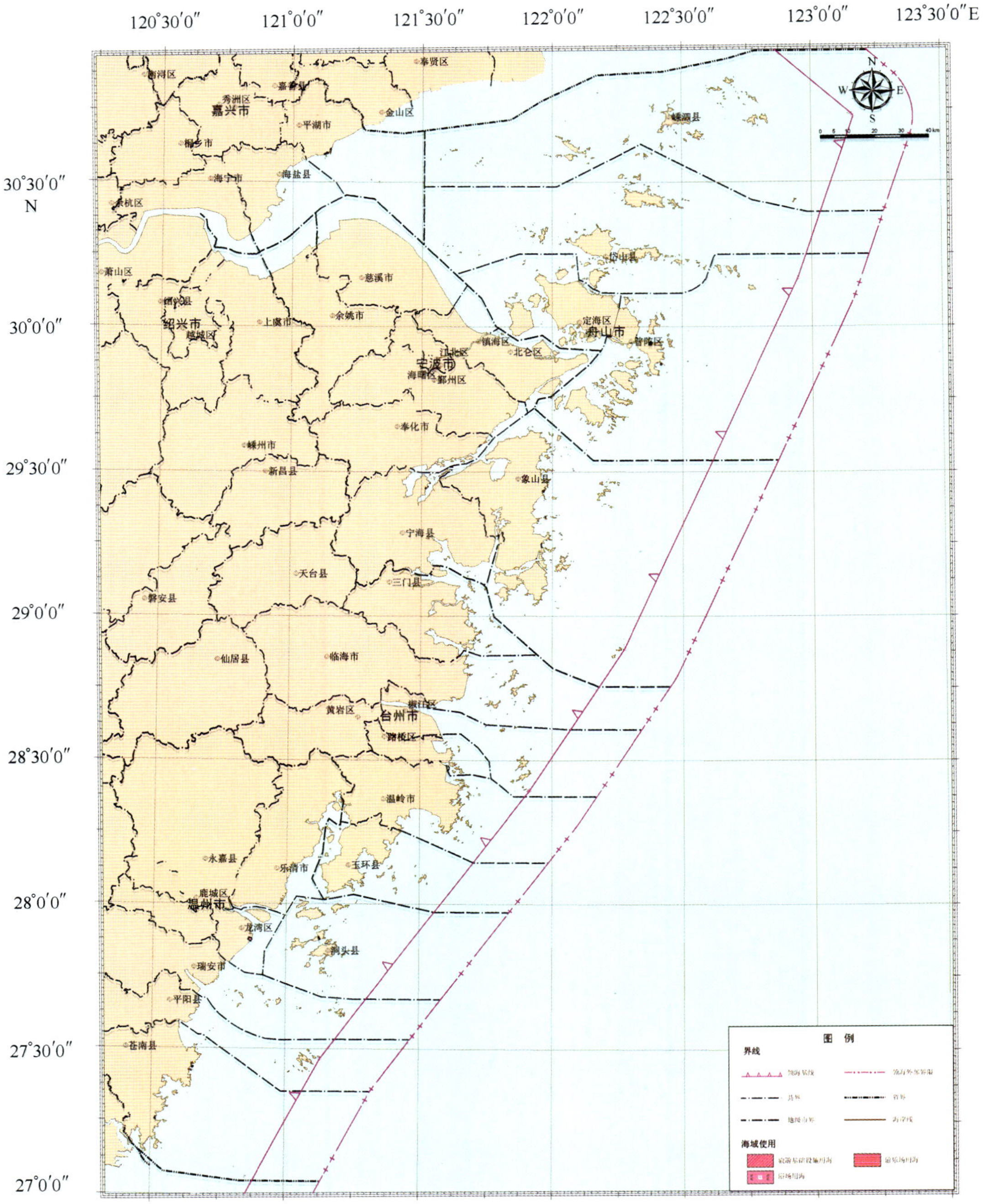

附图 10　浙江省海域使用现状图——旅游娱乐用海

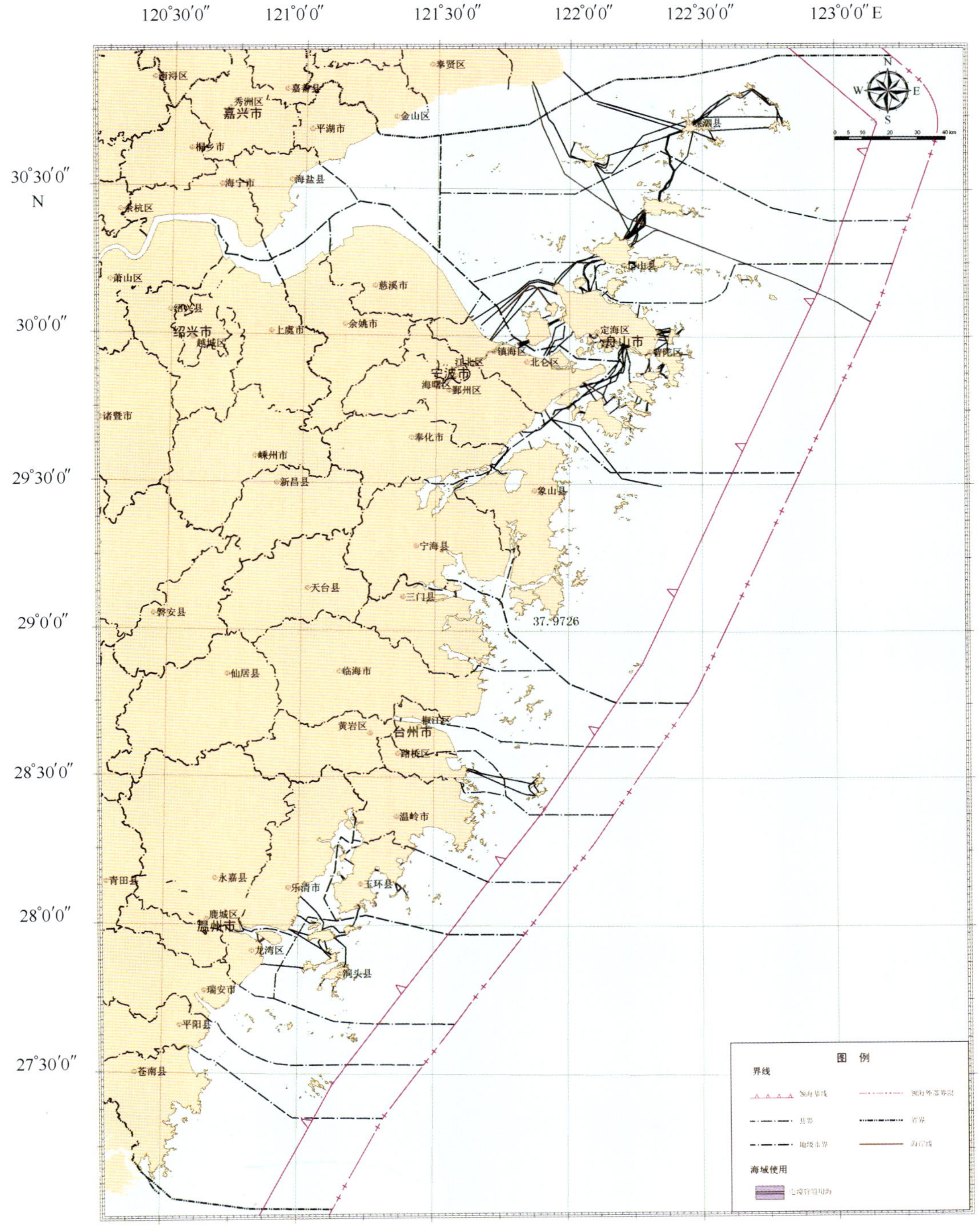

附图 11　浙江省海域使用现状图——海底工程用海

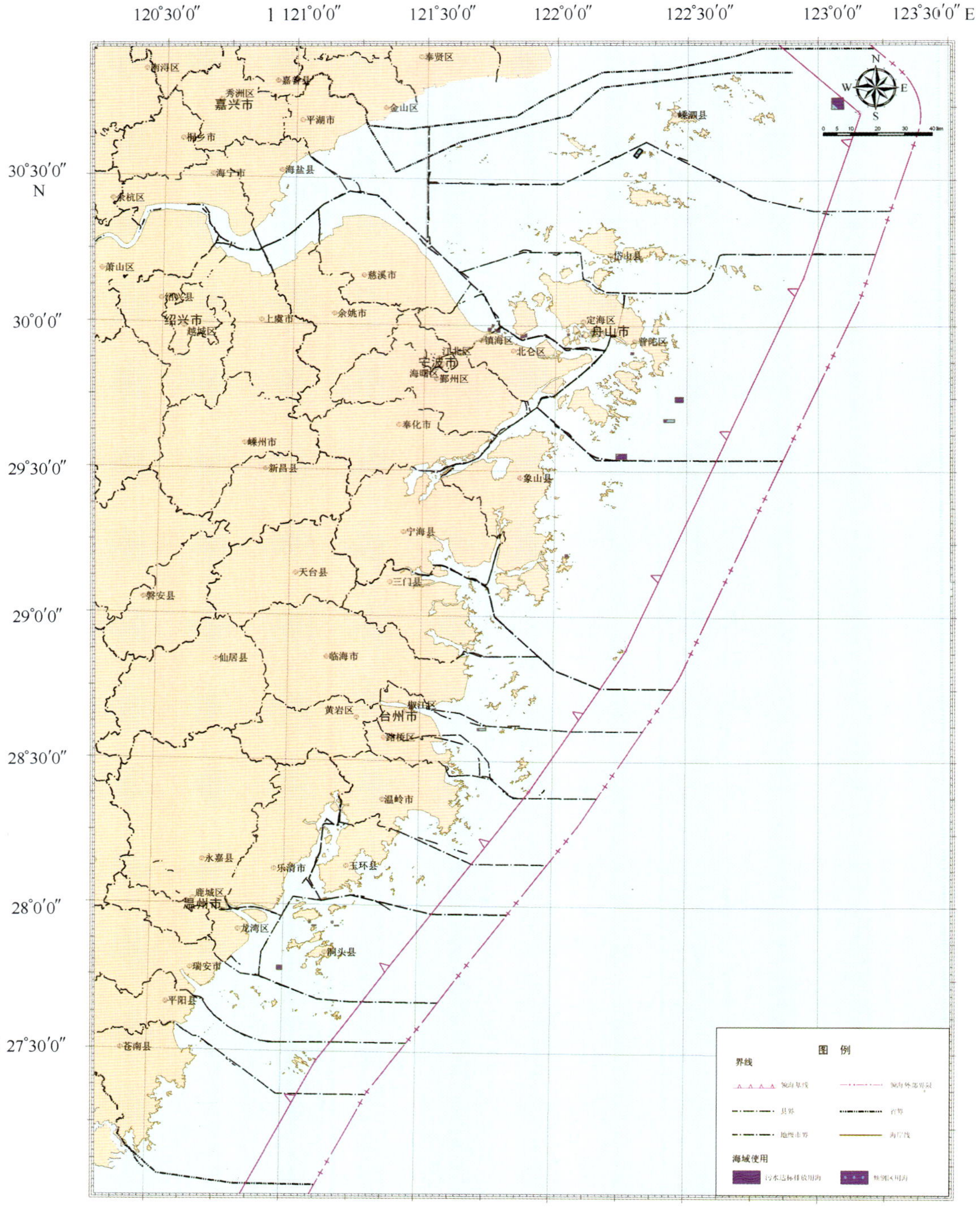

附图 12　浙江省海域使用现状图——排污倾倒用海

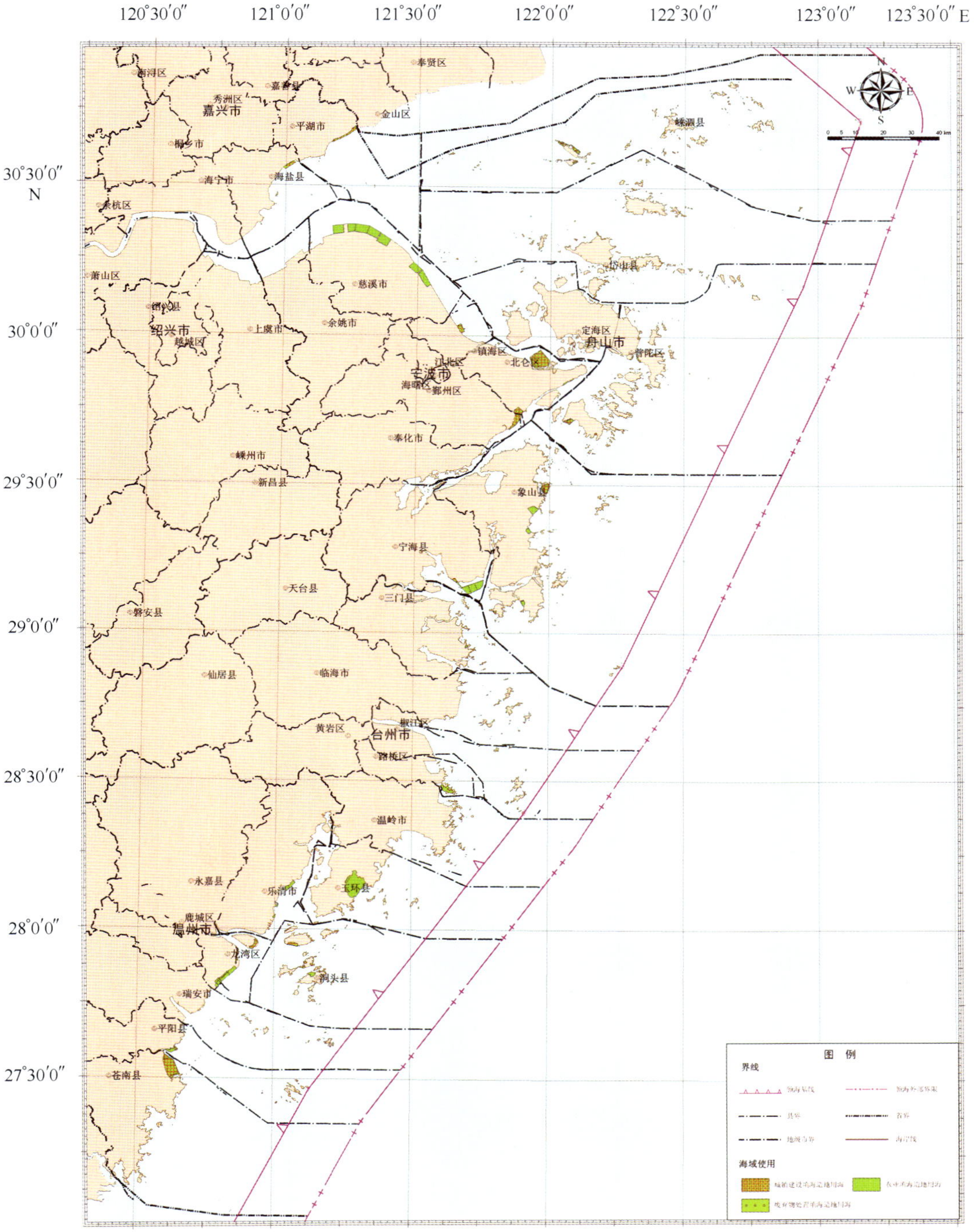

附图 13　浙江省海域使用现状图——造地工程用海

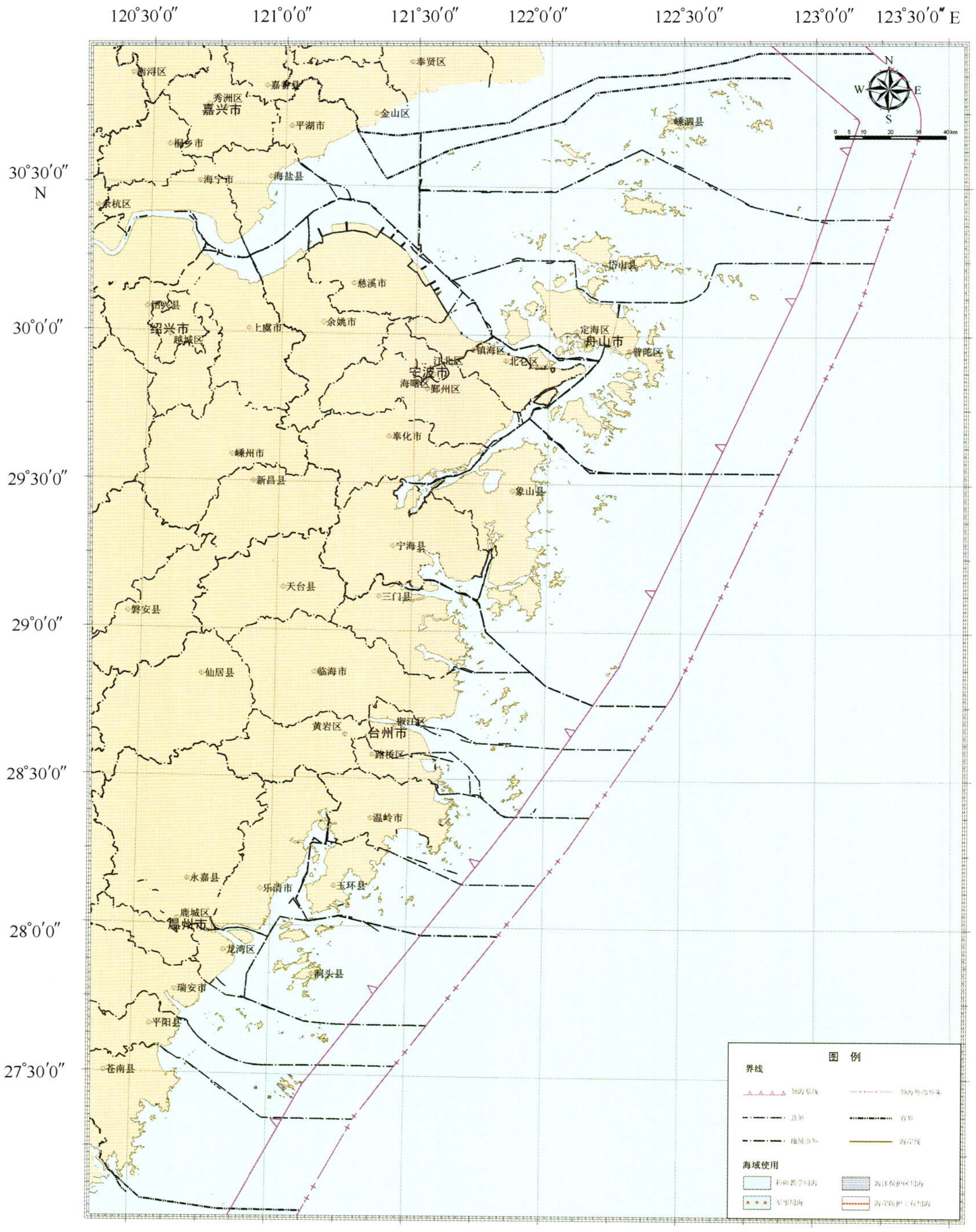

附图 14　浙江省海域使用现状图——特殊用海

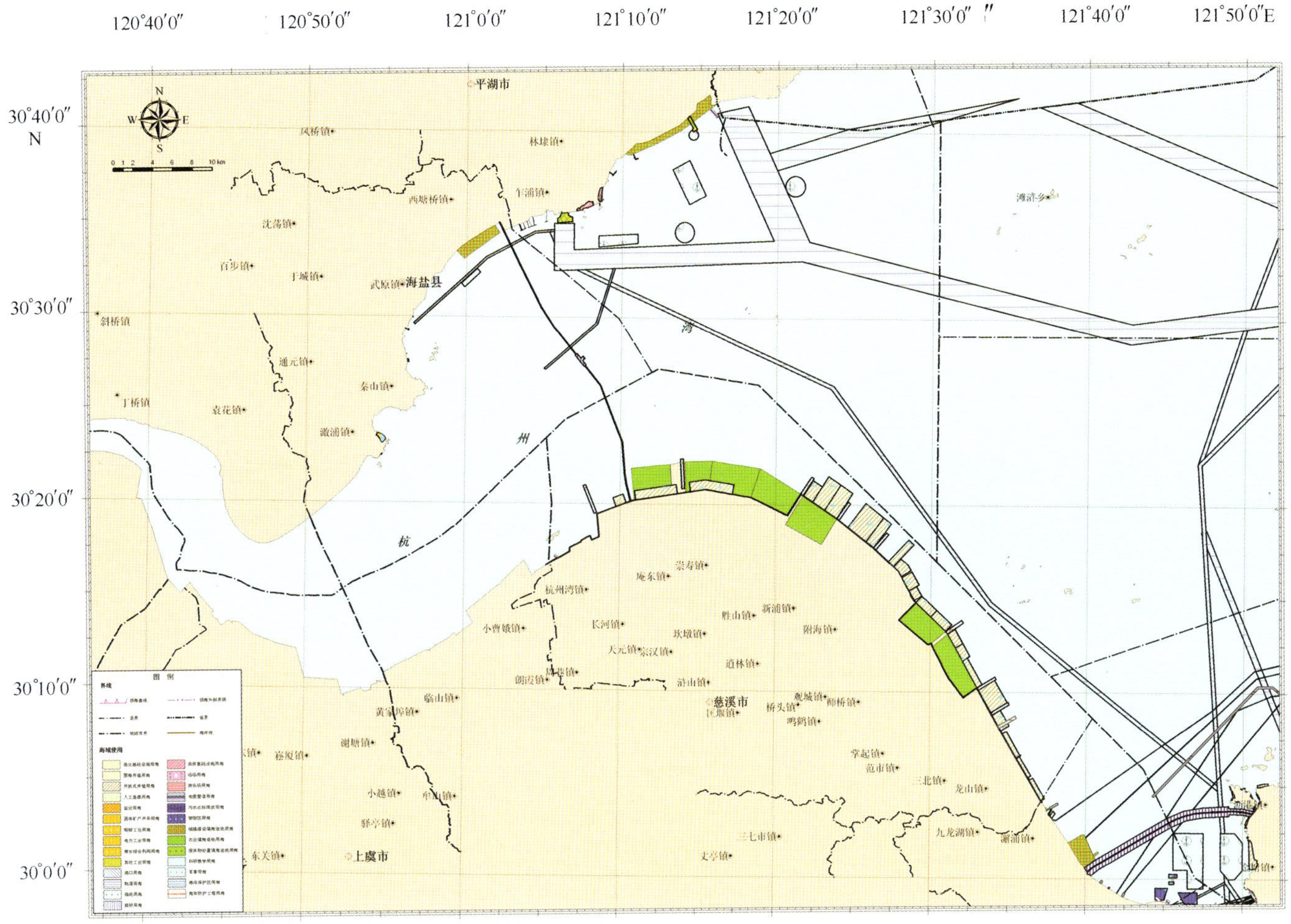

附图 15 浙江省杭州湾海域使用现状图

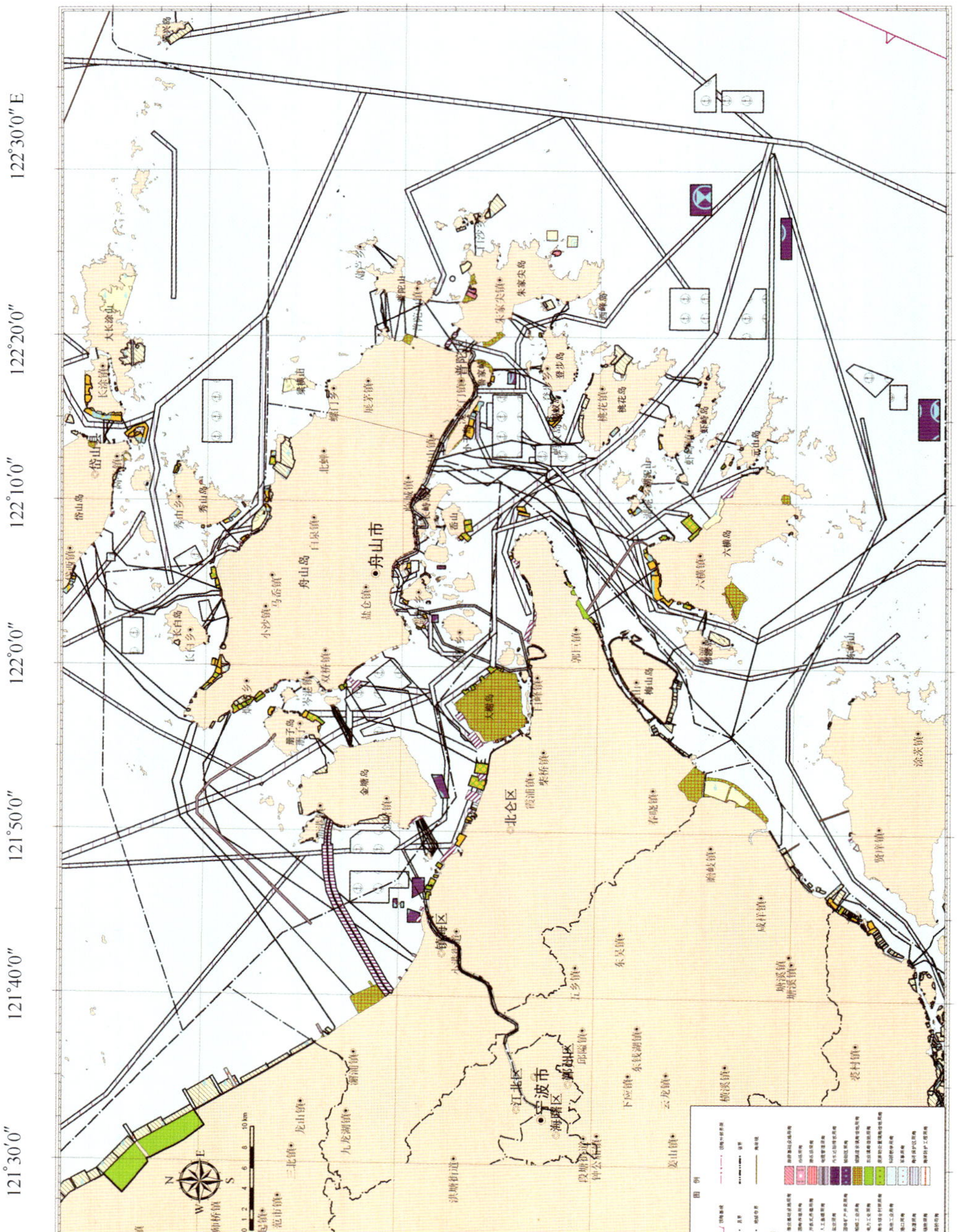

附图16 浙江省宁波—舟山近岸海域使用现状图

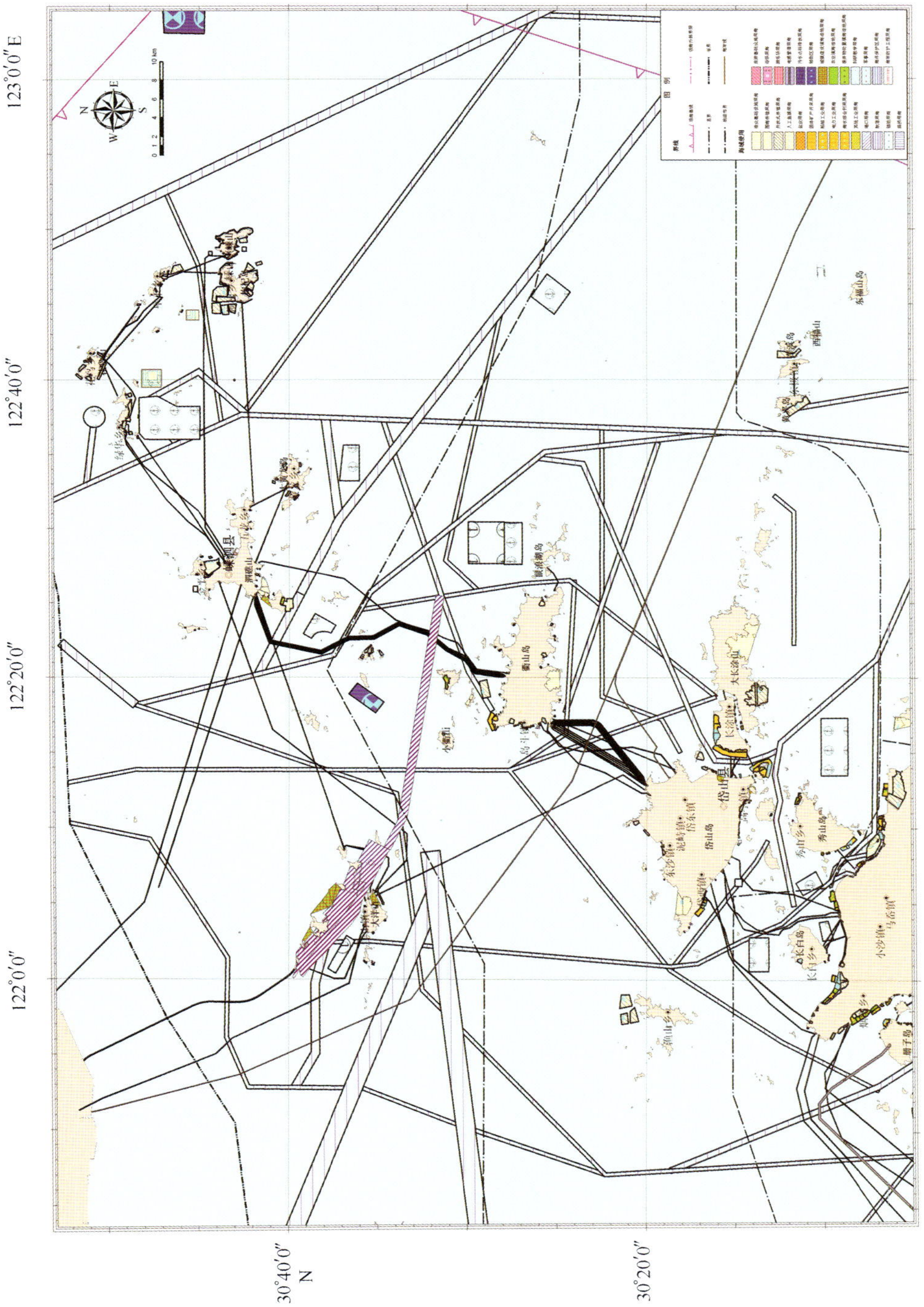

附图 17 浙江省岱山—嵊泗海域使用现状图

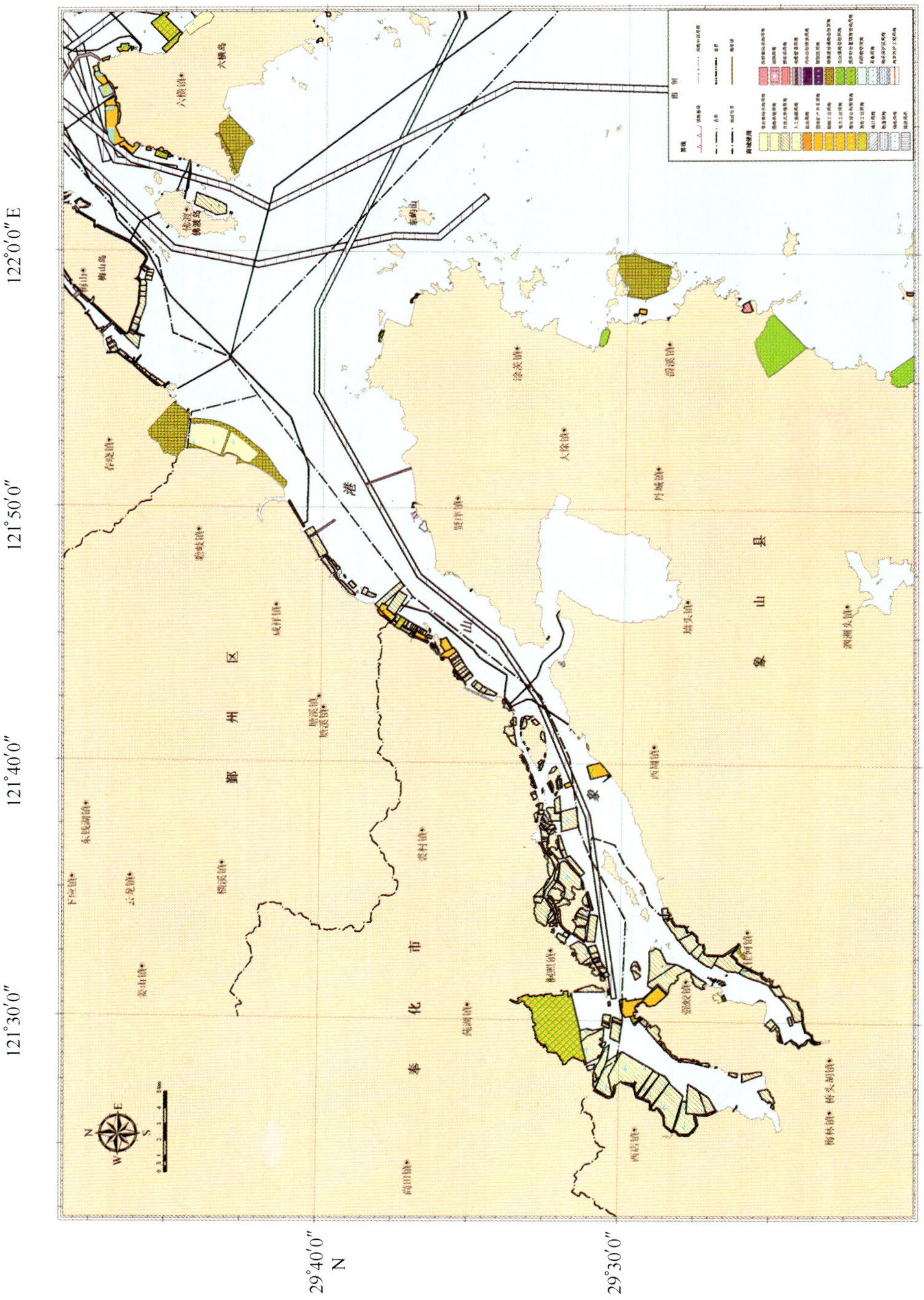

附图18 浙江省象山港海域使用现状图

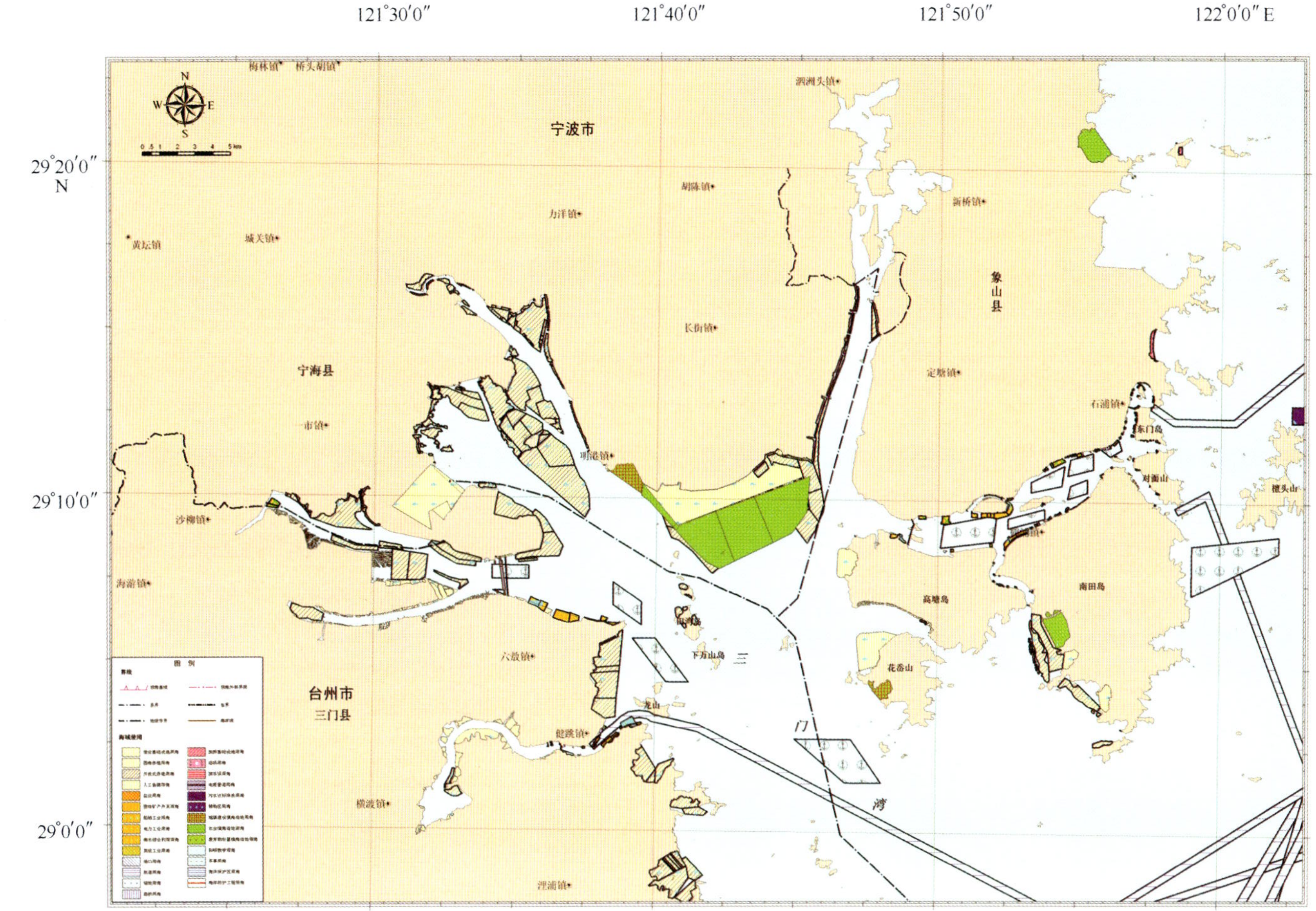

附图 19 浙江省三门湾海域使用现状图

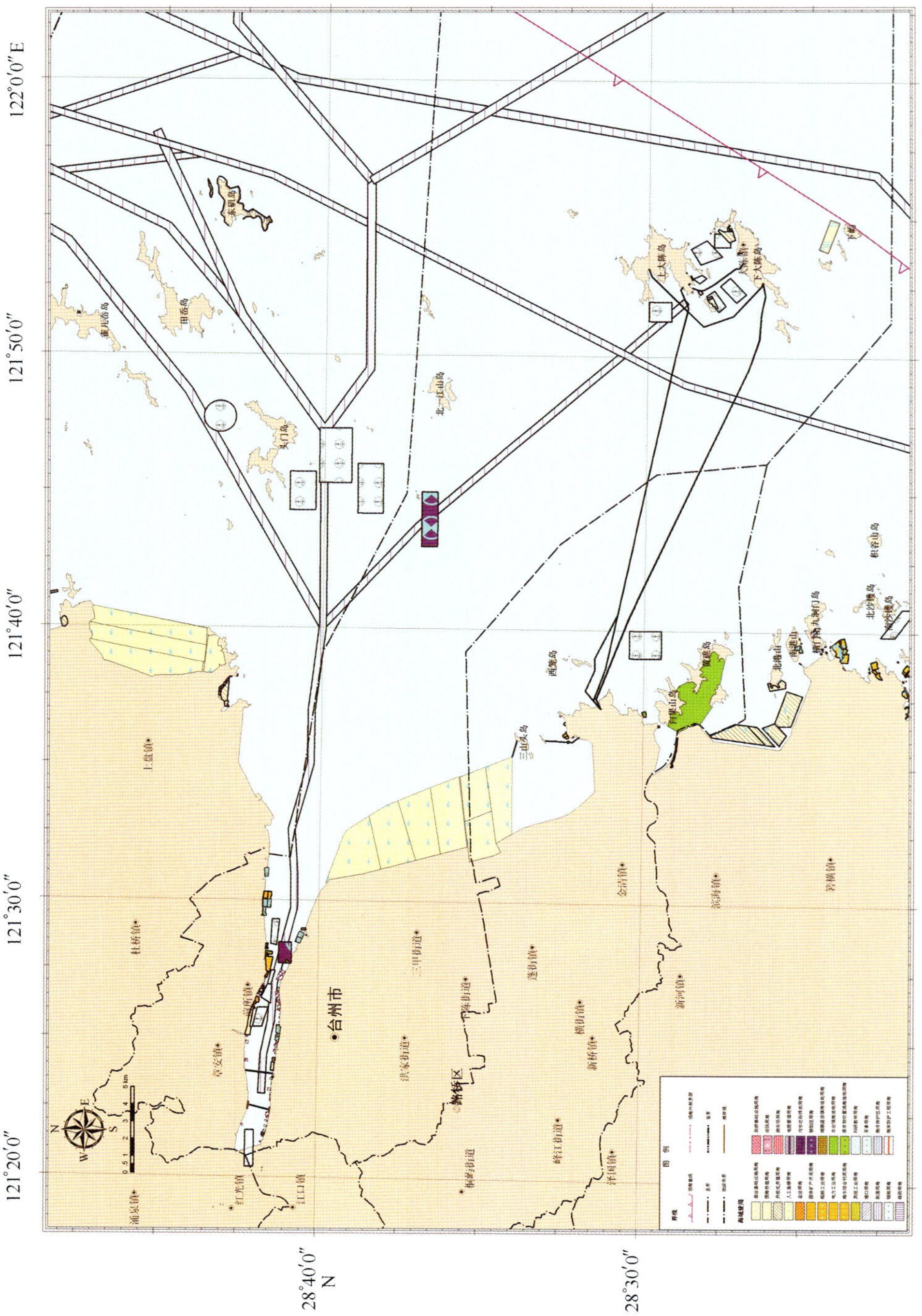

附图 20 浙江省台州湾海域使用现状图

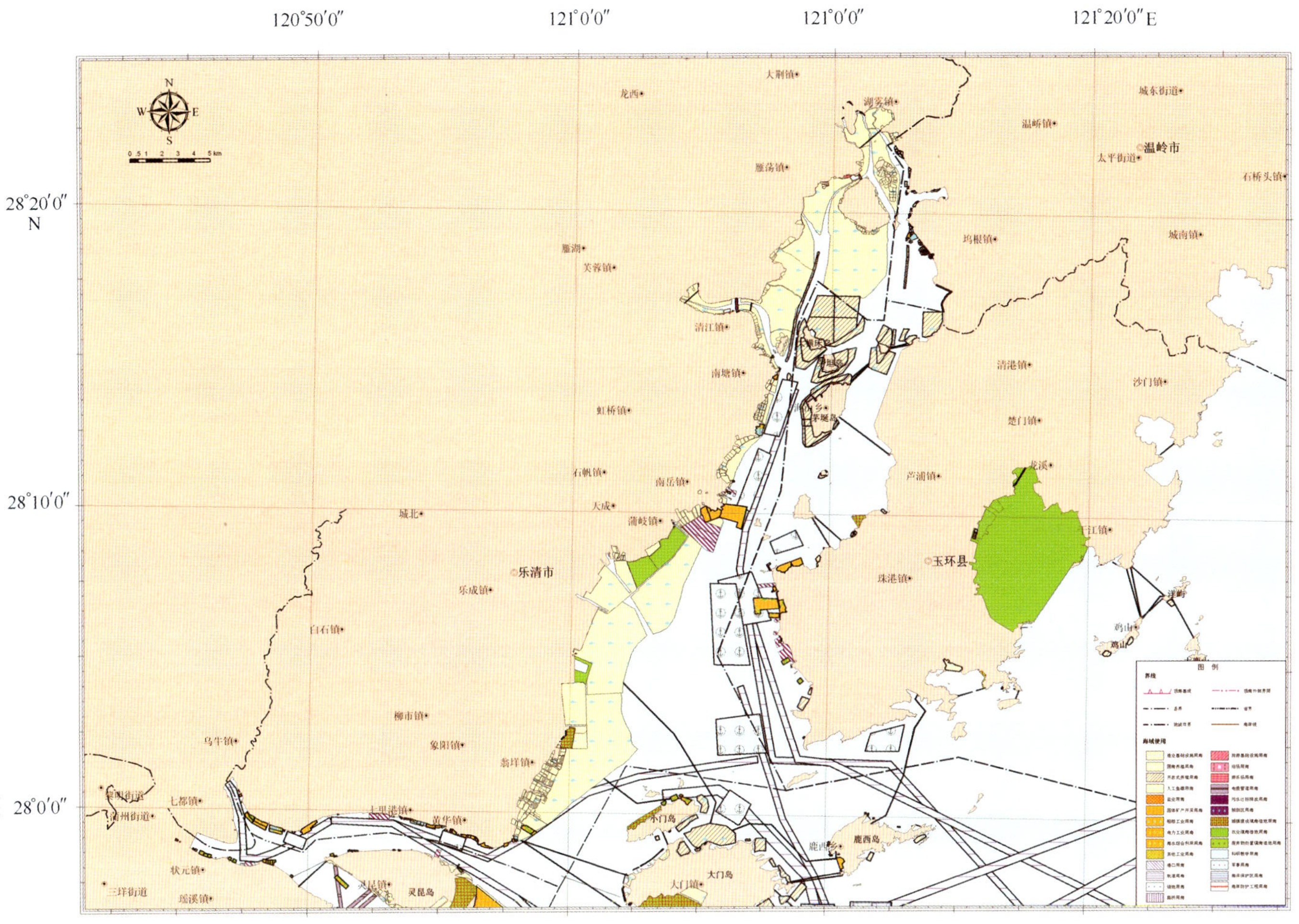

附图 21 浙江省乐清湾海域使用现状图

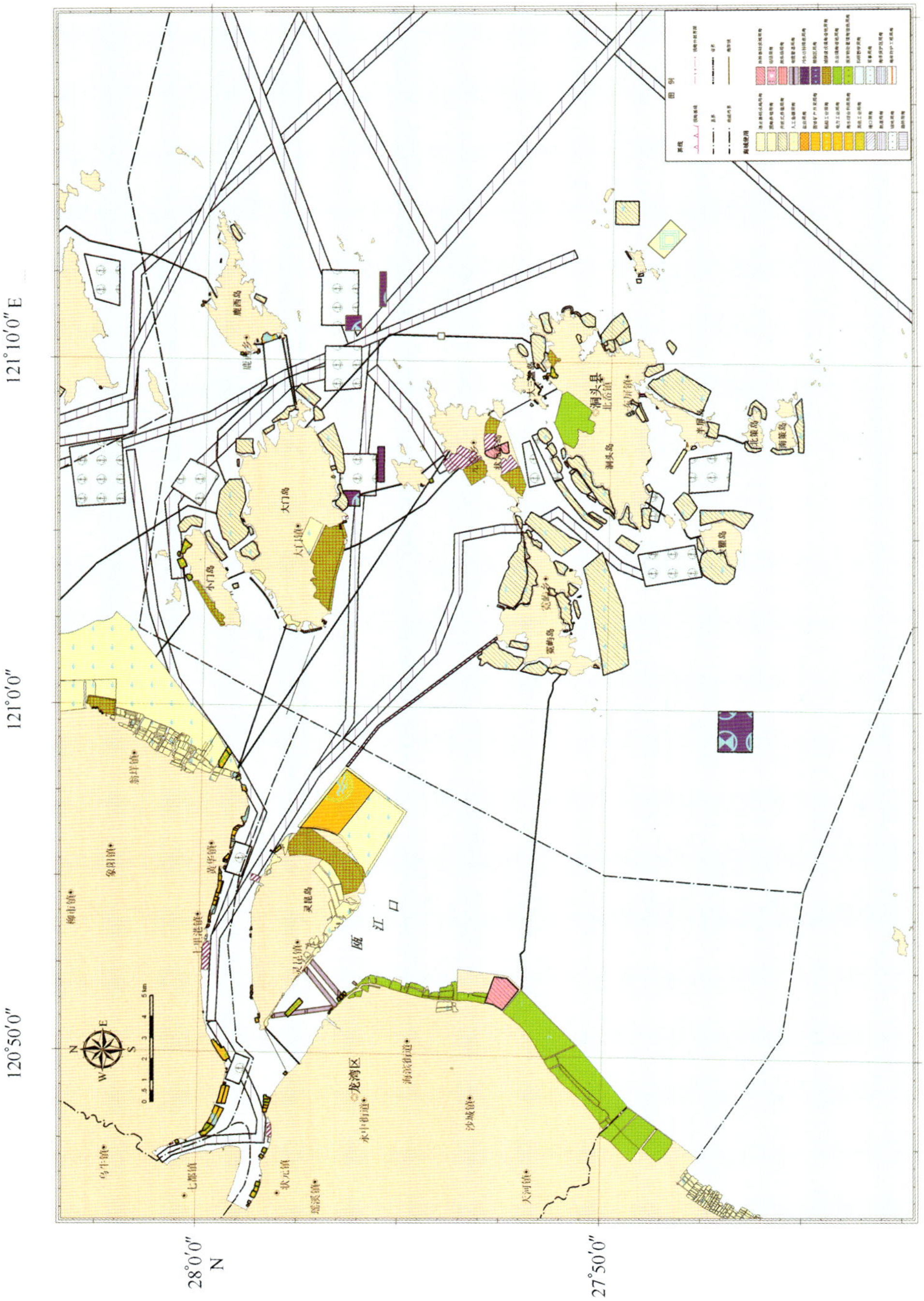

附图22 浙江瓯江口及洞头列岛海域使用现状图

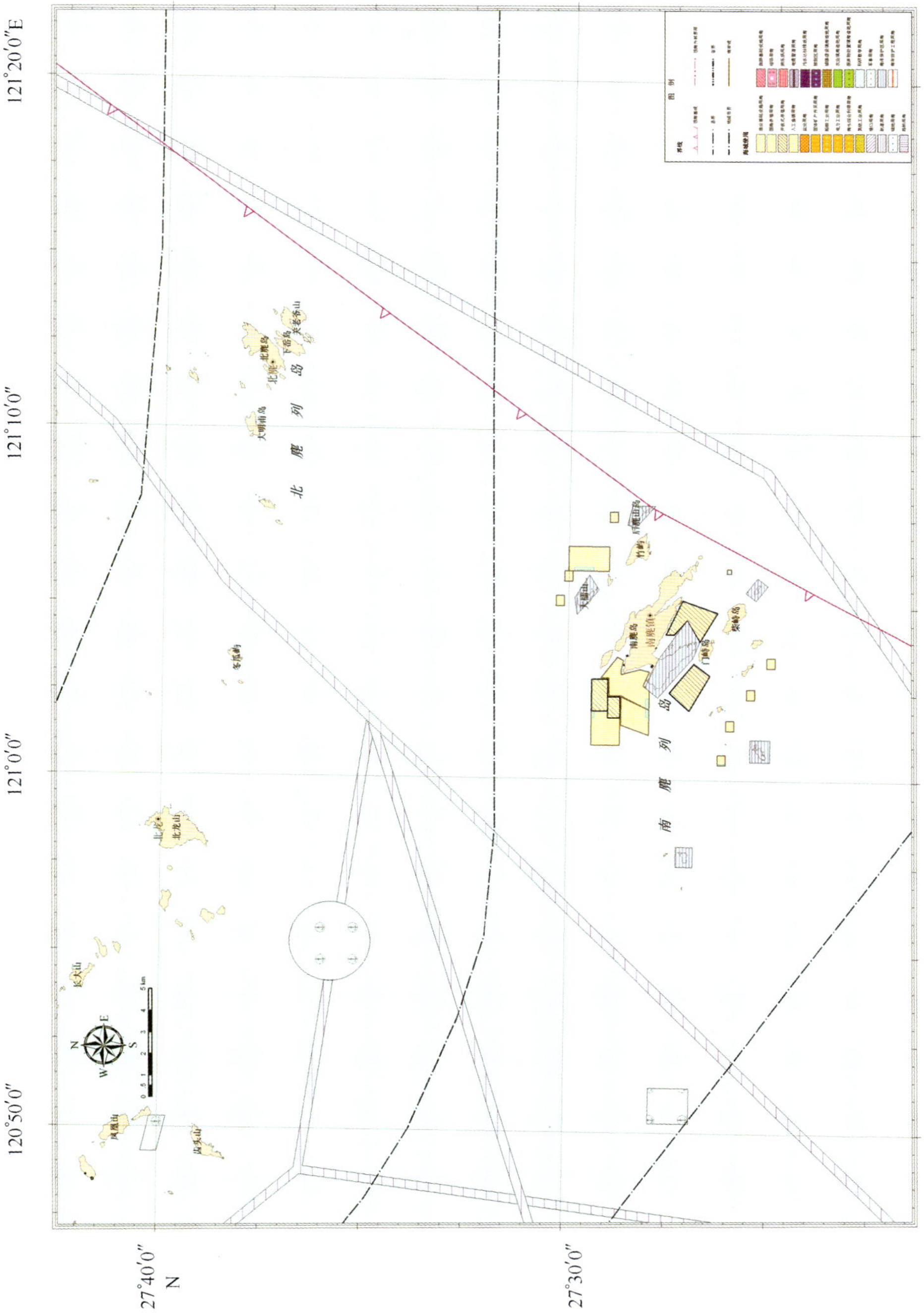

附图 23 浙江省南麂、北麂列岛海域使用现状图